"十二五"国家重点图书出版规划项目

中国企业行为治理研究丛书

公司治理卷

企业—区位共演视角下的企业迁移过程实证研究

吴 波著

浙江工商大學出版社
ZHEJIANG GONGSHANG UNIVERSITY PRESS

图书在版编目(CIP)数据

企业—区位共演视角下的企业迁移过程实证研究 / 吴波著. —杭州 : 浙江工商大学出版社，2016.12

ISBN 978-7-5178-2007-9

Ⅰ. ①企… Ⅱ. ①吴… Ⅲ. ①企业发展—研究—浙江 Ⅳ. ①F279.275.5

中国版本图书馆 CIP 数据核字(2016)第 324117 号

企业—区位共演视角下的企业迁移过程实证研究

吴　波著

责任编辑　郑　建

封面设计　林朦朦

责任印制　包建辉

出版发行　浙江工商大学出版社

（杭州市教工路 198 号　邮政编码 310012）

（E-mail:zjgsupress@163.com）

（网址:http://www.zjgsupress.com）

电话:0571-88904980,88831806(传真)

排　　版　杭州朝曦图文设计有限公司

印　　刷　杭州恒力通印务有限公司

开　　本　710mm×1000mm　1/16

印　　张　18.75

字　　数　288 千

版 印 次　2016 年 12 月第 1 版　2016 年 12 月第 1 次印刷

书　　号　ISBN 978-7-5178-2007-9

定　　价　45.00 元

浙江工商大学出版社营销部邮购电话　0571-88904970

本著作是以下项目资助成果

- 国家自然科学基金面上项目,“制造企业逆向迁移、网络重构与高端知识获取:基于三阶段网络演进的视角(编号:71372009)”;
- 国家自然科学基金青年项目,“网络重构、双重嵌入与迁移企业绩效:对长三角地区企业迁移的分析(编号:71202111)”;
- 浙江省哲学社会科学规划之江青年项目,“浙江制造企业逆向迁移、知识网络重构与内部能力跃迁机理实证研究(编号:13ZJQN057YB)”;
- 浙江省软科学重点项目,“浙江制造企业群体迁移的现状、模式及分阶段引导策略研究(编号:2016C25007)”;
- 浙江省高校人文社会科学重点研究基地(浙江工商大学工商管理学科)、浙江省哲学社会科学重点研究基地(浙商研究中心)重点项目。

总　序

企业是社会发展的产物，随着社会分工的开展而壮大。作为现代经济中的基本单位，企业行为既是微观经济的产物，又是宏观调控的结果。从某种意义而言，企业行为模式可被看成整个经济体制模式的标志。中国企业经历了改革开放后30多年的高速发展，已然形成自身的行为体系和价值系统，但是面对国际环境的复杂多变及国内改革步入全面深化、攻坚阶段的特殊历史背景，如何形成系统的行为治理框架，将直接决定中国企业可持续发展能力的塑造及核心竞争力的形成。

从社会学的研究上来看，人类社会就是一部社会变迁的进步史，社会变迁是一个缓慢的过程，而转型就是社会变迁当中的“惊险一跳”，意味着从原有的发展轨道进入新的发展轨道。30多年来，我们国家对外开放，对内改革，实质上就是一个社会转型的过程。这一时期，从经济主体的构成到整个经济社会的制度环境都发生了巨大的变迁，而国际环境也经历着过山车般的大起大落。“十一五”末期国际金融海啸来袭，经济急速下滑，市场激烈震荡，危机对中国经济、中国企业的影响至今犹存。因此，国家将“十二五”的基调定为社会转型。这无疑给管理学的研究提供了异常丰富的素材，同时也给管理学研究者平添了十足的压力。

作为承载管理学教学和科研任务的高校，如何在变革的时代中有效地发挥自身的价值，以知识和人才为途径传递学者对时代呼唤的响应，是一个非常值得思考的论题。这个论题关系到如何把握新经济环境下企业行为的规律，联系产业特征、地域特点，立足当下、着眼未来，为企业运营、政府决策提供有力的支持。

在国际化竞争和较量的进程中，中国经济逐渐显现出一种新观念、新技术和新体制相结合的经济转型模式。这种经济转型模式不仅是中国现代经济增长的主要动力，而且还将改变人们的生产方式和生活方式，企业则是这一过程的参与者、推动者和促成者。因此，企业也就成了我们管理学研究者最为关注的焦点。在经济社会重大转型这一背景之下，一方面由于企业内部某种机理的紊乱，转轨时期企业目标的交叉连环性和多元性；另一方面由于外部环境的不合理作用，企业行为纷繁复杂，企业既有能对经济社会产生强劲推动作用的长远眼光，也存在破坏经济社会可持续发展的短视行为。随着经济和社会的进步，企业不仅要对营利负责，而且要对环境负责，并承担相应的社会责任。总体而言，中国企业发展中面临许多新问题、新矛盾，部分企业还出现生产经营困难，这些都是转型升级过程中必然出现的现象。

“转型”大师拉里·博西迪和拉姆·查兰曾言，“到了彻底改变企业思维的时候了，要么转型，要么破产”。企业主动预见未来，实行战略转型，分析、预见和控制转型风险，对于转型能否成功至关重要。如果一个企业想在它的领域中有效地发挥作用，行为治理可以涉及该企业将面临的更多问题；而如果企业想要达到长期目标，行为治理可以为其提供总体方向上的建议。在管理学研究领域，行为治理虽然是一个全新的概念，却提供了一个在新经济环境下基于宏观、中观、微观全视角来研究企业行为的良好开端。

现代公司制度特指市场经济中的企业法人制度，其特点是企业的资产所有权与资产控制权、经营决策权、经济活动的组织管理权相分离。对于公司治理而言，其治理结构、方式等的选择和演化不仅受到自身条件的约束，同时还受到政治、经济、法律和文化等外部制度环境的影响。根据North(1990)的研究，相互依赖的制度会构成制度结构或制度矩阵，这些制度结构具有网络外部性，并产生大量的递增报酬。这使得任何想改善公司治理的努力都会受到其他制度的约束，也使得公司治理产生路径依赖。在这种情况下，要想打破路径依赖，优化治理结构，从制度设计角度出发进行行为治理便是一个很好的思路。

此外，十八届四中全会提出“实现立法和改革决策相衔接，做到重大改革于法有据、立法主动适应改革和经济社会发展需要”的精神，而《中华人民共和国促进科技成果转化法修正案（草案）》的通过，则将促进科技创新的制度红利依法得到释放。我国“十二五”科学和技术发展规划中明确指出，要把科研攻关与市场开放紧密结合，推动技术与资本等要素的结合，引导资本市场和社会投资更加重视投向科技成果转化和产业化。新时期科技创新始于技术，成于资本，以产业发展为导向的科技创新需要科技资源、企业资源与金融资源的有机结合，因此，如何通过有效的企业行为治理，将各方资源进行有效整合，则成为促进科学技术向第一生产力转化所面临的新命题。

由上述分析可以发现，无论是从制度、科技、创新还是从公司治理、企业转型角度出发，企业的目的都是可持续的生存和发展，而战略则成为企业实现这一目标的有效途径。战略强调企业与环境的互动，如何通过把握新时期、新环境来制定和执行有效的战略决策以获取竞争优势，则成为企业在新经济环境下应担起的艰巨任务。另外，企业制定发展战略的同时，应当寻找能为企业和社会创造共享价值的机会，包括价值链上的创新和竞争环境的投资，即做到企业社会责任支持企业目标。履行战略型企业社会责任不只是做一个良好的企业公民，也不只是减轻价值链活动所造成的不利社会影响，而是要推出一些能产生显著而独特的社会效益和企业效益的重大举措。

浙江工商大学工商管理学院（简称管理学院）是浙江工商大学历史最长、规模较大的一个学院。其前身是1978年成立的企业管理系，2001年改设工商管理学院。学院拥有工商管理博士后流动站和工商管理一级学科博士点，其学科基础主要是企业管理。企业管理学1996年成为原国内贸易部重点学科，1999年后一直是浙江省重点学科，2006年被评为浙江省高校人文社科重点研究基地，2012年升级为工商管理一级学科人文社科重点研究基地，该研究基地始终围绕“组织、战略、创新”三个最具企业发展特征的领域加以研究，形成了较为丰硕的成果，本套丛书正是其中的代表。

本套丛书以中国企业行为治理机制为核心，分为“公司治理卷”“转型升级卷”“组织伦理卷”“战略联盟卷”“社会责任卷”“领导行为卷”“运营管理卷”7卷，从各个视角详细阐述中国企业行为治理的理论前沿及现实问题，首次对中国企业行为治理的发展做了全面、客观的梳理。丛书在内容上涵盖了中国企业行为的主要领域，其中涉及战略、组织、人力、创新、国际化、转型升级等宏观、中观、微观层次，系统完备；立足学术前沿，所有的分卷都是所属学科的最前沿研究主题，反映了国内外最新的学术发展动态；所有分卷的作者均具有博士学位，是名副其实的博士文集，其中包括该领域国内外知名的专家和学者；所有分卷的内容都是国家自然科学基金、国家社科基金或教育部基金的资助项目，体现了较强的权威性，符合国家科研发展方向。

该套丛书既是我们对中国企业行为治理领域相关成果的总结，也是对该领域未来发展方向探索的一次尝试。如果这套丛书能为国内外相关领域理论研究与实践探索的专家和学者提供一些基础性、建设性的建议，就是我们最大的收获。

“谦逊而执著，谦恭而无畏”既是第五级管理者的特质，也是我们从事学术研究的座右铭。愿中国企业行为治理研究能够真正实现“顶天立地、福泽万民”！

郝云宏

浙江工商大学工商管理学院院长 教授 博导

2014年11月15日于钱塘江畔

摘　要

21 世纪以来，在转型升级背景下，在人口结构变化、全球化和数字化的驱动之下，企业和区位开始了新一阶段的再匹配，呈现出新一轮的企业迁移浪潮。加速的企业迁移活动不仅包括大量传统的、指向相对落后区位的知识利用型迁移，也存在大量指向相对发达区位的，以获得新的核心知识为目的的知识获取型迁移。但是，面对外来者劣势，企业的迁移成长之路注定不平坦。大量迁移企业难以在目标区位利用或获取核心知识，而又不得不承担更高的运营成本，损失颇大。这就凸显了一个核心问题：企业如何通过区位迁移实现有效成长？

对于企业迁移的微观机理，已有研究主要从新古典经济学视角、行为视角和制度视角开展了深入研究，得到了以"一个核心指向、两个基本要素、三个关键环节"为特征的企业迁移过程研究框架。其中，一个核心指向是指企业迁移的核心目标是实现企业与区位的动态匹配；这一目标的实现依赖于三个关键环节的迁移决策，即企业迁移意愿形成、目标区位选择以及迁移后成长；这三大迁移决策又依赖于两大关键要素，即企业与区位在知识效率和制度合法性两个方面的因素。围绕这一框架，已有研究关注了企业迁移意愿形成，但是对迁移目标区位选择以及迁移后成长的研究相对较少；基于新古典经济学视角的研究相对较多，而基于行为视角和制度视角的研究相对较少。

总体来说，企业迁移已经获得了丰富的结论，但是由于不同研究之间缺乏一个共享的企业迁移研究概念框架，使得研究之间的对话不够充分，限制了企业迁移研究的深入发展。为此，本书的研究问题可以概括为两个方面：一是，建立企业迁移研究的整合性框架，推动企业迁移理论研究的整合;二是,围绕所提出的企业迁移整合性框架,重点对企业迁移目标区位选择以及迁移后成长进行实证研究。为实现以上两个研究目标,本书首先通过理论研究构建了企业—区位共演框架,并以此为基础提出了企业迁移的三阶段过程机理模型。在理论研究的基础上,本书进一步开展相应的实证研究,分别是"企业迁移目标区位选择:以中国上市后公司总部迁移为例""群体迁移背景下的企业迁移同一区位机理研究""企业迁移后成长机理研究:以中国上市公司总部迁移为例"以及"基于企业—区位共演的企业迁移过程机理案例研究"。通过以上理论和实证研究,本书得到了以下六个方面的研究结论。

第一,企业—区位共演框架有效整合企业与区位层面的知识/资源与制度性因素及其互动机理,为企业迁移研究提供了整合性分析框架。企业迁移最新研究成果回顾表明,企业迁移已经形成基于过程视角的研究框架,但是还缺乏一个整合性的分析框架来推进企业迁移过程研究。本书在界定区位和企业本质的基础上,提出了企业—区位共演框架,主要观点有三:一是,区位的异质性是企业区位选择的基础,主要体现在制度体系和资源体系以及两者之间的基于合法性的互动上;二是,企业的异质性是企业区位选择的关键,主要体现在制度层和知识层以及两者之间的互动上;三是,企业—区位共演框架是企业层面的知识与制度维度与区位层面的资源体系与制度体系两个维度的共同互动。

第二,基于企业—区位共演框架,企业迁移过程中的三个关键决策点,取决于企业对区位的知识效率和制度合法性评价,而这一评价又取决于企业层面因素与区位层面因素的互动。一是,企业迁移意愿的强化取决于企业对所在地知识效率和制度合法性的悲观评价,而这又在很大程度上依赖于企业与所在地的资源体系和制度体系的互动(具体见图 4-1)。二是,各个备择目标区位的比较取决于企业对各个备择区位知识效率和制度合法性的评价,而这又在很大程度上依赖于企业与各个备择区位的资源体系和制度体系的互动(具体见图 4-2)。三是,迁移企业在迁入地的成长取决于迁入企业在迁入地的知识效率和制度合法性提升,而这又在很大程度上依赖于企业与迁入地资源体系和制度体系的互动(具体见图4-4)。

第三,对于总部迁移目标区位选择,企业层面的区位关系承诺和网络嵌入是企业总部迁移目标区位选择的直接因素;区位层面的总部集聚优势跨度和制度距离则通过企业层面因素间接影响企业总部目标区位选择,从而在一定程度上解释了总部迁移的多指向现象。对于总部迁移区位选择,已有研究提出了集聚优势拉动观,但不能解释总部的多指向迁移,特别是逆集聚迁移现象。本书实证分析了区位层面的总部集聚优势跨度和制度距离、企业层面的区位关系承诺和网络嵌入,对总部迁移目标区位选择的影响:一是,区位层面的总部集聚优势跨度和制度距离是企业总部迁移目标区位选择的重要激发因素;二是,企业层面的区位关系承诺和网络嵌入是企业总部迁移目标区位选择的直接因素;三是,企业层面的各个具体维度在影响总部迁移目标区位选择方面,还存在复杂的内在关系。

第四,群体迁移背景下,企业群体迁移至同一区位是集聚优势获取、多市场竞争以及制度合法性获取共同作用的结果。对于烟花效应的形成动因,已有研究基于经济理性和制度合法性分别提出了集聚优势获取、多市场竞争以及合法性获取等三大动机,但是对于三大动机理论之间关系的研究还相对较少。本书综合三大动机理论,以企业—区位共演框架为基础,结合跨国电气企业和本土温州市乐清电气企业共同迁入上海市发展的案例,构建了区位产业集聚发展视角下的企业群体迁移动机模型,实证揭示了三大动机理论之间的互补关系。

第五,迁入地优势、企业与迁入地匹配性对迁移绩效存在显著的交互效应,但是具体迁入地优势的获取依赖于企业在迁入地相应的(甚至可以说是特定的)关系承诺与网络嵌入,否则反而会给迁移绩效带来负向交互效应:一是,总部集聚优势跨度会通过知识收益和知识成本两种途径影响企业在迁入地的知识效率,从而使得总部集聚优势对迁移绩效的影响并不显著;二是,总部集聚优势跨度与企业在迁入地的关系承诺对企业迁移绩效存在差异化的交互效应，这体现了不同关系承诺方式对总部集聚优势跨度的差异化的杠杆效应；三是，总部集聚优势跨度与企业在迁入地的网络嵌入对企业迁移绩效存在负向的交互效应，这体现了不同关系承诺方式对总部集聚优势跨度的差异化的杠杆效应。

第六，企业—区位共演框架下，影响企业迁移的区位层面因素和企业层面因素存在复杂互动关系。一是，按照企业的可影响程度，区位层面因素可以分为：企业难以影响，也难以进行适应性调整的因素，例如区位的产业诚信环境、区位的治安环境；企业难以影响，但是可以进行适应性调整的因素，例如区位的土地资源供给、劳动力丰裕程度、融资便利性；企业可以进行直接影响的因素，例如区位政府服务的七个因素。二是，在企业层面，企业的知识差异能否影响企业迁移意愿取决于集群企业对区位知识效率的评价；这依赖于"能力强"的集群企业对知识隔离机制、知识落差、对当地知识依赖性以及对当地制度影响力的综合考量。三是，从知识效率的角度来看，对所在区位知识效率的不满是强化企业迁移意愿的主要动因。四是，潜在目标区位更高的知识效率期望，匹配以合理的制度环境，决定了企业迁移的最终目标区位选择。五是，企业群体迁移至同一区位体现了三种逻辑的并存。

基于企业—区位共演框架，本书对企业迁移过程的理论和实证研究推动了企业迁移研究的理论发展，具体表现为以下五个方面：第一，整合已有理论，构建了企业—区位共演框架，为企业迁移研究奠定了系统的研究框架；第二，基于企业—区位共演框架，从过程视角构建了企业迁移三阶段过程机理模型，促进了企业迁移理论模型的系统建构；第三，基于企业—区位共演框架，揭示了区位层面因素与企业层面因素对总部迁移目标区位选择的影响机理，有效解释了企业总部迁移的多指向现象，推动了企业总部迁移目标区位选择研究的深入；第四，基于企业—区位共演框架，归纳了企业群体迁移至同一区位的集聚优势获取、多市场竞争以及制度合法性获取等三种动机，并从区位产业集聚发展演化的角度提出了三种动机具体作用机理，推动了企业群体迁移至同一区位研究的深入；第五，基于企业—区位共演框架，以中国上市公司为对象，分析了迁入地优势、企业—迁入地匹配性对总部迁移绩效的影响，推动了企业迁移后成长机理研究的深入。

Abstract

In 21st century, with the driving power of demographic change, globalization and digitization, firms and location begin a new period of matching and present a new wave of firms relocations. Accelerated firm relocation activities include not only a large number of traditional knowledge exploiting relocation, which direct to developing location, but also a large number of knowledge exporting relocation which direct to the relatively developed area to obtain the core of new knowledge. However, with the liability of outsiders, the relocation of the firms and its growth path doom not to be smooth. A large number of relocating firms are difficult to use or obtain the core knowledge in the target location, but have to bear higher operating costs, thus, the loss is considerable. That highlights a core issue: how can firms achieve effective growth through firm relocation?

As for the micro mechanism of firm relocation, the existing researches mainly study from the perspective of new classical economics, behavior and institution, and yield a process framework of firm relocation characterized by "one core direction, two basic elements, three key links". Among them, one core direction means that the core goal of firm relocation is to achieve dynamic match of firm and location, which depends on the relocation decision of three key points, namely the intention formation of relocation, target location selection and growth after relocation. These three relocation decisions depend on two key elements, which are the knowledge efficiency and institutional legitimacy concerning firm and location. According to this framework, prior research focused on the intention formation of firm relocation, but seldom on the selection of target location of relocation and firm growth after relocation. Furthermore, prior research mostly from the perspective of new classical economics, while less from the perspective of behavior and institution.

Generally speaking, firm relocation research has obtained abundant conclusions, but due to the lack of a common conceptual framework between different researches which made the dialogue of the research difficult, thus limited the development of firm relocation research. Therefore, research on this book can be summarized into two tasks: one is to provide a integrative framework of firm relocation; two is to provide empirically prove for above integrative framework, mainly focusing on location choice for relocation and firm growth after relocation. To achieve the above two objectives, this book builds firm-location co-evolution framework through theory research firstly, and then proposes three stages model of firm relocation based on it. On the basis of theoretical research, this book further propose corresponding research with empirical evidence, namely, "firm targeting location choice: a case study on the relocation of listed companies in china", "a study on the firm relocation in the context of group relocation ", "research on the firm growth after relocation" and "a case study of firm relocation process based on firm-location co-evolution". Through the above theoretical and empirical research, this book obtains the following six conclusions.

First, the firm-location co-evolution framework effectively integrates the knowledge/ resources factors, institutional factors and their interactive mechanism on the level of firm and location, providing integrated analytical framework for the research of firm relocation. A review of the latest research shows that firm relocation has formed a research framework based on process perspective, but still lacks an integrated analytical framework to promote the process research of firm relocation. Based on the nature of location and firm, this book proposes the firm-location co-evolution framework , which contains three main standpoints: first, as the basis of location choice, the heterogeneity of location mainly reflects on the institutional system and resource system and their interaction ; second, the heterogeneity of firms is also key to firm location choice, which mainly reflects on the level of institution and resource and their interaction; third, firm-location co-evolution framework is a interaction between firm and location .

Second, based on the firm-location co-evolution framework, the three key decisions in the process of firm relocation depend on the firms' evaluation on the location with the knowledge efficiency and institutional legitimacy, whereas this evaluation depends on the interaction of factors in the level of firm and location. First, the strengthen of firm relocation intention depends on the pessimistic evaluation on knowledge efficiency and institutional legitimacy in its location, and this evaluation largely depends on the interaction of firm and location (specifically, figure4-1). Second, the comparison of each alternative location depends on the evaluation of knowledge efficiency and institutional legitimacy in each alternative location . Third, the growth of relocation firm in the relocating-in location depends on the development of knowledge efficiency and institutional legitimacy after relocation, which in turn depends on the interaction between firm and resource system and institutional system in the relocating-in location (specifically, figure4-4).

Third, as for the choice of target location for headquarters, regional relationship commitment and network embeddedness in firm level are direct factors influencing headquarters' location choice; headquarters agglomerating advantages span and institutional distance in location level indirectly affect the firm headquarters' location choice through factors in firm level, which explain the multi-directional relocating phenomena of headquarters in some degree. For the location selection of headquarters relocation, prior research proposed the concept of agglomerating advantage, but it cannot explain the multi-directional relocating phenomena of headquarters, especially the phenomenon of reverse concentration relocation. This book empirically analyses the influence of headquarters agglomerating advantages span and institutional distance in location level, location relationship commitment and network embeddedness in firm level on headquarters location choice: first, agglomerating advantage in location level and institutional distance span in firm level are the critical factors which influence headquarters' location choice; second, location relationship commitment and network embeddedness in the firm level are the direct factors which influence headquarters location choice; third, each specific dimensions in the firm level have a complex internal relationship on the target location choice of headquarters relocation.

Fourth, the firms' clustering relocation to the same location is the result of the combination of the acquisition of cluster advantage, the multi-market competition, and the acquisition of institutional legitimacy under the background of the clustering relocation. For the cause of formation of bandwagons, prior research proposed agglomerating advantage, multi-market competition and legitimacy acquisition based on economic rationality and institutional legitimacy, but researches on the relationship between these three theories are relatively less. Integrating these three theories and based on the firm co-location framework, this book focuses on the case of multinational electrical companies and electrical firms in Wenzhou Yueqing city relocating to Shanghai together, and constructs the model of firms' clustering relocation motivation model from the perspective of industrial cluster development, which reveals the complementary relationship between these three motivation theories.

Fifth, location advantage of relocation-in and the matching of firm to location have significant interactive effects on the relocation performance, but the location advantage acquisition of relocation-in depends on the relationship commitment and network embeddedness, otherwise it will bring negative interaction effect to relocation performance: first, the headquarters agglomeration advantages span influences the firms' knowledge efficiency after relocation through knowledgeable gains and cost, thus the effect of headquarters agglomeration advantages on relocation performance is not significant; second, there are different interaction effects between the headquarters agglomeration advantage span and relationship commitment on relocation performance, which reflects that different ways of relationship commitment has variant leverage effect on the headquarters agglomeration advantages of span; third, the headquarters agglomeration advantages span and network embeddedness in the relocating-in location has negative interaction effect on the relocation performance, which reflects the variant leverage effect of different ways of relationship commitment on the headquarters agglomeration advantages span.

Sixth, in the firm-location co-evolution framework, there is a complex interaction relationship between factors in location level and factors in firm level, which influence firm relocation. First, according to the degree of firms' power, factors in location level can be divided into: factors that are difficult for firm to control, also difficult to adjust (such as the industrial integrity environment and security environment in relocation location); factors that are different to control but can be adjusted (such as the supply of ground, the level of labor abundance and financing convenience); factors that firms can directly influence (such as the seven factors of government services). Second, whether the differences of firms knowledge in firm level can influence the firm relocation intention or not depends on the evaluation of cluster firms on knowledge efficiency. Third, the dissatisfaction with the location knowledge efficiency is the main reason influencing the relocation intention from the perspective of knowledge efficiency. Fourth, the higher expectation of the knowledge efficiency in the potential target location, Accompanied by reasonable institutional environment, determines the final target location choice. Fifth, the clustering relocation of firm into the same location reflects the coexistence of three kinds of logic.

Based on the framework of firm-location co-evolution, the theoretical and empirical research in this book on the process of firm relocation has promoted the theoretical development of firm relocation research, which is embodied in the following five aspects: Firstly, integration existing theory and building a framework of firm-location co-evolution so as to lay a systematic research framework for firm relocation research; Secondly, based on the framework of firm-location co-evolution, a three-stage process mechanism model of firm relocation has been constructed to promotes the system construction of firm relocation theory model; Thirdly, based on the framework of firm-location co-evolution, it reveals the influencing mechanism of factors in location level and factors in firm level on the location choice of firm headquarter relocation, and effectively explains the multi-directional relocating phenomenon of firm headquarters, which promotes the target location selection in depth; Fourth, based on the framework of firm-location co-evolution, this book proposes three motivations, such as the agglomeration advantage acquisition, the multi-market competition and the legitimacy acquisition, and integrates the three motivations from the perspective of the development of the regional cluster, which promotes the study of agglomeration; Fifthly, based on the framework of firm-location co-evolution, the paper analyzes the influence of the advantage of and the matching of firm to relocating-in location on the performance of China listed companies, which promotes the research on the firm growth mechanism after relocation.

目 录

Contents

图目录

LIST OF FIGURE

表目录

LIST OF TABLE

第1章 绪 论

1.1 背景与问题

1.1.1 实践背景

21世纪，中国经济进入转型升级发展的新阶段。这一阶段呈现出了稳定发展的趋势，从企业与区位的角度来看，其特点有二：其一，正在逐步形成较为清晰的企业层次，部分具有核心能力的企业已经开始涌现，成为当地经济发展的核心力量；其二，正在逐步形成相对清晰的区位层次，部分区位已经凭借良好的产业基础、政策环境和人才梯队而成为一线城市。与之同时，这一阶段也面临着一系列的重大变化。一是，中国居民收入水平的稳步提升，人口结构的重大变化，人口红利逐渐消失，具有一定知识基础的知识型员工开始取代低技术工人而逐步成为中国劳动力的主体。同时，中国民众的需求结构也开始发生快速变化，需求层次在不断提升，需求结构也日趋不平衡。因此，人口结构的变化所带来的劳动力供给和需求结构的变化，强化了新一轮的中国经济的转型升级。二是，全球化与数字化的迅猛发展。全球化的深入发展推动中国企业与全球跨国公司的竞争与合作，这为中国企业带来了更大的竞争压力，也带来了新的转型升级发展的机会与动力。以数字化为核心的技术革命，极大地冲击了传统企业的核心能力，驱动企业开始新技术环境下的核心能力建构之旅。

因此，转型升级背景下，在人口结构变化、全球化和数字化的驱动之下，企业和区位开始了新一阶段的再匹配，表现为新一轮的企业迁移浪潮。2000年以来，我国沿海制造企业在快速发展的同时，也面临不断攀升的人、财、物、土地成本，以及不断加剧的全球竞争，使得基于低技术的低端道路的生存空间日趋狭窄。为此，在激烈的竞争压力下，在追求成长的驱动下，大量制造企业开始通过区位迁移来谋求新的发展，企业迁移活动进入加速发展阶段（魏后凯和白玫，2009）。加速的企业迁移活动不仅包括大量传统的、指向相对落后区位的顺势迁移，其目的是有效利用已有的战略资产/核心知识，即知识利用型迁移；也存在大量指向相对发达区位的逆向迁移，其目的是有效获得新的战略资产/核心知识，即知识获取型迁移。这种逆向迁移表现为后发区位制造企业的知识密集部门，包括研发中心、高端制造中心、营销中心、企业总部，甚至企业整体，迁往发达区位，利用当地的区位优势实现高端知识获取，以打造新的战略资产/核心知识。例如，2004 年，浙江企业调查队发现 41.3%的跨省迁移企业选择了逆向迁移至上海（浙江企业调查队课题组，2004）。例如，在民营经济发达的长三角、珠三角区位，大量企业总部开始从原有区位迁往大中型城市，以利用大都市经济实现企业总部有效运营与企业持续发展，形成了制造企业总部迁移的浪潮。

外来者劣势是迁移企业所面临的经典问题，即作为外来者难以有效把握目标区位复杂情况的现象（Hymer，1976）。因此，在外来者劣势之下，企业的迁移成长之路注定不平坦。大量迁移企业难以在目标区位利用或获取其核心知识，而又不得不承担更高的运营成本，因而损失颇大。这就凸显了一个核心问题：企业如何通过区位迁移实现成长？把这一问题继续分解，我们就可以得到三个关键问题。一是，企业是否开展迁移战略。既然迁移战略是企业实现与区位动态匹配的过程，那么，评价企业与区位匹配或不匹配的标准是什么？何种因素将会提高企业的迁移意愿？何种因素又会降低企业的迁移意愿？二是，目标区位选择问题。这涉及如何选择合理的目标区位，是以各个备择区位的知识供给能力为标准，选择匹配其知识需求的区位？还是选择那些距离（这种距离不仅仅是指地理距离，还包括社会距离、心理距离、制度距离等一系列复杂的概念）企业更近的区位？还是进行综合权衡？三是，迁移后成长问题。迁移之后企业必然能够有效获得迁入地优势，实现企业成长？事实上，很多迁移企业在迁移后成长环节中碰到了很多问题，甚至不得不回迁并放弃之前的迁移投入。

面对企业迁移发展的浪潮，区位政府也开始发力，希望能够在新一轮的企业转移浪潮中，提升当地区位的整体发展质量。大量东部区位政府面对当地日益紧缺的土地资源，提出了“双转移”“腾笼换鸟”政策。一方面为了转移出那些价值创造能力较低的企业，另一方面也为了能够留住当地的支柱性龙头企业和引进外地、外国的优秀企业。而广大中西部欠发达区位之间也展开了区位政府之间的竞争，以争取来自东部发达区位的产业转移。在这一过程中，很多区位政府之间甚至出现了恶性竞争，为了争取部分优秀企业的进入，不惜以各种政策优惠举措为代价；很多区位政府为了留住当地的龙头企业，也采用了各种经济和行政措施，结果却可能造成区位政府与这些企业的不欢而散。那么，对区位政府来说，“双转移”“腾笼换鸟”政策只能算是政策意图，那么采取何种政策工具才能有效引导企业的迁移行为？是以更多的经济性激励为主，还是以建立稳定的可预期的规则为主？

因此，不论是为迁移企业提出有效的决策建议，还是为区位政府提出引导企业迁移实现区位经济发展的政策参考，都需要我们对微观层面的企业迁移过程机理进行深入研究。

1.1.2 理论背景

(1)三个基本理论为企业迁移研究奠定了坚实基础。

企业迁移是企业区位调整的一种特殊形式，是改进企业在市场中的位置、迎合消费者偏好、适应环境规则、实现技术进步的可行途径（白玫，2005）。已有研究主要从新古典经济学学派、行为学派以及制度学派探讨了企业迁移现象。新古典经济学的古典区位理论和以 Krugman 为代表的新经济地理学派探讨了企业最优区位，特别是 Krugman（1991）在 C-P 模型中阐述了企业迁移与企业集聚的关系，认为集聚优势和拥挤成本是解释企业迁移的两大关键因素，这也成为企业迁移研究所经常关注的两个区位层面的影响因素。但是信息完备和无成本迁移假设却与现实存在较大的差距，并且在完全趋同的迁移行为与现实中企业迁移行为的多样性表现之间出现了明显的矛盾，这为后来的行为学派和制度学派树立了一个完美的逻辑起点（王业强，2007）。

行为学派基于有限理性和满意原则，认为企业迁移行为是一个有关满意区位的决策问题，这与新古典经济学学派所强调的最优区位产生鲜明的对比。行为学派认为企业迁移决策取决于所拥有信息的多寡(Pred,1967,1969)。正是由于信息的不完全使得企业迁移大多表现为临近迁移，即迁往那些临近迁出地的区位；也正是随着企业所拥有信息的增加和信息成本的降低，使得企业迁移行为成为企业区位行为的重要组成部分。行为学派的重大贡献，在于开始关注企业内部因素，加深了学术界对企业的多样性迁移行为的理解。但是如果仅仅把企业迁移视为一个满意决策过程，视为一个取决于信息多寡的决策行为，那么这无疑是对企业迁移行为的过度简化，这也是对 Simon，Cyert，March 等人所开创的组织行为理论的最大误解。其中一个重要方面，就是组织内部的制度安排会影响企业的决策行为。所以内部制度自然就需要进一步的关注。

考虑到新古典经济学学派和行为学派对企业内外制度的研究不足，制度学派自然成为企业迁移研究不可忽略的理论三角之一。制度学派认为经济行为嵌入于制度之中，企业行为分析离不开对制度背景的深刻理解，所以，迁出地和(潜在)迁入地存在的正式与非正式制度约束/驱动了企业的迁移，因而企业迁移就是一个受到自身的信息获取以及迁出/迁入区位各种制度影响的复杂过程(Knoben 等，2008)。其中自身的信息获取依赖于组织内部的制度，而迁入和迁出区位的制度则构成了组织外部的制度，两者共同影响了企业迁移。同样，虽然制度学派的理论洞察是发人深省的，但是传统的制度研究却由于缺乏具体的研究可操作框架和模型，而难以推动企业迁移的重大发展。总之，新古典经济学学派、行为学派和制度学派共同构成了企业迁移研究的三大理论基础，界定了区位层面和企业层面两大类影响因素，也大致地区分了经济性与制度性因素对企业迁移的重要影响。

(2)企业迁移过程研究框架：一个核心指向、两个基本要素、三个关键环节。

由于企业迁移所具有的重大战略影响，以及影响因素的多元化，学术界开始把企业迁移视为一个过程，而不是一个决策点。不同的学者把迁移过程进行了不同的划分，早期行为学派的 Townroe(1973)的迁移决策包括五个环节，即问题激发、问题界定、搜寻、正式化和比较备选方案以及选择与执行；Louw(1996)把决策过程分为三个阶段：搜寻阶段、选择阶段和谈判阶段。事实上，这两种划分方法还都是把企业迁移视为一个决策点，而没有真正从过程视角开展分析。根据已有研究文献，吴波(2012)把企业迁移分为三个过程，分别是企业迁移意愿形成、迁移目标区位选择以及迁移后成长。对迁移后成长的关注是这一划分方法的特色。因为之前的迁移研究大多潜在认为只要进入迁入地，就能够自然获取迁入地优势实现成长。但是考虑到外来者劣势的存在，这种必然就值得怀疑，迁移后成长就应当成为企业迁移过程的重要一环。

知识利用型和知识获取型迁移是区分企业迁移的重要维度。知识利用型迁移已经形成较为成熟的框架，认为为了有效利用已有的战略资产/核心知识，企业会迁往相对落后区位以有效利用当地要素资源，并以此抵消迁移企业的外来者劣势(Dunning,1988)。与之不同，知识获取型迁移则是指向发达区位的以战略资产/核心知识获取为目的的迁移。在这里，战略资产包括以知识为基础的先进技术与管理知识、关键市场知识、品牌经验等(Luo,Tung,2007;陈建军,2009)。但是既然逆向迁移是以战略资产获取为目的的迁移，本身就假定迁移企业的知识基础相对薄弱(Makino 等,2002;Chung,Alcácer,2002;魏后凯,白玫,2008;朱华晟等,2009;王凤彬,杨阳,2010)。同时，外来者劣势是企业进入新区位所面临的经典问题(Hymer,1976;Dunning,1988)。两者叠加使得逆向迁移企业缺乏在迁入地的“立足之基”以及获取迁入地高端知识的“融入之道”。虽然知识获取型迁移和知识利用型迁移存在差异，但是其本质都是为了实现企业与区位的动态匹配，即一个核心指向。为了实现企业与区位的动态匹配，借鉴企业迁移研究的三大经典学派及其最新的发展，我们认为其关键影响因素在于知识效率因素和制度合法性因素两个方面，即两大基本要素。对于两大因素，本书将在第二、第三和第四章进行系统阐述。之前我们曾经提到，企业迁移是一个三阶段过程，这就要求我们以企业与区位动态匹配为核心指向，以知识效率因素和制度合法性因素为两大基本因素，系统研究企业迁移的三个关键环节，分别是企业迁移意愿形成、目标区位选择以及迁移后成长，即三个关键环节。因此，已有的企业迁移研究就可以概括为：一个核心指向、两个基本要素、三个关键环节。具体如图 1-1 所示。

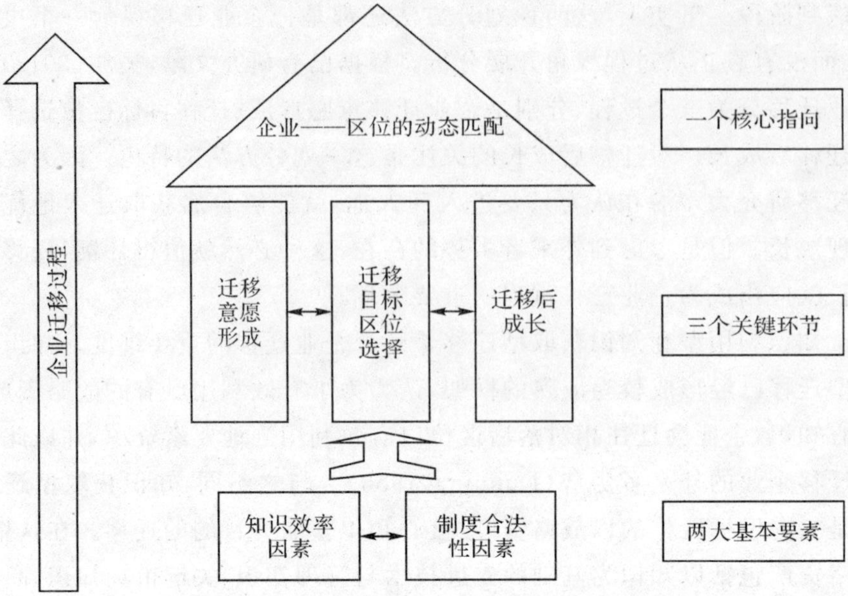

图 1-1 基于过程视角的企业迁移研究基本框架

(3)企业迁移意愿形成:提升企业与区位的知识效率。

知识利用型迁移和知识获取型迁移是企业迁移的两种基本形式。对于知识利用型迁移,最明显的证据是产业经济学者所关注的产业梯度转移和IB学者所关注的跨国FDI研究。产业梯度转移理论强调,发达国家的跨国公司会把生产基地迁往劳动力成本更低的国家和区位,以利用自身所形成的核心知识/战略资产。FDI理论,例如Dunning(1988)所提出的OLI模型,认为跨国公司跨国迁移的目的是利用自身的所有权优势和东道国的区位优势。所以,知识利用型迁移意愿的形成是本地/母国不利的知识利用条件,降低了企业的知识利用效率,强化了企业的知识利用型迁移意愿。

与之相比,知识获取型迁移则会出于规避本地不利的知识溢出、获得发达区位的知识资源的目的,而强化其迁移意愿。企业知识获取型迁移意愿研究依赖于两个关键命题(吴波,肖迪,2011)。一是,演化力量之下,不同区位在创新、教育系统以及校企联合机制的差异会形成区位特有知识,并进一步分异为知识发达区位与知识落后区位(Cantwell,1989;Furman等,2002)。二是,演化力量之下,特定区位中的企业分化为“好的”(即知识相对领先)企业和“差的”(即知识相对落后)企业(Shaver,

Flyer,2000)。知识相对领先企业拥有较好的技术、人力资本、培训项目、供应商和分销商;知识相对落后企业则相反。两者集聚将会产生单向“知识溢出”:对知识相对领先企业而言,集聚只能带来知识流出,为不利影响;而对知识相对落后企业则相反(Shaver,Flyer,2000)。因此,在特定区位之中,知识相对领先企业更倾向于迁出本地,远离知识相对落后企业的集聚区位,并迁往知识更为领先企业集聚的发达区位,从而获得发达区位有利的知识溢出。后来一系列的实证研究进一步证实了这一逻辑(Chung,Kalnins,2001;Kalnins,Chung,2004;Canina,Enz 和 Harrison,2005;朱华晟等,2009)。

(4)企业迁移目标区位选择:路径依赖的渐进性和路径突破的跨越性。

迁移跨度是目标区位选择的关键指标,是指迁移企业与目标区位的知识差距,它决定了企业将会进入什么样的迁入地。已有研究强调了预期的集聚效应和竞争效应对目标区位选择的影响。集聚效应强调了知识获取机会,即通过逆向迁移与目标区位的企业与非企业组织的共存以实现知识获取(Penner-Hahn,Shaver,2005;Mc Cann,Folta,2008)。竞争效应则强调了知识获取障碍,即目标区位在位企业通过竞争手段限制外来者进入以及知识外溢(Baum,Haveman,1997)。发达区位在位企业在所在地拥有合法性(Chan,Makino,2007)、稳定的当地合作网络(Uzzi,1996;Dyer,Nobeoka,2000)、严格控制内部知识外溢的能力(王益民,宋琰纹,2007),实现从内到外对当地高端知识的有效掌控,防止外来者的进入(Alcácer,2006;Alcácer,Chung,2007)。综合权衡预期的集聚效应和竞争效应,使得迁移企业在目标区位选择上同时表现出路径依赖的渐进性和路径突破的跨越性(Luo,Tung,2007)。前者强调较小的迁移跨度及其所带来的实际学习效果;后者则强调企业战略意图主导下较大的迁移跨度及其所带来的学习潜力(Yiu 等,2007;Blalock,Gertler,2009;Salomon,Jin,2010)。

(5)迁移企业在迁入地的成长机理:基于网络嵌入的组织学习机理。

主流研究关注了企业迁移动机,而相对忽略了迁移后的成长机制。借鉴 FDI 理论和组织学习理论,我们可以找到可能的答案。企业国际化过程理论以有限理性和不完备信息为逻辑起点,分析了企业国际化的行为决策(Johanson,Vahlne,1977,2009)。虽然以跨国迁移为背景,但是共同的理论基础和可借鉴的核心概念,使得企业国际化过程理论成为企业迁移理论突破的重要借鉴。企业国际化过程理论认为面对外来者劣势,作为有限理性的企业必须通过"经验知识"的获取来逐步推进其国际扩张(Johanson,Vahlne,1977,2009)。按照经验知识获取的途径不同,企业国际化过程理论分为早期经典的 U 模型和最新的网络模型(简称为 N 模型),前者认为有关国际市场的经验知识只能通过自身的直接学习获取,即干中学(Quinn,1980),而后者认为经验知识不仅可以通过自身的直接学习获得,也可以通过各种形式的网络关系来获得国际市场的经验知识(Johanson, Mattsson, 1988; Johanson, Vahlne, 2009; 田家欣,郭晓宇,2012)。

FDI 在东道国的知识获取不仅依赖于自身东道国经验的积累,还依赖于各种形式的网络嵌入以实现加速学习(Johanson, Vahlne, 1977, 2009)。针对后发国家跨国公司的逆向 FDI 研究识别了三种典型的知识网络,包括母公司网络(Luo,Tung,2007;Yiu 等,2007;Li,2010)、序贯进入特定东道国的 FDI 企业间网络(Chang,1995;Head 等,1995;Shaver 等,1997;Chung,Song,2004;Chang,Park,2005)以及在东道国正式与非正式知识网络(Shaver,Flyer,2000;Alcácer,Chung,2007;Li,2010),并深入分析了不同网络下的组织学习机制。总之,对于具有外来者劣势的迁移企业来说,各种形式的网络关系成为企业获取迁入地知识,实现加速学习的主要途径。

(6)文献述评。

在微观层面,过程视角成为行为学派和制度学派研究企业迁移的切入点。在过程视角下,企业迁移研究取得了丰富的研究成果:重点关注了企业迁移意愿形成机理,并对其后的目标区位选择以及迁移后成长机理进行了有价值的探索。为了更有效地推进企业迁移研究,我们认为必须在以下三个方面进行更为深入而细致的研究。

第一,已有研究虽然提出了企业迁移研究的大致框架,但是还缺乏一个融合不同学派的整合性概念框架,从而为不同视角和不同背景下的理论和实证研究提供一个对话的基础。通过对前文有关企业迁移的脉络梳理,我们可以看出企业迁移研究呈现出了"一个核心指向、两个基本要素、三个关键环节"的基本研究框架。随后对企业迁移三阶段过程机理的具体描述却表明，已有研究虽然取得了不错的研究成果，但是还存在较多的有待深入开展的部分。而评判哪些问题还有待进一步研究的基础，就是建立一个企业迁移研究的整合性概念框架。所以，企业迁移研究诚然需要更多的实证研究以取得更多、更丰富的实证结果，但是更需要系统的理论研究，以提出一个整合性概念框架，为不同理论学派的对话、为不同层面因素的融合，提供基本分析框架。这将是本书首要的研究目标。

第二，已有研究重点对企业迁移意愿进行了研究，虽然对企业迁移的目标区位选择和迁移后成长机理进行了有益的探索，但是还有待进一步的理论和实证研究。企业迁移过程分为迁移意愿形成、目标区位选择以及迁移后成长。前文对文献进行了大致梳理，从中可以看出已有研究重点对迁移意愿进行了研究，认为迁移意愿形成的本质是企业与区位在知识效率上的不匹配。而之后对迁移目标区位选择以及迁移后成长的研究则主要借鉴 FDI 理论。FDI 理论在广义上也可以视为企业迁移（即跨国迁移）理论，跨国迁移的逻辑为一国之内的企业迁移研究提供了重要借鉴，但为了能够对中国企业迁移实践提供切实的指导，还必须对一国之内的企业迁移目标区位选择以及迁移后成长做进一步的理论和实证研究。另外，迁移意愿得到较多关注，而后两个环节受关注较少的一个可能的原因，就是迁移意愿研究相对容易获取资料，而迁移目标区位选择以及迁移后成长的实证资料收集则相对困难。

第三，已有研究重点从新古典经济学学派视角开展企业迁移研究，未来还需要进一步融合行为学派和制度学派以推动企业迁移研究的深入。对于企业迁移，已有研究重点从新古典经济学视角开展理论和实证研究，重点关注了集聚优势对企业迁移行为的影响。这种集聚优势，如果从知识的角度来看，就是迁移企业对知识效率的追求，即企业与区位在知识效率上的匹配性。但是知识效率仅仅是企业与区位匹配的一个方面，从制度视角来看，企业与区位在制度上的匹配也同样重要。如果从新组织制度理论来看，这种制度匹配性就表现为制度合法性。所以，未来的企业迁移研究还必须实现两个基本因素的融合，即融合知识效率和制度合法性对企业迁移的影响，推进企业迁移研究的深入。

1.1.3 研究问题与意义

通过以上对企业迁移实践情景的把握和理论发展脉络的梳理,笔者在此提出本书的研究问题,并指出相应的研究意义。

本书所要回答的研究问题可以概括为两个方面。第一,建立企业迁移研究的整合性概念框架,推动企业迁移理论研究的整合。虽然企业迁移研究已经取得了丰富的研究成果,但是不同研究结论之间的对话还相对较少,其主要原因是缺乏一个系统的整合性概念框架。本书将以企业与区位动态匹配逻辑为核心线索,以知识效率和制度合法性为企业—区位匹配的两个核心维度,以区位层面因素和企业层面因素为两个关键节点,提出企业迁移的企业—区位共演框架,并以此为基础提出企业迁移的三阶段过程机理模型。

第二,围绕所提出的企业迁移整合性概念框架,对企业迁移目标区位选择以及迁移后成长进行实证研究。迁移目标区位选择和迁移后成长是现有企业迁移研究的薄弱环节。本书将基于所提出的企业—区位共演框架和企业迁移三阶段过程机理,进一步对企业迁移的目标区位选择和迁移后成长机理进行实证研究。对于迁移目标区位选择,本书将以中国上市公司的总部迁移为对象开展实证研究,并对企业群体迁移至同一区位的现象进行深入解读。对于迁移后成长,本书同样以上市公司总部迁移为对象开展实证研究。之所以重点以上市公司为对象开展研究,其原因在于资料的可得性,并且这也是企业迁移研究的重点领域。在实证研究的基础上,本书还将对已有的重要的迁移案例进行再解读,以进一步验证本书所提出的企业—区位共演框架以及相应的企业迁移三阶段过程机理模型。

在以上两个方面研究的深入,也指出了本书研究的意义。

一是,建构企业迁移的整合性概念框架,推动了企业迁移研究的整合。迁移已经成为企业区位战略的关键选择。已有研究在研究问题上重点关注了企业迁移意愿形成机制,但是对迁移目标区位选择以及迁移后成长的研究相对较少;在研究视角上,重点关注了新古典经济学视角及其所强调的集聚优势,但是对行为视角和制度视角的分析还相对较少。本书通过构建企业—区位共演框架,以及相应的企业迁移三阶段过程机理模型,推动了企业迁移研究理论的融合,为系统的企业迁移三阶段过程机理的实证研究奠定了基础。

二是,基于企业—区位共演视角,推动企业迁移实证研究的深入。基于企业—区位共演框架,以及相应的企业迁移三阶段过程机理模型,本书对企业迁移目标区位选择以及迁移后成长机理进行了实证研究。同时也对企业群体迁移至同一区位的现象进行了探讨。这一系列的实证研究推动了企业迁移研究的深入。

三是,坚持实践导向,为迁移企业和区位政府提供参考。在理论和实证研究的基础上,本书进一步针对迁移企业提出了迁移决策所应该遵循的基本原则,也针对区位政府有效引导企业迁移、实现区位发展的目标提出了政策建议。

1.2 基本概念与定义

这一部分将主要对企业区位战略、企业迁移两个核心概念做出界定,以此为后续的阐述提供逻辑起点。

1.2.1 区位战略

区位研究的基本理论主要来自经济学和社会学,大量的企业区位研究主要产生于经济学领域之中,特别是以新经济地理理论为基础的理论与实证研究。但是本书对企业区位的研究主要是从企业战略视角开展,因为冠以企业的区位战略之名。本书认为,企业区位战略是指企业通过有效调整业务在特定区位中的位置,通过有效调整企业业务的区位布局和区位组合,实现企业与区位的动态匹配,获得持续竞争优势。这一定义是本书开展企业迁移研究的基础。这一定义强调了企业在区位决策方面的三个关键要点。

第一,企业区位战略的目的是获得持续竞争优势。这与经济学和社会学背景下的企业区位研究截然不同,本书认为企业在区位方面决策的目的是获得持续竞争优势。经济学对于区位的研究认为,企业可以无成本地选择最优区位,在完全竞争的背景下,区位并不能给企业带来持续竞争优势。之后以 Krugman 为代表的新经济地理理论提出了区位的垄断竞争理论，认为企业会通过迁移到特定区位获得该地的集聚优势；但是这一集聚优势也会随着更多企业的迁入所带来的竞争效应而抵消，从而使得企业通过区位选择只能获得短期而不是长期的超额利润。社会学对于区位的研究则主要在制度和文化方面，认为企业行为受到当地的制度与文化的影响，强调的是当地制度与文化对企业行为的约束。与经济学和社会学对企业区位的理解不同，本书认为企业可以通过区位的战略决策来获得持续竞争优势。通过区位决策之所以能够获取持续竞争优势，主要有两个方面的原因。一是，区位的差异化及其长期演化性。区位是差异化的，体现在区位的资源体系和制度体系的差异化，对此本书将在第三章做进一步阐述。并且由于资源体系和制度体系的长期演化特征，区位之间的差异性将会持续，并且保持相对稳定的演化方向。二是，区位资源体系获得并非一蹴而就，而是依赖于企业在知识和制度方面的持续投入。例如，在产业集群之中，并非所有的企业都能够获得集聚优势，只有当企业具备了一定的条件才能够获得。

第二，企业通过区位决策获得竞争优势的方式依赖于四种典型的战略及其衍生体。企业区位战略有多种表现形式。模仿市场营销战略中的“产品—市场”框架，本书按照“业务—区位”框架对企业区位战略进行解析，得到四种典型的区位战略，具体如图 1-2 所示。在图 1-2 中，业务也可以用企业的核心知识、核心能力、战略资产等名词来替代。左上的方格表示企业原业务在原区位开展，本书称之为企业的区位保持战略，即企业选择留守而不是迁移发展，当然留守也并不是无事可做，而是可以通过企业在原有区位位置的调整和优化来实现企业的发展。例如，在产业集群之中，特定企业可以通过不断提升自身在区位中的关系承诺和网络嵌入，从而优化自身在区位的位置，实现企业与区位更好地匹配。右上的方格表示企业把新业务放在原区位发展，本书也称之为区位保持战略，这一战略体现了企业把新旧业务都放在同一区位发展，表现为在原区位的密集化成长战略。例如，制造企业随着自身规模的扩大，制造环节的优化，开始向上游的研发环节和下游的营销环节拓展。如果企业把这些部门都放在原区位发展，就可以称之为区位密集化成长战略。例如，随着电子商务的发展，浙江省除杭州市之外的很多区位中的传统制造企业都开始上马电子商务业务，部分企业会选择依然在当地开展电商业务，这就是区位保持战略中的区位密集化成长战略。

	旧业务/已有核心知识	新业务/新的核心知识
原区位	区位保持战略：区位位置优化战略	区位保持战略：区位密集化成长战略
新区位	区位迁移战略（狭义）：区位延伸战略	区位迁移战略（广义）：区位创业战略

图 1-2　企业区位战略的四种典型方式

左下的方格表示企业把原业务放在新区位发展的情况，本书称之为区位迁移战略（狭义），由于业务没有发生变化，也可以称之为区位延伸战略。例如，很多制造企业把制造基地从原区位搬迁到新区位，以利用新区位更为丰富的土地资源和廉价劳动力资源，这就是典型的区位延伸战略。必须说明的是，企业制造基地从原有区位搬迁到新区位，并不一定意味着原有区位制造业务的关停：如果关停，这就是最严格意义上的企业迁移；如果没有关停，可以称之为扩张式迁移。右下的方格表示企业把新业务放在新区位发展的情况，本书也称之为区位迁移战略（广义），这涉及新业务和新区位，事实上是一种新的战略创业行为，可称之为区位创业战略。例如，面临电子商务的快速发展，很多浙江省除杭州市之外的传统制造企业并不是决定在当地发展，而是把电商部门放在杭州市发展，以利用杭州市的电商人才，这就是典型的区位迁移战略下的区位创业战略。总体而言，只要涉及新区位，都可以称之为区位迁移战略，对此将在下文具体阐述。

以上四个方格代表了企业区位战略的四种基本方式，这四种基本方式的不同组合又形成了现实中企业所采取的更为复杂和多样的区位战略。例如：企业可以把原业务搬迁到新区位，而把新业务放在原有区位发展；企业也可以把原业务放在本地，而把新业务搬迁到新区位；企业也可以把原业务放在本地，把原业务向新区位拓展，同时也把一些新业务向外地拓展。例如,正泰集团把传统的低压电气制造业务放在温州市柳市,把高压业务放在上海市,把太阳能业务放在杭州市,同时也在嘉兴市建立新的低压电气生产基地。总之,企业在业务组合和区位组合上可以有多种选择,但是企业核心目的依然是实现企业与区位的动态匹配,一方面是利用差异化的区位特质来发展业务,另一方面也可以在同一区位之中通过区位位置优化来获得更好的业务发展。

第三,企业区位战略中,企业与区位的关系是共演关系,企业可以利用差异化的区位,甚至可以创造区位的差异化。之前的描述可能会产生一种印象:区位是外生的,企业只需要获得区位信息和做好自身整体业务发展规划,就可以确定企业业务在特定区位的位置优化方向,就可以明确不同业务的区位布局,形成自身的区位组合。在这里,本书对企业与区位关系做进一步的说明:企业可以利用区位的差异化特质,在一定条件下,企业可以创造区位的差异化特质。所以,企业与区位的关系不是单向决定关系,而是共演关系。对于共演,本书将在第三章做进一步界定和说明,这里只是进行举例说明。例如,在产业集群之中,部分企业一方面与当地其他企业具有密切的关系,同时也与区位外部企业具有密切的关系,从而成为当地产业集群中的知识守门人。这些知识守门人往往是当地产业集群吸收外部知识的过滤器,它们决定了何种知识需要并能够进入当地产业系统和知识体系之中。所以,知识守门人在一定程度上影响了当地产业集群的知识体系和网络体系,从而使得区位表现出其差异化的本质。这里也必须说明的是,知识守门人的知识过滤和知识选择,并不能完全脱离当地的产业系统和知识体系,所以知识守门人的行为也受到当地产业集群的影响。所以,两者之间是一种共演的关系,而不是单向决定的关系。企业与区位的共演关系构成了本书理论研究的基础。

1.2.2 企业迁移

企业迁移是企业区位战略的一种特殊形式。按照图 1-2 中的区位战略分类框架,本书认为只要涉及新区位都可以视为区位迁移战略。按照迁移主体的差异,可以分为整体迁移和部分迁移(王业强,2007)。对于企业迁移,本书主要从以下两个方面做出进一步的界定。

第一,企业迁移是一个过程。企业迁移作为一种特殊形式的企业区位战略，可以视为一个过程，即前文所提出的过程视角。这与吴波(2012)对企业迁移过程的理解一致。“在过程视角下，早期的学者重点关注了迁移评估(包括动因与目标区位选择)和执行迁移两个方面(Hoyd，Dicken，1977；Hayter，1978)，但是对于迁移后迁入地优势获取机理的关注相对不够。其原因在于，早期研究认为企业迁移之后自然能够获得目标区位资源，例如获得目标区位的土地、劳动力、税收优惠等等。而在知识经济下，以知识为代表的战略资源日益成为企业迁移的重要目的(Shaver，Flyer，2000)，战略资源的获取更为复杂性，且历时更长，导致迁移之后的迁入地优势获取存在诸多困难，这也是企业迁移失败的重要原因(Alcácer，2006；Mccann，Vroom，2010)。因此，本书认为企业迁移过程具体分为迁移意愿形成、迁移目标区位选择、执行迁移以及迁移后成长等四个基本环节。本书对具体迁移执行阶段不做具体关注，而重点关注迁移意愿形成、迁移目标区位选择以及迁移后成长等三个环节。”

第二，从战略领域的知识基础理论出发，本书把企业迁移分为知识利用型迁移和知识获取型迁移。知识基础理论认为企业的本质是企业所拥有的知识体系(Grant，1996)。企业可以通过持续的知识利用和知识获取，以及二者的平衡发展来获得持续竞争优势(March，1991)。因此，本书把企业迁移分为知识利用型迁移和知识获取型迁移。前者是以利用企业所形成的核心知识为目的的迁移，后者是以获取新核心知识为目的的迁移。例如，制造企业为了利用成长中所形成的制造能力，而把制造基地迁往具有更多土地资源和廉价劳动力资源的区位，就是典型的知识利用型迁移。知识利用型迁移往往与经济学理论所提到的梯度转移紧密相关，表现出沿着劳动力成本从高到低的顺梯度进行迁移，也可以称为顺梯度迁移、顺势迁移。制造企业也会为了培育研发能力和营销能力，而前往知识密集区位，例如迁往一线大城市，即典型的知识获取型迁移。这种知识获取型迁移往往表现出逆梯度的迁移方向，也可以称之为逆梯度迁移、逆向迁移。

1.3 技术路线与研究方法

为构建企业迁移的整合性理论框架并进行相应的实证分析，本书在明确技术路线的基础上，采取了多种具体研究方法以确保研究过程的严谨性和研究结论的客观科学性。

1.3.1 技术路线

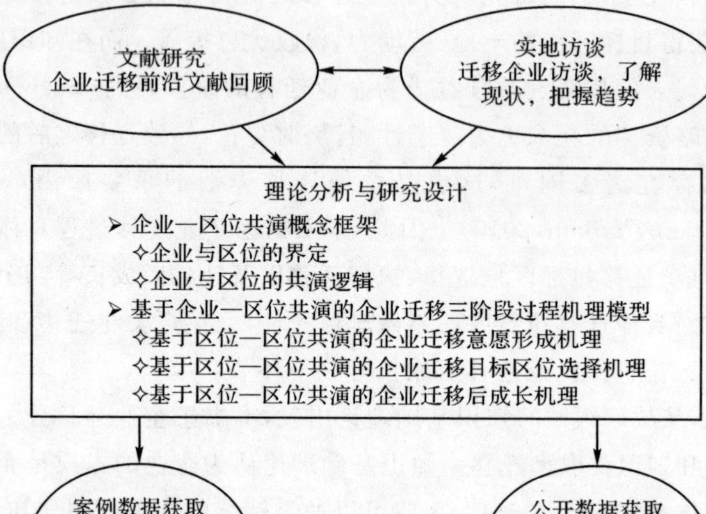

图 1-3　本书技术路线

根据研究问题进一步确定了研究路线。首先，通过文献研究和实地访谈来把握理论前沿和实践动态；随后进行理论分析，在界定企业与区位的基础上，提出企业—区位共演框架，并基于这一框架，具体从企业迁移的三个关键环节，提出企业迁移三阶段过程机理模型。在理论分析的基础上，进行数据收集工作，主要涉及两种形式的数据收集工作，分别是与案例相关的数据收集和公开数据收集；基于所获得的数据进行实证研究，主要涉及四个方面的实证研究。分别是“企业迁移目标区位选择：以中国上市公司总部迁移为例”“群体迁移背景下的企业迁移同一区位机理研究”“企业迁移后成长机理研究：以中国上市公司总部迁移为例”以及“基于企业—区位共演的企业迁移过程机理案例研究”。在理论和实证研究的基础上，最后进行系统研究。主要是系统总结本书研究结论、提炼研究意义，并根据研究结果，提出相关政策建议。具体研究路线见图 1-3。

1.3.2 研究方法

理论与实证研究是管理研究的两种基本方法。系统的理论分析有助于研究者把握理论前沿和实践动态，提出具有研究意义与可行性的研究问题；有助于研究者通过系统的文献梳理掌握现有研究成果，并构建出相应的研究设计，提炼出科学的概念模型。实证分析则实现了理论思考与客观实践的结合，进一步保证了研究的科学性。

理论分析是本书研究的重要部分，主要包括两个部分。一是，通过理论分析构建企业—区位共演框架，并基于这一框架提出企业迁移的三阶段过程机理模型。正如前文所述，这是本书所要解决的核心问题。首先，通过对区位理论和企业理论的梳理，从知识/资源和制度两个维度界定了区位和企业，特别是提炼出了企业的三个关键维度，即知识、制度和区位。在此基础上，提出了企业—区位共演的基本概念框架。其次，基于企业—区位共演框架，本书进一步提出了企业迁移的三阶段过程机理模型。正如前文对企业迁移的界定中，过程视角是企业迁移研究的基本视角，企业迁移过程可以分为迁移意愿形成、目标区位选择以及迁移后成长等三个关键环节。以企业—区位共演框架为基础，本书分别就三个关键环节，提出了企业迁移的三阶段过程机理模型。企业—区位共演框架的提出，以及相应的企业迁移三阶段过程机理模型的演绎，构成了本书重要的理论研究内容，为后续的实证研究奠定了理论基础。

二是，在后续实证研究之前，就具体的研究情景，提出研究问题、开展文献综述以及进行研究设计。这具体包括四个方面，即后文将要提到的四章实证内容之前的理论分析。分别是“企业迁移目标区位选择：以中国上市公司总部迁移为例”“群体迁移背景下的企业迁移同一区位机理研究”“企业迁移后成长机理研究：以中国上市公司总部迁移为例”以及“基于企业—区位共演的企业迁移过程机理案例研究”。具体见后文的研究，不再赘述。

在理论研究的基础上，本书进一步开展实证研究。实证研究方法包括案例研究和基于年鉴、上市公司等公开数据的大样本统计研究。案例研究分为两部分：一是就企业群体迁移问题，以全球电气跨国公司和温州市电气企业群体迁移至上海市的案例开展研究；二是就作者之前所收集的案例以及其他典型案例，以企业—区位共演概念框架，进行案例再分析。基于年鉴、上市公司等公开数据的大样本统计研究是本书实证研究的重要方法。之所以选择上市公司，主要原因是数据的可得性。数据来自公开的年鉴和上市公司数据，主要探讨了上市公司总部迁移目标区位选择的影响因素，以及上市公司总部迁移绩效及其影响因素。所采取的样本为总部发生迁移的中国上市公司。

1.4 本书结构安排

本书的目的是构建企业迁移研究的整合性概念框架，提出企业迁移的三阶段过程机理模型，并采取多元数据来证实以上理论框架和模型，最后总结研究结论，并提出相应的政策建议。遵循这一研究思路，全书分为九章，各章的内容安排如下。

第一章：绪论。本章旨在提出本书所要研究的问题及技术路线与研究方法。首先，提出本书所要研究的问题，即企业迁移研究必须要构建一个能够促进各个学派对话的整合性概念框架。其次，对研究中涉及的两个核心概念进行了界定，分别是区位战略和企业迁移，这构成了本书后面研究的逻辑起点。通过对区位战略的界定，说明本书对企业迁移的研究遵循的是战略范式，即企业的区位决策是为了实现企业的持续竞争优势。企业迁移是区位战略的特殊形式，本书将主要从过程视角和知识视角（即把迁移分为知识利用型和知识获取型迁移)开展分析。再次,对技术路线与研究方法进行了详细说明。最后,介绍了本书的结构安排。

第二章:企业迁移研究的最新进展。企业迁移研究是企业区位理论的一个分支。本章以 Pellenbarg,van Wissen,van Dijk(2000)为分界线,主要对国外 2000 年以来企业迁移研究的前沿文献进行梳理,揭示企业迁移研究的理论基础,以及相应的研究进展。为此,本章在第一部分首先对企业迁移做出界定,并勾勒出 2000 年之前的研究进展。第二部分将进一步界定 2000 年以来企业迁移现象的三大特征,并理出企业迁移理论研究的主要理论基础和研究框架。第三部分将在过程框架下梳理出企业迁移研究的主要观点。最后提出四点未来研究设想。

第三章:企业—区位共演的基本框架。第二章文献研究表明企业迁移是实现企业与区位动态匹配的重要战略。那么,企业与区位匹配的维度是什么?两者又如何实现匹配?这就是本章要回答的主要问题。为此,本章将首先在文献研究的基础上阐明区位和企业的界定,发现企业与区位均可以从知识/资源和制度的维度进行界定。随后构建企业与区位共同演化的机理,即企业—区位共演概念框架,具体包括基于单区位的企业—区位共演框架和基于双区位的企业—区位共演框架,从而为后续的企业迁移理论研究奠定基础。

第四章:企业—区位共演视角下的企业迁移过程机理。第三章界定了区位与企业的基本维度,并建立了基于单区位和双区位的企业—区位共演分析框架。本章则在所建构的企业—区位共演框架下分析企业迁移机理。本章从行为学派和制度学派视角出发,把企业迁移视为一个三阶段过程,即迁移意愿形成、迁移目标区位选择以及迁移后成长。以企业—区位共演框架为基础分析企业迁移的三阶段过程机理。本章主要以理论分析为主,通过逻辑推演提出企业迁移的三阶段过程机理模型。这就为后面的四章实证研究提供了基本的理论分析框架。

第五章:企业迁移目标区位选择:以中国上市公司总部迁移为例。在第三章企业—区位共演框架的基础上,第四章提出了企业迁移三阶段过程机理模型,分别就企业迁移的三个关键阶段,提出了相应的理论设计。后续三章将主要以特定背景下的迁移现象为对象开展实证研究,以验证第四章所提出的理论模型。本章将以总部迁移为对象进行实证研究,分析区位层面和企业层面的各个要素对中国上市公司总部迁移目标区位选择的影响。首先，将提出本章的研究背景与问题。其次，对总部迁移目标区位选择相关的理论进行回顾。随后，提出总部迁移目标区位选择的研究假设，并进行实证分析。最后总结本章的研究结论。

第六章：群体迁移背景下的企业迁移同一区位机理研究。本章重点关注企业迁移同一区位的内在机理，即迁移企业为什么会选择同一区位。事实上，考虑到企业的差异性，其迁移决策应当也体现出多样性的特点。特别是在第五章对总部迁移目标区位选择的研究中就重点强调企业迁移的多指向现象。本章则重点关注企业迁移决策的趋同性，特别是在迁移目标区位选择方面的趋同性，即企业迁移的同一区位选择现象。首先，对研究的背景进行界定，并说明本章的研究问题，即企业迁移的同一区位选择问题。随后，对已有的相关文献进行了回顾，指出企业迁移同一区位研究的三个基本逻辑。再次，基于企业—区位共演框架，从区位产业集群化发展视角，构建了企业迁移的同一区位的概念模型，并提出三个假设。最后，对电气产业的全球跨国公司、浙江省温州市电气企业群体迁移至上海市发展的案例进行了分析，以检验所提出的三个假设。

第七章：企业迁移后成长机理研究：以中国上市公司总部迁移为例。以上两章重点分析了企业迁移的目标区位选择机理，这一章进一步分析企业迁移过程的第三个阶段，即迁移后成长。第一部分将会界定研究背景，并提出本章的研究问题，即总部的迁移后成长机理。随后在第二部分对总部迁移研究概述的基础上，重点梳理有关总部迁移绩效的已有研究成果。在第三、四部分将以企业—区位共演框架为基础提出企业总部迁移后成长机理模型和研究假设，并以中国上市公司总部迁移样本为对象进行实证研究。最后，总结本章的研究结论。

第八章：基于企业—区位共演的企业迁移过程机理案例研究。以上三章围绕企业迁移的目标区位选择和迁移后成长进行了实证研究，验证了本书所提出的基于企业—区位共演框架的企业迁移过程机理模型。本章则主要通过案例研究，以进一步验证本书第四章所提出的理论模型。案例一方面来自本书作者之前所搜集的资料，另一方面也来自其他作者的典型案例资料。总而言之，本章主要是依赖二手资料，进行理论的再演绎，以进一步证实基于企业—区位共演的企业迁移过程机理模型。

第九章:研究结论与展望。本章主要是对本书的理论和实证研究结果进行归纳和总结。首先,对本书的理论和实证研究结果进行了总结,概括为七个研究结论。其次,对本书的研究意义进行了总结,概括为五个方面的研究意义。最后,针对迁移企业和区位政府,提出了相应的政策建议。

第 2 章　企业迁移研究的最新进展

企业迁移研究是企业区位理论的一个分支。本章主要对国外 2000 年以来企业迁移研究的前沿文献进行梳理，揭示企业迁移研究的理论基础，以及相应的研究进展。为此，本章在第一部分首先对企业迁移做出界定，并勾勒出 2000 年之前的研究进展。第二部分将进一步界定 2000 年以来企业迁移现象的三大特征，并理出企业迁移理论研究的主要理论基础和研究框架。第三部分将在过程框架下梳理出企业迁移研究的主要观点。最后提出四点未来研究设想。

2.1　早期企业迁移研究回顾

早期经典的，也是最严格的企业迁移定义来自 Pellenbarg，van Wissen，van Dijk(2000)，是指一个企业的位置从区位 A 变化到区位 B。这一严格的定义强调了企业迁移是一种整体迁移，是一种替代性迁移，大大限制了企业迁移现象的范围，这也引起学术界对企业迁移定义的拓展和再界定，以确保所研究的企业迁移现象具有足够的广度，但同时也具有与其他理论清晰的边界。第一，在迁移主体维度上，从整体迁移拓展到部分迁移。Pellenbarg，van Wissen，van Dijk(2000)的定义认为企业迁移是整体迁移，这对于中小型的单位置企业最为适合，但是对大型的多位置企业则不适合；之后，随着模块化和价值链分工的发展，大企业的部分业务部门的迁移开始纳入进来，典型的如总部迁移、研发中心迁移、制造业务迁移等，即部分迁移。第二，在迁移结果维度上，从替代性迁移拓展到扩张性迁移。Pellenbarg，van Wissen，van Dijk(2000)的定义认为企业迁移是替代性迁移，即一个区位业务的关停和另一新区位业务的开展；之后，企业迁移定义放松了老区位关停的条件，拓展到扩张性迁移。例如，企业在A区位已经具有制造业务，但是受制于内部、外部和区位因素，在B区位开设了新的制造业务，但是其在A区位的业务并没有关停，这种形式的迁移可以称为扩张性迁移。第三，在迁移距离维度上，企业迁移距离往往限定在一国之内。虽然部分学者把企业的跨国迁移包含在内(Mariotti，2005)，但是由于跨国迁移领域中，已经存在较为强势的跨国公司和FDI理论，如果把这一部分涵盖进来，就会由于现象的过于多样而损害企业迁移理论的纯粹性。但不可否认，FDI理论对于一国之内的企业迁移研究具有重要的理论借鉴意义。因此，本书认为企业迁移的定义应当同时包含整体迁移和部分迁移，替代性迁移和扩张性迁移，但不包括跨国迁移。这一再定义不仅拓展了企业迁移研究的现实基础，增强了企业迁移研究的现实价值，而且也防止企业迁移研究出现过高的复杂性，防止了理论边界上与其他学科出现的过度重叠，有助于理论纯粹性的提升。

在界定企业迁移定义的基础上，进一步就需要说明何谓"早期"。本书以2000年为界限，主要原因有以下几个方面。第一，Pellenbarg，van Wissen，van Dijk(2000)一文对企业迁移研究的经典综述，具有重要的承上启下的作用。虽然这一文章并没有正式刊发，但是其有关企业迁移研究的系统综述，具体涉及企业迁移研究三个学派的清晰界定、2000年之前企业迁移的历史性回顾，以及未来研究展望，成为之后众多微观层面企业迁移研究的逻辑起点。由于作者为荷兰人，之后众多的荷兰学者都沿着他们的研究思路开展深入研究，形成了企业迁移研究的荷兰学派。第二，企业迁移的现实对象开始发生转变。虽然部分学者还在坚持相对纯粹的替代性迁移的界定，但是更多的学者开始把更大范围的企业迁移现象涵盖进来，从而形成了更加丰富的企业迁移研究成果，特别是企业总部迁移研究成果。第三，企业迁移研究的理论基础开始发生转变。Pellenbarg，van Wissen，van Dijk(2000)提出了企业迁移研究的三大理论基础，分别是新古典经济学学派、行为学派和制度学派。在其影响之下，之后的企业迁移研究虽然依然在其所界定三个学派下开展实证性的微观企业迁移研究，但是其理论重点却发生了偏差，一些学者开始引入2000年之后更为盛行的相关理论开展企业迁移研究，典型的如新经济地理理论和资源基础理论。因此，以2000年为分界岭，本书主要依托

Pellenbarg，van Wissen，van Dijk（2000）这一经典文献，通过理论基础、主要结论和研究不足等三个方面，对早期企业迁移研究进行鸟瞰式扫描。

首先，Pellenbarg，van Wissen，van Dijk 指出企业迁移研究是企业区位理论的一个分支，并把企业迁移研究的理论基础分为三个学派，分别是新古典经济学学派、行为学派和制度学派，这是 Pellenbarg，van Wissen，van Dijk 的重要贡献。企业迁移现象自“二战”后就在欧洲随着经济复苏而蓬勃发展，但已有研究还主要从政府政策视角出发，把企业迁移视为推动区位之间平衡发展的政策工具。之后，随着新经济地理理论的兴起和对企业区位的重新关注，产生了三个学派的企业区位理论（Hayter，1997）。对此，Pellenbarg，van Wissen，van Dijk 进一步把企业区位理论的三个学派引申为企业迁移研究的三个理论基础，从而为企业迁移的系统化理论研究奠定基础。其中，新古典经济学学派主要以古典区位理论为基础，强调边际利润空间的重要意义；行为学派强调了企业在信息可接近性和信息利用能力上的差异，认为企业迁移是一个追求满意方案的决策过程，认为企业会因信息约束而更倾向于短距离迁移；制度学派认为企业迁移受制于所在区位制度嵌入性的影响。这三大学派的阐述，让企业迁移研究具有了深厚的理论基础，推动了企业迁移理论研究的深入。

其次，Pellenbarg，van Wissen，van Dijk 历史地梳理出自“二战”后到 1990 年企业迁移研究的发展脉络，并总结了企业迁移研究的四个主要结论。企业迁移研究主要见于欧洲：从“二战”后到 1970 年，主要研究都来自英国，值得一提的是，Klaassen，Molle（1983）以一个论文集的形式呈现了整个欧洲企业迁移的图景；到 1980 年，企业迁移研究开始重点关注围绕都市的迁移现象；到 1990 年，企业迁移研究开始关注企业内部的决策过程与行为机理。从这一研究脉络中，Pellenbarg，van Wissen，van Dijk 主要得出了企业迁移研究的四个主要结论。一是，企业迁移现象从单一到多元化的演变。在“二战”后到 1970 年，企业迁移现象表现为中心与边缘之间的双向迁移。具体来说，从增长极的角度，企业会从边缘迁往中心区位；而政府为实现区位经济协同发展，则会通过再分配政策实现企业从中心到边缘的迁移。到 1980 年，企业迁移则呈现出以中心城市为中心的迁移，这种迁移一方面表现为围绕某一中心城市的迁移（同时存在中心与边缘的双向迁移）；另一方面表现为从某一中心城市区位迁往另一中心区位城市。到1990年，这种迁移呈现出更为复杂的现象，在全球化力量的影响下，企业迁移开始跨越国界，表现为跨国迁移；而在更小的社区层面，在不同社区的短距离迁移同时涌现。二是，企业迁移影响因素开始从外部区位因素扩展到更为微观的企业内部因素。在“二战”结束后，学界主要关注区位政策的力量，认为区位政策是影响企业区位迁移的核心力量，这种对政策的关注从最初的再分配政策到之后的包括环境政策、城市重建政策在内的其他政策。之后，随着古典区位理论的介入，区位本身因素开始成为影响区位迁移的核心因素，例如地理位置、可达性、停车空间、设施和公共交通临近性、区位环境质量等（Louw，1996）。到二十世纪七十年代和八十年代，随着以产业区理论、区位创新系统理论为代表的制度学派的兴起，区位层面因素也开始被纳入考虑范围之内。但是，仅仅考虑外部因素的做法，明显忽略了企业内部差异性所带来的迁移行为的差异性。在行为学派的指引之下，学术界开始关注企业内部因素，从而把企业迁移行为从中观层面深入到微观企业层面。在微观层面，企业迁移是企业成长过程的一种重要区位策略，通过区位调整，企业可以获得成长所需的特定空间，因此企业年龄和企业规模就成为影响企业迁移的重要因素。三是，企业迁移是一个决策过程，而不仅仅是一个一次性的最优化过程。随着对企业内部因素的关注，特别是在行为视角下，企业迁移的过程视角开始受到关注。早期行为学派的Townroe（1973）的迁移决策包括五个环节，即问题激发、问题界定、搜寻、正式化和比较备选方案以及选择与执行；Louw（1996）把决策过程分为三个阶段：搜寻阶段、选择阶段和谈判阶段。四是，企业迁移研究方法还主要以描述性的集计分析为主，而基于严谨统计方法的微观企业迁移实证研究还不多。虽然学术界已经认识到微观层面企业内部因素的重要性，但是长期以来主要以中观层面的集计分析为主要方法，探讨中观层面的企业迁移规律，而基于微观企业数据的实证研究还十分缺乏。

最后，受制于基础理论的发展，Pellenbarg，van Wissen，van Dijk 对基础理论的梳理和理解还缺乏足够的精准性。下面具体从三个方面分别阐述。第一，新古典经济学学派主要包括古典区位理论和以Krugman为代表的新经济地理理论。对于新经济地理理论，受制于当时该理论的发展以及影响力，Pellenbarg，van Wissen，van Dijk 对这一理论的描述不仅篇幅较短，同时从现实实践的角度对新经济地理学派进行了批评。“除了引入收益递增的事实之外，新经济地理学派在产业组织方面的研究还是很简陋的。特别是，其假设自由进入、企业完美弹性供给假设，就忽视了企业之间的战略互动。”这也使得当时新古典经济学视角的研究还主要关注区位因素中的地理空间以及由于基础设施建设所带来的交通便捷性，却相对忽略了之后更为重要的区位集聚优势这一核心因素。第二，Pellenbarg，van Wissen，van Dijk 认为行为视角与企业迁移研究最为契合，这也成为作者评价不同理论学派及其研究的重要标准。作者所展示的行为视角框架主要涉及两个方面：一是迁移决策过程划分，二是决策者的信息假设。前者主要关注迁移决策阶段的描述性划分，以定性研究为主，而缺少实证数据支持；而后者主要来自 Pred（1967，1969）所提出的以信息可得性和信息利用能力为两个维度的矩阵。前者最终形成了企业迁移的过程观，这是 Pellenbarg，van Dijk 所做出的重要贡献，但是早期的过程观还过度纠结于实践层面，缺少实证导向，使得企业迁移过程研究深陷描述性和定性研究范式之中，难以获得强调实证检验的主流学界的进一步认可。基于信息可得性和信息利用能力框架的决策者定义确实提供了一个清晰、简洁的研究框架，但是同样受制于可实证性的问题，难以获得主流学界的认可。第三，Pellenbarg，van Dijk 所强调的制度学派主要来自欧洲的新产业区理论和区位创新系统框架。由于作者更多地是受到来自欧洲的历史制度学派的影响，因而还较少地吸收来自美国的以 Meyer，DiMaggio 等为代表的新组织制度理论的观点。

综上，本书认为 Pellenbarg，van Wissen，van Dijk（2000）提出了企业迁移研究的三个学派，历史性地梳理了企业迁移研究的研究成果，总结了企业迁移理论研究的主要结论，推动企业迁移研究走向微观层面，步入理论与实证并重的发展道路，这是他们的重要贡献。但与之同时，Pellenbarg，van Wissen，van Dijk（2000）对三大理论基础的理解还存在偏差，还不能有效地利用三大理论开展规范的微观层面的实证研究，这也意味着企业迁移研究必然要进入新的发展阶段。2000 年之后，企业迁移研究进入新的发展阶段，体现为对基础理论更为深入的把握，推动了基础理论与企业迁移研究的有效契合；同时也在具体研究中开始聚焦微观层面的企业迁移研究，并在过程视角下重点关注了企业迁移意愿形成、目标区位选择以及迁移后成长等三大问题;在推动理论研究的基础上,也为实践提供了更有价值的指导建议。

2.2 企业迁移研究的基本框架:理论基础与核心问题

2.2.1 企业迁移的新现象

2000 年以来,企业迁移研究所针对的典型现象主要表现为以下三个方面的特点。

第一,在迁移主体方面,整体迁移与部分迁移并存。Pellenbarg,van Wissen,van Dijk(2000)对企业迁移的定义是以中小企业为对象,强调替代性迁移。但是面对复杂的现实迁移现象,学者对企业迁移的定义开始放松,从中小企业迁移拓展到大企业迁移,从单一位置企业迁移拓展到多位置企业迁移。随着价值链和模块化的发展,企业迁移划分为整体迁移和部分迁移,其中部分迁移按照迁移主体差异,可分为总部迁移、研发中心迁移、生产部门迁移等。其中,总部迁移已经成为企业迁移研究的一个重要分支,并取得了重要的研究成果,对于总部迁移的研究具体见后续第六章和第八章。

第二,在迁移距离方面,长距离迁移与短距离迁移并存。Pellenbarg,van Wissen,van Dijk(2000)按照迁移距离长短,分为区位内迁移和跨区位迁移。随着通讯与信息技术(ICT)的发展以及全球范围各个国家的市场开放策略推进,为了缓解严峻的全球竞争压力、降低生产成本、提高生产效率,也为了有效利用后福特制以来的生产模块化趋势,各个价值链环节的全球迁移成为企业迁移的重要现象(Mariotti,2005)。针对全球迁移的跨国直接投资(FDI)理论已经成为国际商务(IB)理论的重要分支,形成了自身特有的概念体系、理论框架和学术杂志,对于区位理论发展都具有很大的推动作用(Dunning,1988)。因此,长距离迁移是指跨城市的迁移,包括一国之内的跨市迁移和跨国迁移。但受制于篇幅,并为保持与前文企业迁移界定的一致性,本书综述不包含跨国迁移的情况。与之同时,在同一城市内部的短距离迁移也成为企业迁移的重要现象。作为传统企业迁移研究主体的小企业获得了更多的关注。对于小企业来说，企业行为与生活行为密切相关，对于在家的企业家尤其如此。因此，社区环境的差异也成为驱动这些企业跨社区迁移的重要原因。因而，在同一城市之内小尺度迁移也成为重要的迁移研究现象。

第三，在迁移行为差异性方面，个体迁移与群体迁移并存。自 2000 年以来，企业迁移的微观机制得到进一步的关注。在理论逻辑上不再仅仅把企业迁移视为区位产业调整的工具，而开始认为企业区位迁移是异质性企业通过区位调整来获得不同区位特有优势、实现企业成长的重要战略（Knoben，2008）；在实证方法上也突破了之前基于区位层面集计数据的简单描述性统计方法，开始主要以个体企业层面数据深入探讨企业迁移决策的微观机理（van Dijk，Pellenbarg，2000）。与之同时，企业迁移的群体性虽然一直是不言自明的现象，但是没有得到应有的理论关注。例如，早期基于区位层面数据的集计研究都潜在认为企业迁移多为群体性迁移。2000 年以来，对群体迁移的关注度则相对较少，除了少数研究之外。例如 Pitti（2009）对德国企业群体迁移现象的研究；朱华晟等（2007）、吴波（2013）等对中国企业群体迁移现象的关注。因此，作为利润最大化主体的企业，在迁移决策方面必然表现出个体差异性；与之同时，受制于共同经济与社会力量，企业迁移决策也必然表现出显著的群体性特征。

2.2.2 企业迁移研究理论基础的拓展

自 2000 年以来，企业迁移研究开始借鉴相关领域的研究成果，以推动微观层面企业迁移研究。由于企业迁移是企业与区位之间的动态匹配过程，即企业—区位关系的动态演进，因此与企业和区位相关的理论发展获得了企业迁移研究者的关注。通过梳理文献，本书认为新古典经济学学派下的集聚优势理论、具有行为学派传统的企业成长理论（具体体现为企业战略管理领域的资源基础理论）、制度学派下的网络理论和新组织制度理论，成为企业迁移研究新的核心理论基础。在具体的应用中，三种理论又存在不同程度的融合，例如拓展的资源基础理论（ERBV）（Knoben，2011）就同时涉及集聚优势理论、网络理论和资源基础理论。下面具体论述。

新古典经济学学派下的集聚优势理论认为经济行为在特定区位的集聚会为当地经济发展和企业成长带来优势。这种优势按照集聚模式不同,又可以分为 Marshall 集聚优势和 Jocob 集聚优势(Ma Cann,Folta,2008)。Marshall 集聚优势是指特定产业相关经济行为在特定区位集中所带来的优势,主要来自专业化的劳动力供给、中间产品的供给,以及知识溢出优势等三大供给方面优势和需求提升优势(Ma Cann,Folta,2008)。后来,以 Krugman(1991)为代表的学者把专业化的劳动力优势和中间产品供给统称外部规模经济优势,提出了经典的"中心—边缘"模型(即 C-P 模型)。C-P 模型认为中心区位所具有的外部规模经济优势会通过自我强化的方式吸引外部企业的迁入,直到中心区位产业集聚所带来的产业集聚优势被拥挤效应所带来的更高的成本所冲抵。新经济地理理论的提出,引发了学者对区位的重新关注(Saxenian,1994;Porter,1998)。与 Marshall 集聚优势不同,Jocob 集聚优势则来自于多元化产业在特定区位的集聚,因为不同产业在特定区位的聚集使得创意在不同产业之间传递,从而提高每个产业的创新效率(Jocob,1969)。由于不同区位具有差异化的 Marshall 集聚优势和 Jocob 集聚优势,往往引发企业迁移行为。

制度学派的发展集中体现为网络理论和新组织制度理论。制度学派认为企业迁移行为受制于其面临的内外部制度环境。制度学派中的网络理论和新组织制度理论对组织所面临的制度环境进行了解构,在推动制度理论研究的同时,也为企业迁移研究提供了理论支持。作为网络理论的重要提出者,Grannovette(1985)发现经济行为嵌入于社会网络之中,并以网络嵌入性这一核心概念为传统制度视角提供了可操作的研究工具。网络嵌入性具体分为结构性嵌入、关系性嵌入和认知性嵌入;前两者为制度学派提供了实证分析的可操作性工具,后者则强调了共同的文化背景和知识基础所带来的认知方面的共性或差异性。网络理论和区位集聚优势理论的整合,形成了制度学派中的新产业区理论和区位创新系统理论(Scott,1995),其核心观点是特定区位之中密集的社会网络和商业网络的交织,使得企业在关系、结构和认知嵌入在当地区位网络之中,这一区位网络嵌入性不仅赋予企业获得当地隐性知识的通行证,同时也限定了企业的迁移行为(Knoben,Oerlemans,2008)。除了网络理论,新组织制度理论也成为理解在制度压力之下企业区位迁移的重要理论。新组织制度理论把组织所面临的制度环境分为规制性、规范性和认知性等三大类，这三大类制度安排通过合法性机制来影响企业行为，即只有企业行为符合规制、规范和认知三大类制度，才能获得各类制度主体的合法性认可，进而获得其所拥有的资源以保证企业的生存与发展（DiMaggio，Powell，1983）。在三大类制度压力之下，企业为了获得合法性将会表现出显著的同形特征。应用到企业区位迁移研究上，可以发现，面临共同的制度环境，在合法性机制之下，企业迁移行为将会表现出一定的同形特征，特别是群体迁移行为。

作为具有行为学派传统的企业成长理论主要关注企业层面的差异。van Dijk，Pellenbarg（2000）发现企业层面因素是解释企业迁移动因的主要变量，并提出企业迁移研究亟待在微观层面的推进。这就需要对企业之间的异质性进行深入分析，因而引入企业成长理论有其必然性。Penrose（1959）所提出的资源基础理论是企业成长理论的核心，在二十世纪八十年代开始成为企业战略理论的主流（Barney，1991）。资源基础理论认为企业所拥有的稀缺的、难以模仿的、有价值的资源是企业获得持续竞争优势的关键；企业成长过程就是企业开发和利用内部核心资源的过程，这种核心资源表现为资源、能力和知识等具体形式（Barney，1991）。传统资源基础理论与区位集聚优势理论和网络理论的交叉产生了拓展的资源基础理论（ERBV）（Dyer，Singh，1998；Lavie，2006； Arya，Lin，2007）。这一理论的核心在于区位的资源化定义，即不同区位在 Marshall 和 Jocob 集聚优势及其所带来的知识优势方面存在差异，形成了差异化的区位特有资源（Jaffer 等，1989）；同时由于知识隐性，企业只有通过嵌入特定区位，依托信任建立和面对面交流，才能获得当地核心的区位特有资源（Weterings，Boschma，2009）。因此，企业迁移就成为企业获得和利用特定区位特有资源，实现企业与区位在资源维度动态匹配的战略手段（Stam，2007）。

2.2.3 基于过程的企业迁移研究框架

自从 2000 年以来，微观层面的企业迁移研究成为研究主流。行为学派把企业迁移视为一个决策过程，并对这一过程进行了阶段划分，构建了基于过程的企业迁移研究框架。Pellenbarg，van Wissen，van Dijk(2000)对早期的企业迁移过程研究显示，不同的学者对企业迁移过程的划分存在较大的差异。例如早期行为学派的 Townroe(1973)的迁移决策五阶段模型和 Louw(1996)的三阶段模型。但是早期企业迁移研究的阶段划分还主要侧重于对迁移决策实践的描述，而缺乏对微观层面实证研究可行性的考虑。以 van Dijk，Pellenbarg(2002)为代表的实证研究重点探讨了企业的迁移意愿，真正开启了微观层面企业迁移动因研究；之后的以荷兰学者为代表的研究者进一步探讨了企业迁移的目标区位选择(Kronenberg，2013；Nguyen，2013)，并取得了丰富的研究成果。因此，迁移动因与迁移目标区位选择共同构成了荷兰学派对企业迁移过程的理解。其中，Nguyen(2013)所提出的迁移决策过程模型就是典型代表，即首先选择是否迁移，如果选择迁移，进一步选择大的区位，最后选择更小层面的子区位/产业带，具体如图 2-1 所示。

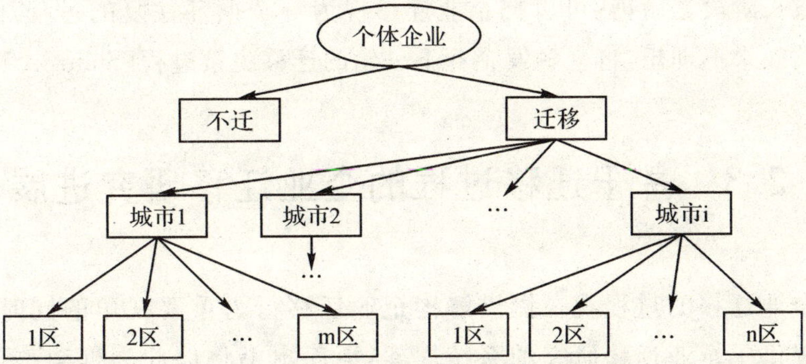

图 2-1　荷兰学派对企业迁移过程的理解

资料来自 Nguyen(2013)

荷兰学派对企业迁移过程中的迁移动因与目标区位选择的划分，实现了实践描绘与理论研究的统一，推动了企业迁移过程视角下的研究问题框架的形成。但是由于有限理性的存在，企业迁移之后并不能自动实现企业与区位的匹配，所以迁移后成长也开始受到一些学者的关注，其中 Stam(2007)就是典型代表。Stam 认为成功的迁移不仅取决于迁移意愿，更依赖于企业的迁移能力，并提出了四阶段的迁移过程模型，即事前的区位启动、内部选择、区位事件和事后的外部选择。具体来说，企业会出于问题解决和机会把握两大动机而激发其迁移倾向(即区位启动)，并进而根据自身诉求做出企业迁移决策(即内部选择)与执行(即区位事件)。但是由于有限理性,迁移决策者并不能完全考虑到所有因素,企业迁移后的发展也并非完全如企业预期,因此迁移之后就必然面临在新区位实现企业成长的各种挑战,即外部选择。事实上,迁移后能否有效利用新的区位实现企业成长,依赖于新区位的特征、企业的动态能力和运营能力。前者依赖于前三个阶段的选择,而后两者则依赖于企业的迁移能力。其中动态能力是确保企业有效识别并利用不同区位情景以促进企业成长的能力;而运营能力则是一种静态能力,指企业在区位事件之后能够依托新区位促进企业成长的能力。当然,如果不能经受迁移事后的外部考验,进而也会激发企业新的迁移意愿,从而使得企业迁移表现为一个循环往复的过程。因此,根据荷兰学派对企业迁移的两个阶段划分,同时考虑到由于有限理性所带来的迁移后成长阶段,本书把企业迁移过程分为三个关键阶段,即迁移意愿形成、迁移目标区位选择以及迁移后成长[①]。那么,涵盖迁移后成长阶段之后,就可以把企业迁移视为一个循环往复的过程,即迁移后成长效果不理想,将会触发企业下一轮的迁移决策过程(Stam,2007)。

2.3 基于迁移过程的企业迁移研究进展

企业迁移的过程观在提供解构企业迁移行为重要视角的同时,也为我们提供了企业迁移研究的系统框架,下面本书将以此为框架整合分析企业迁移研究的最新进展。

2.3.1 企业迁移意愿研究:区位惰性与松脚(footloose)

企业迁移意愿形成关注是否迁移,这带来了企业区位战略的两个典型现象,即区位惰性和区位松脚。产业集群理论、新产业区理论、区位创新系统理论均潜在认为企业区位是固定的,分析区位环境对区位发展和

① 迁移执行也是企业迁移过程的重要阶段,从理论研究的角度来看,这一阶段具有重要实践意义,鉴于理论研究的可行性与一致性,笔者没有把这一阶段纳入企业迁移问题框架之中。

企业成长的影响，认为本地优势是带来区位惰性的根本原因；而早期企业迁移理论则认为企业区位可以随意调整，特别是新古典经济学学派（包括新经济地理学派）认为随着内外部环境的变化，企业最优区位在不断调整，因此企业可以零成本迁往经济最优区位，即典型的区位松脚观点。那么，企业迁移与否的关键动因是什么？

对此，van Dijk，Pellenbarg（2000）建立了影响企业迁移动因的三要素模型：企业内部要素、区位因素和企业外部因素。其中企业内部要素是指企业内部特征，例如管理质量、组织目标、销售额增长率等；区位因素是指企业所在区位的特征，例如区位空间、与顾客和供应商的距离等；企业外部因素是指企业之外的特征，例如政府政策、区位经济结构、技术进步等。利用荷兰在1994—1995年1338家企业的微观数据，van Dijk，Pellenbarg（2000）实证分析了企业迁移意愿的影响因素，结果表明：在企业内部因素方面，规模更小的企业迁移意愿更强；在5—10年之前具有迁移经验的企业更倾向迁移。与之相比，区位因素和企业外部因素则与企业迁移意愿相关性不大，除了企业感知的区位压力或者企业感知到的区位不合理程度与企业迁移意愿呈显著正相关之外。总而言之，van Dijk，Pellenbarg（2000）认为企业迁移意愿主要受到企业内部因素以及企业对区位的不满所驱动，所以企业内部因素的变动，特别是企业所处生命周期的演进，将会引发企业迁移行为。这一研究在微观层面实证探讨了区位惰性与松脚的内在机理，引发了企业迁移研究在微观层面的系统发展。

虽然van Dijk，Pellenbarg（2000）的研究指出了企业内部因素的重要性，但是并没有提出更为鲜明的观点。之后，Brouwer等（2004）延续Pellenbarg，van Dijk所提出的三大迁移研究学派和三要素模型，并把这三大学派与三要素模型对接起来，认为新古典经济学学派对应于区位因素，行为学派对应了企业内部因素，制度学派则对应了企业外部因素，进而提出了企业迁移的成长驱动论。利用1999年Cranet调查所获得的5568个样本，Brouwer等（2004）探讨了三类因素对企业迁移倾向的影响，实证研究主要得出两个关键结论。一是，与行为视角一致，迁移倾向随着企业规模的扩大和年龄的增长而下降，原因在于规模更大的企业会发生更多的迁移沉没成本，年龄更大的企业会在迁出地有更高的嵌入性。二是，企业迁移倾向与企业成长紧密相关。具体来说，内生企业成长（以员工数量变化测度），不论正向还是负向，均显著提升企业的迁移意愿；企业外生成长（以发生并购和接管测度）同样显著提升企业的迁移意愿。这一研究深化了 van Dijk，Pellenbarg（2000）企业内部因素主导论的核心观点。因此，van Dijk，Pellenbarg（2000）、Brouwer 等（2004）的实证研究均强调了企业内部因素在驱动企业迁移中的重要作用，提出了企业迁移的成长驱动论，认为企业迁移的意愿随着企业成长所带来的对原有区位的不满而增强，这种不满集中在地理空间、运营成本等方面，从而驱动企业选择更为匹配的区位，以实现企业一区位的动态匹配。

与成长驱动论不同，从制度学派和拓展的资源基础理论出发，Knoben，Oerlemans（2008）主要关注了企业的网络嵌入性对企业迁移意愿的影响，提出了企业迁移的网络锁定论，较好地解释了企业的区位惰性现象。作为资源获取和利用的一种制度安排，企业所嵌入网络不仅拓展了企业成长所需资源，同时也锁定了企业的成长路径，影响了企业的迁移意愿。根据荷兰汽车服务业 203 份调查问卷数据，Knoben，Oerlemans（2008）深入分析了组织嵌入性和区位嵌入性对企业迁移意愿的影响，结果发现在自我中心网络中具有更高网络中心度（即直接关系的数量）的企业显示出更低的迁移倾向，即区位惰性；但是设想中的区位嵌入性所带来的区位惰性效应并没有得到验证；而更高的关系强度（包括组织邻近性和关系强度）则会对区位嵌入性带来的区位惰性效应产生显著的削弱作用，即基于组织嵌入性的资源获取/利用方式，对于基于区位嵌入性的资源获取/利用方式具有替代作用。简而言之，如果企业具有更强的组织嵌入性，就会降低对区位嵌入性的依赖，从而削弱其区位惰性。这一研究开始把制度学派的网络理论纳入企业迁移研究之中，实现了制度学派在企业迁移研究领域中的实证可行性，推动了制度视角和资源基础视角在企业迁移研究中的发展。

以上研究虽然提出了与企业迁移意愿相关的两大观点，但是也存在两个方面的不足。一是，以主观意愿来测量迁移，这就存在一定的主观性。例如，面对区位嵌入性，企业既可以表现较高的区位惰性，也可以表现出较高的区位松脚特征，因为企业需要打破知识的区位锁定，获得更大的发展。井底之蛙，既可以满足井下之地（惰性），也可以呈现出强烈的走出去倾向。二是，不论是成长驱动论还是网络锁定论，在理论分析方面都还比较粗略，还有很大的研究空间。例如，Brouwer 等(2004)把三要素模型简单地与三个学派进行对应，这虽然在尝试把理论基础和影响因素进行关联，但是存在生搬硬套的问题。对于网络锁定论，现有研究仅仅分析了嵌入性，而嵌入性背后的网络资源才是迁移企业所关注的重点，却并没有得到理论关注；另外，组织嵌入性和区位嵌入性之间关系是互补还是替代，也有待进一步的理论与实证研究。

令人不解的是，不论是成长驱动论还是网络锁定论，区位因素并没有像新古典经济学派，特别是新经济地理学派所预测的那样发挥作用；那么，区位因素(例如集聚优势、可达性等)是否会对企业迁移产生重要影响？事实上，Audretsch，Dohse(2007)从微观层面发现区位知识集聚优势对企业成长绩效具有显著影响。而以 van Dijk，Pellenbarg(2000)、Brouwer 等(2004)为代表的研究仅仅关注了企业迁移意愿，对区位因素的测量主要是所在区位的因素，而没有关注迁移目标区位的影响；同时更为重要的是，这些研究并没有区分企业短距离和长距离迁移之间的系统性差异(Weterings，Knoben，2013)，因而对于比例更高的短距离迁移(局限于一个城市之内)企业来说，城市层面区位因素确实不会发生影响。这就需要在实证研究中把企业区位变化涵盖进来，以系统分析企业迁移行为，即企业迁移的目标区位选择。

2.3.2 企业迁移的目标区位选择：长距离迁移

对于目标区位选择，早期研究从行为学派出发指出，受制于潜在区位信息的匮乏，企业更倾向于选择更近的区位以获得更大的地理空间，即短距离迁移(Schdimt，1979；Pellenbarg，van Wissen，van Dijk，2000)。Schdimt(1979)根据 1974—1976 年间迁移的 106 家企业的调查数据，研究发现企业的短距离迁移主要是受到非预期的增长和外部压力驱动，主要是为了解决内部和外部所带来的与地理空间相关的问题(包括空间质量、空间数量和空间价值)，即运营问题解决导向的迁移行为。与之不同，长距离迁移通常是指超出员工通勤距离的迁移，往往伴随着重大的以搜寻、雇佣和培训新员工为核心的成本(O'Mara，1999；Hong，2014)；同时，长距离迁移往往会迁往具有不同资源禀赋的新区位，其主要目的也是为了获得新区位特有资源(Sawwarra，Belussi，2006；Biggiero，2006)，所以区位因素对于长距离迁移而言更具价值。例如，发达国家企业把制造工厂迁往发展中国家以利用发展中国家的廉价劳动力就是典型案例。因此，与短距离迁移的运营问题解决导向不同，长距离迁移则是战略机会获取导向，其主要目的不仅仅是为了优化企业的地理空间，更重要的是获得新区位特有资源，以拓展企业的资源空间(Knoben，2011)。下面，本书将分别从长距离和短距离迁移梳理企业迁移目标区位选择的研究成果。

长距离迁移是指超出员工通勤距离的迁移(Hong，2014)，或者是指超出同一劳动力市场的迁移(Weterings，Knoben，2013)，通常表现为跨城市迁移，包括同一大都市区内部不同城市之间的迁移，也包括跨越都市区的迁移。在长距离迁移背景之下，分析企业迁移目标区位选择的首要问题就是对不同区位的差异做出界定。已有研究重点关注了不同区位在集聚优势上的差异。集聚优势具体可以分为 Marshall 集聚优势和 Jocob 集聚优势(Mc Cann，Folta，2008)。Marshall 集聚优势主要来自同一产业企业在特定区位集聚所带来的外部性优势，具体表现为专业化的劳动力集聚优势、专业化的供应商集聚优势以及知识溢出优势(Mc Cann，Folta，2008)。专业化的劳动力集聚降低了企业的劳动力搜寻成本和培训成本，专业化的供应商集聚则能够为企业提供具有规模经济优势的中间投入品，两者共同构成了外部规模经济优势；而知识溢出优势使得企业能够免费获得当地所弥漫的产业空气，即产业与企业发展相关的各种区位特有知识。除了以上供给维度的三大优势之外，Marshall 集聚优势还包括需求提升优势，即因为集聚而带来更大的需求影响力(Mc Cann，Folta，2008)。Jocob 集聚优势是指多样性部门在特定区位集聚所带来的优势，又被称为都市经济；不同部门的集聚增加了思想之间的互动、复制、修改和重组，有利于思想在不同产业之间的应用(Frenken 等，2007)。尽管全球化和信息沟通技术的发展推动了信息跨区位互动，但是由于社会关系嵌入性和知识关系嵌入性，核心知识被锁定于特定区位之中，使得企业只能通过迁往特定区位才能有效获得区位特有知识(Sawwarra，Belussi，2006；Biggiero，2006)。

在界定区位差异的基础上，学者进一步从拓展的资源基础理论出发，系统探讨了区位层面的集聚优势对企业迁移目标区位选择的影响，提出了集聚优势拉动论。首先，一些学者探讨两种类型的集聚优势对迁移目标区位选择的影响，认为企业更倾向于迁往那些更具集聚优势的区位。Audretsch，Dohse(2007)在微观企业层面分析了区位知识集聚优势对企业成长性的影响，发现具有更高知识集聚优势区位中的企业成长性更高，并且这一正向影响对于那些知识密集产业、小规模和年轻的企业尤为显著，这就表明区位集聚优势是企业竞争优势的重要来源。因此，从企业成长的角度，企业也就更倾向于迁往那些更具集聚优势的区位(Kalnins，Chung，2004)。

Knoben(2011)，Bok，Oort(2011)，Weterings，Knoben(2013)，Hong(2014)等在区分长距离迁移和短距离迁移的基础上，重点分析了集聚优势对长距离迁移的影响。基于拓展的资源基础观(ERBV)，Knoben(2011)从迁移搜索的角度发现，企业更倾向于通过长距离迁移进入新区位并获得新区位集聚优势。在此基础上，Weterings，Knoben(2013)利用荷兰 LISA 数据库中 1999—2006 年的个体企业数据，实证分析了长距离迁移和短距离迁移驱动因素之间的差异，研究表明区位层面的 Marshall 集聚优势、Jocob 集聚优势、研发密度对长距离迁移具有显著影响，但是区位层面的创新程度对长距离迁移的影响却并不稳健。与 Weterings，Knoben(2013)研究方法不同，Bok，Oort(2011)采用两阶段空间选择模型，以荷兰 South-Holland 省 1999—2006 年的面板数据，实证研究发现两类集聚优势均显著影响了迁移目标区位选择。Kronenberg(2013)则采用更大范围的样本，以荷兰 2003—2004 年 4241 家实际发生迁移的企业为样本，实证分析其在 482 个行政区的迁移区位选择，也得出了类似的结论。Hong(2014)以韩国 1995—2002 年 5077 个样本的实证研究表明，当来自集聚的外部收益足够大时，企业才会开展长距离迁移：当迁移能够带来所在产业的雇员数量在整个制造产业的比例(Mashall 集聚优势)翻番时，企业实施长距离迁移的概率将会提高 17%。

总体来说，已有研究均发现区位层面集聚优势是迁移目标区位选择的重要影响因素，这就印证了企业迁移的集聚拉动论；在此基础上，学者进一步探讨了两类集聚优势对不同类型企业的独特价值及其相应的迁移目标区位选择机制。做出奠基性贡献的是 Duranton，Puga(2001)，他们探讨了两种集聚优势对处于不同产品开发阶段企业的价值，认为 Jocob 集聚区位更适合于处于产品生命周期初期阶段的企业，而 Marshall 集聚区位则更适用于处于产品成熟之后大规模生产阶段的企业。因为处于产品生命周期初期阶段的企业,可以从 Jocob 集聚区位中获得创新的观点,并通过与其他产业企业的比较,修正并最终做出成熟的产品设计,进而获得理想的生产流程设计,即知识跨产业的溢出优势;但是位于 Jocob 集聚区位也面临着拥挤成本,即更高的生产成本。因此,当企业进入产品成熟期之后,为克服 Jocob 集聚区位更高的生产成本,企业就会迁往 Mashell 集聚区位以获得成本降低的区位优势。在 Duranton,Puga(2001)研究的基础上,Bok,Oort(2011)实证研究发现生产服务业、制造业、建筑业和运输业的迁移企业更倾向于选择更具 Marshall 集聚优势的区位,这意味着这些立足于大规模和标准化的产业已经处于产品生命周期的成熟阶段,因而更倾向于选择 Marshall 集聚优势更显著的区位;快速成长中的年轻小企业由于正在逐步走向成熟,也更倾向于从更具 Jocob 集聚优势的区位进入更具 Marshall 集聚优势的区位。Hong(2014)根据子样本的实证研究表明,以企业年龄为区分维度,表明年龄大的企业更倾向于迁往具有更多 Marshall 集聚优势的区位。这些研究证明了 Duranton,Puga(2001)的核心观点。

2.3.3 企业迁移的目标区位选择:短距离迁移

与长距离迁移相比,短距离迁移更具现实普遍性。早期研究从行为学派出发认为由于信息不完备和有限理性,企业更倾向于短距离迁移以克服成长中的地理空间问题(Pellenbarg,van Wissen,van Dijk,2000),表现为问题解决型迁移(Schdimt,1979;Weterings,Knoben,2013)。随着信息沟通技术的发展,信息不完备问题得到较大程度的解决,但是之后的研究也持续证明了短距离迁移的论点(Bok,Oort,2011,Weterings,Knoben,2013)。对此,Weterings 和 Knoben(2013)从制度视角进行了重新阐释,认为企业更倾向于短距离迁移的原因在于避免长距离迁移的巨大成本,并有效维持其组织关系:由于空间扩张问题并非由更大的区位层面因素所引致,因而企业通常不会实施长距离迁移;并且长距离迁移会造成专业人员流失和再招募与培训成本巨大(Otto,Dalbert,2010),同时也会导致企业与顾客和供应商的关系受到损害(Knoben,Oerlemans,2008)。因此,受到企业内部因素驱动的迁移,往往会选择与现有区位接近的合适的建筑,即短距离迁移。

那么,何谓"合适"?一些学者开始从同一区位之中的社区因素开展分析,提出了短距离迁移的社区环境吸引论。Love,Crompton(1999)首先关注了社区环境对企业区位选择的影响,通过对科罗拉多州174家发生区位调整的企业开展调查研究,识别出五个主要因素,即生活质量(QOL)因素、劳动力和成本因素、日常生活相关因素、政府相关与税收因素、接近业务相关主体因素;相对重要性评价比较显示,生活质量因素的重要性排在劳动力和成本问题、日常生活相关因素之后;特别是,生活质量因素对于外来迁入者、对于小微企业、对于那些把保留和吸引专业人员作为核心任务的企业、对于决策者最终跟随迁移的企业尤为重要。这也引发了之后对社区环境因素的进一步分析。

概而言之,后续的学者重点关注了三类社区环境因素(Sleutjes,Beckers,2013)。一是,商业地产供给与质量,不同区位由于其在房地产结构上的差异而对迁移企业表现出不同的吸引力(Green 等,2000;Mason 等,2011)。房地产结构对于企业来说同时具有经济和社会意义,其中经济意义在于房地产可以为企业提供发展所需物理空间,而社会意义则在于房地产为企业家和员工提供居所,特别是对于那些在家的、成长欲望中等的企业家来说尤为如此。所以,迁移企业在目标区位选择方面就会同时考虑房地产市场的经济与社会价值。二是,当地消费能力。对于当地导向的企业来说(例如零售业和餐饮业),当地消费能力水平直接影响其收益,这就使得这些企业更青睐社区消费能力更高的区位。三是,当地的可居住性/宜人性。一方面,宜人或恶劣的居住条件必然影响到当地的消费群体和消费能力,进而影响到企业的市场潜力;另一方面,可居住性对于企业家来说,特别是对日益增长的在家的企业家来说,必然也会影响到自身的居住满意度(Mason 等,2011)。

这三类社区环境要素主要通过为企业提供市场空间和成长情景而影响企业迁移决策:对于以当地社区为市场的企业来说,匹配的当地市场消费能力成为引发企业迁移的重要动因;社区的房地产供给和(感知到的)可居住性也成为企业迁移的重要原因(Sleutjes,Beckers,2013)。根据对40个来自不良社区的企业家访谈数据,Sleutjes,Beckers(2013)研究表明社区环境在企业迁移决策中扮演着中等重要的角色,其重要性一般都会体现在投资所带来沉没成本或者迁移成本之后。具体来说，即使企业家对社区的经济和社会条件十分不满，并表示出外迁意愿，但是较高的迁移成本、对失去主要客户和主要投资的担忧则往往会阻碍企业迁移。利用荷兰 385 个企业的调查数据，从企业再投资的角度，Sleutjes，Schutjens（2013）实证研究发现，社区的内聚性和可居住性影响了企业家的当地投资行为。具体来说，富于内聚性（即社会网络）的社区生产氛围，将会吸引企业家追加投资，从而将企业在社区之中进一步锚定；而不良的可居住性（例如较高的犯罪率、恶劣的物质环境和缺乏社会资本），将会抑制企业家在当地的投资行为。以荷兰 1999—2006 年的数据，Weterings（2014）探讨了社区环境对企业迁移倾向的影响，结果证明除了城市层面的宜人性，社区层面的宜人性同样重要，并且社区环境对不同企业具有差异化影响。具体来说，顾客服务企业对于社区环境中的居住条件、安全性等可居住性/宜人性的反应更为敏感：相同类型企业更少，商店与咖啡馆数量更少，物理环境更差，违法事件更多，若处于这样的社区环境中，顾客服务企业更倾向于迁移。与之相比，商务服务和制造与批发企业虽然也受到社区宜人性的影响，但是却对人口密度更加敏感：拥挤、扩展空间或者停车区位则驱动了企业的外迁。

2.3.4 迁移后成长

既然区位迁移是实现企业成长的战略手段，那么企业能否通过迁移有效实现成长就成为迁移过程研究的第三个关键问题。已有研究虽然已经开始关注迁移后成长，但是相关的研究还不多。Knobena，Oerlemans（2005）最早对迁移绩效进行了综述，发现企业迁移绩效研究相对较少，1984—2005 年期间相关的 10 篇文献中，其中五篇主要分析迁移对股票市场反应的影响，两篇分析迁移对创新绩效的影响，其余三篇则相关性不大。Knobena，Oerlemans（2005）以“企业迁移——区位和组织嵌入性——企业财务和创新绩效”为框架，对现有研究进行了批评性综述，认为已有研究可以概括为以下四点结论：第一，迁移均会发生一次性成本，但不会对迁移企业财务绩效产生显著影响；第二，从迁移距离来看，短距离迁移对企业绩效并不会产生影响，而长距离迁移则可能会产生显著影响，但是具体影响方向并不稳健；第三，迁移主体的差异对迁移绩效不会产生影响,但是迁移动机会产生影响:当迁移动机是降低成本或者业务扩张时,迁移绩效才会有正向提升;第四,区位层面的集聚优势对迁移绩效会产生影响,但是影响并不如理论预期的那样大,并且影响方向也不稳健。最后,Knobena,Oerlemans(2005)认为企业迁移绩效的研究还仅仅着眼于迁移对区位嵌入性的影响,还缺少对组织嵌入性的深入分析。

基于ERBV,Knobena,Oerlemans(2008)实证分析了企业迁移对企业绩效的影响,认为企业迁移会对企业的关系嵌入性和区位嵌入性带来震动,从而影响企业绩效。进一步利用荷兰汽车服务企业203份调查数据和相关二手数据的实证研究显示,更高的组织嵌入有利于企业稳定地获得各项资源,从而有利于企业绩效提升,但是这种利好效应却会因为迁移而带来消极影响;虽然企业迁移在短期绩效下降效应并不明显,但在中长期企业会因为迁移而实现企业与关系和区位的再匹配而提升企业绩效。因此,本书把Knobena,Oerlemans(2008)的迁移后成长观点概括为"震荡式成长论",即短期会对组织嵌入和区位嵌入性产生震荡,但是长期却会由于实现"企业—区位"的再匹配,从而提升绩效。Knobena,Oerlemans(2008)的研究初步探讨了企业迁移的绩效效应,并证明了迁移对企业绩效具有显著的绩效效应,初步揭示了迁移所带来的"震荡式成长论",但是其内部机理和最终绩效效应却还有待深入研究。这也意味着企业迁移后成长研究还较为初步:如果不对迁移做更为深入的分类,对迁移与绩效关系设计更为精致的模型,企业迁移后成长机理研究就会同时因为数据获取困难和理论深度不足而难以获得更大的进展。

2.4 本章小结

以Pellenbarg,van Wissen,van Dijk(2000)为分界线,本章首先对之前企业迁移研究成果进行了简要评价,在此基础上对2000年以来企业迁移研究的最新进展进行了综述,明确了企业迁移研究新的理论基础,并基于过程视角对企业迁移研究成果进行了系统梳理,主要结论有以下五个方面。一是,梳理了企业迁移三大新的理论基础,分别是新古典经济学学派下的集聚优势理论,具有行为学派传统的企业成长理论(主要是资源基础理论），制度视角下的网络理论和新组织制度理论。二是，明确了企业迁移研究的过程框架，把企业迁移研究的核心问题界定为企业迁移意愿形成、目标区位选择以及迁移后成长等三个方面。三是，企业迁移意愿形成研究提出了成长驱动论和网络锁定论，其中前者是指企业成长导致企业与区位的非匹配，从而驱动企业迁移，后者是指企业所嵌入区位网络和关系网络限制了企业迁移。四是，根据迁移距离长短，把企业迁移分为长距离迁移和短距离迁移。对企业的长距离迁移研究提出了集聚优势拉动论，认为企业的长距离迁移主要是受到 Marshall 和 Jocob 集聚优势的拉动；对企业的短距离迁移研究则提出了社区环境吸引论，认为优良的三类社区环境要素吸引了企业的迁入。五是，迁移后成长研究提出了企业迁移的震荡式成长论，迁移通过影响企业的组织嵌入和区位嵌入而影响企业绩效，短期会对两类嵌入性产生震荡，但在长期会由于企业与区位的再匹配而带来更高的绩效。虽然企业迁移已经取得重要进展，但是还存在较多的研究缺口，这也指出了未来的研究方向，主要体现在以下四个方面。

第一，从理论基础来看，已有研究重点关注了新古典经济学学派的集聚优势理论、行为学派的企业成长理论（主要是资源基础理论）和制度学派的网络理论，本书认为未来可以重点借鉴新组织制度理论和 FDI 理论开展企业迁移研究。在具体应用过程中，拓展的资源基础理论（ERBV）涵盖了传统资源基础理论、网络理论和集聚优势理论，认为企业迁移是通过区位调整以获得新区位特有资源，从而实现企业与区位的再匹配，推动了企业迁移研究的发展。除了 ERBV 之外，有个别学者，例如 Pitti（2009）也提到了新组织制度理论，并以此分析德国企业的群体迁移问题。本书认为新组织制度理论的发展也为企业迁移研究提供了新的视角。事实上，新组织制度理论在 FDI 领域中有较多的研究，探讨了跨国公司在跨国扩张中的区位选择（Haveman，1993；Henisz，Delios，2001；Lu，2002；Gullen，2002），这也从一个侧面说明了这一理论在企业迁移研究中的可行性。除此之外，FDI 理论关注的是企业跨国迁移，现在已经成为具有影响力的重要理论分支，借鉴 FDI 理论中的核心概念和关键理论对于推动企业迁移研究具有重要价值。例如，外来者劣势（Hymer，1967）、国际化过程模型（Johanson，Vahlne，1977，2009）、OIL 模型（Dunning，1998）等对于推动企业迁移研究具有重要借鉴意义。

第二,从迁移过程来看,迁移意愿形成和目标区位选择还有待深化研究,迁移后成长机理亟待拓展研究。已有研究重点关注了迁移意愿形成和目标区位选择,得出了丰富的结论,具体如表 2-1 所示,但是也依然有待深化。一是,网络因素对企业迁移动机和目标区位选择的影响机制研究。已有研究主要关注了企业网络对企业迁移的粘滞效应,但是企业网络也同样会驱动企业迁移,例如企业会跟随主要客户/供应商而迁移,例如企业在当地的过度嵌入也并不妨碍企业的扩张性迁移,这就要求我们深入探讨企业的组织和区位嵌入对企业迁移意愿形成的影响。同时,企业网络也会影响迁移目标区位选择,例如企业会迁往大客户/主要供应商的所在地,也会迁往自己比较熟悉的区位,因此企业网络对迁移目标区位选择的影响机制还有待深入研究。二是,区位层面的集聚优势对企业迁移目标区位选择的影响机制研究。已有研究重点关注了集聚优势对企业迁移目标区位选择的影响,以及不同企业对不同类型集聚优势的差异化反应。但是,集聚在带来优势的同时也会带来拥挤成本,并且集聚优势对于异质性的企业来说也存在差异(Shaver,Flyer,2001)。事实上部分研究也发现区位集聚优势对企业目标区位选择并没有影响(Buenstorf,Guenther,2010)。这就要求未来进一步探讨在企业异质性条件下,区位集聚优势对迁移企业目标区位选择的影响。三是,制度因素对企业迁移过程的影响机制研究。正如之前所述,新组织制度理论为迁移研究提供了崭新的视角,特别是在三大类制度压力(规制、规范和认知)之下的同形特征可以对企业迁移过程,特别是群体迁移现象,做出新的解释。

表 2-1 过程框架下企业迁移研究的主要结论和主要研究缺口

	内部因素	网络因素(组织和区位嵌入性)	区位因素(集聚优势)	制度因素(规制、规范与认知)
迁移动因	成长驱动论	网络锁定论 有待深化	——	亟待拓展
迁移目标区位选择	——	有待深化	长距离迁移下的集聚优势拉动论;短距离迁移下的社区环境吸引论;有待深化	亟待拓展
迁移后成长	震荡成长论。亟待拓展			

第三,从迁移现象上看,部分迁移和群体迁移值得进一步关注。本书

综述所涉及文献主要为整体迁移，而较少关注部分迁移。但是随着全球化和ICT技术的迅猛发展，价值链环节分割和生产模块化的快速推进，部分迁移已经成为企业迁移的重要现象，典型的如总部迁移和研发中心迁移。目前企业迁移研究在很多方面都没有得到统一的结论，可能也与复杂的企业迁移主体相关。所以，进一步开展部分迁移研究不仅具有重要的现实意义，同时对企业迁移理论，乃至区位理论都将会有重要意义。除了部分迁移之外，群体迁移由于其重要的现实影响引起了越来越多的关注（朱华晟等，2009；吴波，2013）。本书认为群体迁移作为一个中观产业现象，可以重点结合上文提到的新组织制度理论开展研究。

第四，引导企业迁移的政策研究。van Dijk，Pellenbarg（2000）在提出企业迁移的成长驱动论时，就指出区位政府政策在引导企业迁移方面可能效果不会明显。之后，随着长距离迁移的集聚优势拉动论提出，一些学者又开始重新关注基于企业迁移的政策分析。Baldwin，Okubo（2006）研究了迁移补贴政策最终导致更低生产率的企业被吸引到边缘区位的现象，发现背后的原因在于更高生产率的企业会因为更大的机会成本而选择留守，而那些生产率更低的企业则往往被补贴所吸引而选择迁移。但是Baldwin，Okubo（2006）的研究结论与其假设紧密相关，其假设政府政策将会根据每一个迁移企业提供固定的补贴。与之不同，Okubo（2012）则假设政府针对利润率进行补贴，认为这将会引导高生产率企业进入边缘区位，从而缩小核心与边缘的生产率差异，来自日本的经验也证明了这一点。未来可以开展更为系统的政策研究，以实现区位经济发展和跨区位的协同发展，提升企业迁移研究的现实指导价值。

第3章　企业—区位共演的基本框架

第二章文献研究表明企业迁移是实现企业与区位动态匹配的重要战略。那么，企业与区位匹配的维度是什么？两者又如何实现匹配？这就是本章要回答的主要问题。为此，本章将首先在文献研究的基础上阐明区位和企业的界定，随后构建企业与区位共同演化的机理，即企业—区位共演模型。

3.1　区位系统的界定

新古典经济学框架并没有多少区位的角色，直到以 Krugman 为代表的新经济地理学派崛起之后，主流经济学框架才开始有了区位的一席之地。与主流经济学不同，发展经济学和城市经济学则就区位进行了深入的研究，提出了诸多的界定区位的框架。下面本书首先把经济理论框架对区位的界定进行简要梳理，并在此基础上提出本书对区位的界定。

3.1.1　经典区位理论及其对区位定义的概述

不同的理论学派对区位进行了不同的界定，从较早的农业区位理论开始，以杜能圈为代表。之后，随着工业的崛起，早期的工业区位理论，以韦伯为代表，开始对区位进行界定。马歇尔(1925)对产业在特定区位集聚进行了开创性的研究，引发了后来的新经济地理学派、区位创新系统理论、新产业区理论的产生。之后，随着综合性城市的崛起，城市经济学也开始对区位进行界定。不同理论框架从各自的研究目的和研究视角对区位进行了分析。为此，从研究问题出发，本书重点分析不同理论学派对区位差异性或者异质性的分析。因为如果假设区位是同质性的，那么企业就没有必要进行迁移。同时,考虑到本书并不涉及农业问题,所以就从以韦伯为代表的古典区位理论开始回顾。

韦伯是工业区位理论的奠基人。为了研究德国工业的产业迁移和工业区位布局,韦伯提出了经典的工业区位理论。在点状市场假设之下,他把区位视为具有丰富劳动力资源禀赋,并与点状市场保持一定距离的地理空间;认为特定区位决定了在位企业的劳动力成本和运输成本。所以,企业会选择成本最低的区位。在考虑产业集聚的条件下,企业会选择合作厂商集中的区位,通过降低企业之间的运输成本来降低成本。所以,在韦伯的眼里,区位的价值在于付出更低的生产和运输成本。但是韦伯对区位的理解缺乏对需求端的解读,而 Hotelling(1929)则通过经典的线性市场假设和多企业竞争分析推动了学术界对区位的理解。

Hotelling 模型假定存在一个线性均质市场,有两家企业生产同质性产品,在不同区位企业的生产成本无差异,这就假定了不同区位在资源禀赋上并不存在差异,差异的核心仅仅在于消费者与企业的距离。如果仅仅存在一家企业,那么由于市场的垄断供应和市场需求的刚性,并且不同区位生产成本无差异,这就使得企业的区位选择并没有意义。因为在任何区位,企业都可以获得垄断收入。如果存在两家同质企业,企业之间就因为市场竞争而使得区位具有差异。博弈均衡将会使得两家企业选择市场中央的位置集聚。当然,由于 Hotelling 模型假设过于严格,引发了后来学者从企业间关系、交易成本费用、消费者需求和企业定价策略等四个方面进行了拓展(苏兆国,2009)。但是,作为一个开创性研究,Hotelling 开始从市场需求和企业间关系的角度探索企业的最优区位选择。所以,对于 Hotelling 来说,区位之间的异质性不仅来源于与市场的距离,同时还来源于该区位的在位企业,并且在位企业并非外生给定,而同时受到其他企业区位选择的影响。虽然 Hotelling 模型仅仅考虑到企业之间的竞争关系,但是这一模型开始考虑企业的区位选择所带来的内生的区位异质性,为本书的企业—区位共演逻辑和模型的提出奠定了基础。

不论是韦伯的工业区位理论还是 Hotelling 的区位选择模型,都把区位异质性的本质来源归结为地理距离。与之不同,马歇尔则重点提出了区位的集聚优势,认为在特定区位之中,大量企业集聚在一起将会为在位企业带来优势。这种优势表现为三种典型优势,分别是专业化的供应商、专业化的劳动力队伍，以及区位之中的知识溢出。在马歇尔的论述中，区位的本质是一个集聚在一起的生产系统，即共同的区位选择(colocation)所带来的内生性集聚优势。除了马歇尔所关注的特定产业集聚之外，区位也表现为多个产业的集聚，即综合性城市的崛起。学术界也开始关注城市经济中的Jocob外部性。Jocob外部性来自于多元化产业在特定区位的集聚，因为不同产业在特定区位的聚集使得创意在不同产业之间传递，从而提高每个产业的创新效率(Jocob,1969)。

之后，Krugman(1991)重点发掘了马歇尔所强调的“专业化的供应商、专业化的劳动力队伍”优势，并将两者整合为外生规模经济；利用规范的数理模型方法，认为不同区位偶然的波动，将会因为外生规模经济而产生产业集聚，形成了异质性的区位，即经典的核心—边缘(C-P)模型。Krugman也因为在C-P模型上的成就而成为新经济地理学派的代表人物。

与Krugman所强调的外生规模经济不同，区位制度理论，包括新产业区理论和区位创新环境理论，则更加关注现实的产业空间，而不是理论抽象的空间(吴波,2007)。在对现实区位观察的基础上，例如美国的硅谷、德国的巴登符腾堡地区，以及意大利东北部的产业集聚区，区位制度理论更加强调马歇尔所提出的知识溢出优势，认为本地知识溢出优势是区位异质性的核心来源。以本地知识溢出为核心概念，区位制度学派进而强调了本地的制度环境所起到的决定性作用，这种制度环境不仅包含本地企业与各类机构之间所存在的正式制度安排，也包括各种非正式的制度安排。例如Cooke,Morgan(1998)通过对巴登符腾堡的研究发现，区位之中的支持性机构，包括本地政府、商会、区位性银行和各种服务中心，不仅与当地企业形成了紧密的正式合作关系，也形成了密集的非正式网络，这就大大提升了当地各类组织间的关联性，提升了创新氛围。Storper(1995,1997)通过对意大利产业区的观察，指出相同的历史和地理背景，使得社会文化系统与产业系统彼此交缠，形成了密集的非正式关系网络，极大地促进了知识溢出，从而推动了本地创新的出现。因此，区位制度理论的贡献在于认为区位的制度体系以及依附其上的知识体系是区位异质性的来源。

区位演化理论是区位制度理论的一个自然推演。既然区位制度是区位异质性的本质来源，那么本地制度也必然会发生演化，表现为正式与非正式制度的变迁。在区位演化理论中,学者重点关注了封闭性区位和开放性区位演化的差异,认为在封闭性区位中,由于路径依赖的影响,使得区位在知识积累方面难以达到足够的多样性,导致了区位创新系统难以适应外部的不确定性环境,带来了区位产业集群的衰落(Lawson, Lorenz,1999)。为此,区位开放系统则受到了学术界的关注,Bresnahan, Gambardella, Saxenian(2001)认为通过区位需要,通过开放来不断开拓新的市场,发掘并响应新的市场需求,并接触新的技术领域,从而实现区位知识积累的多样性,保证当地区位的活力。Owen－Smith, Powell (2002)从波士顿生物科技产业的发展历史中发现,尽管本地知识溢出比跨区位知识溢出更有效率,但是决定性、非累积的知识都是从"跨区位管道"中获取。Bathelt, Malmberg, Maskell(2002)则直接建立了区位演化的"本地信息场——全球管道"模型,认为区位产业系统必须通过本地和全球两种渠道获得知识,以保证区位的良性演化。

根据以上理论框架,结合现代社会中信息技术和运输技术的发展所带来的外部物理距离影响的下降,本书主要从制度视角和资源基础视角来解读区位。本书认为区位的异质性来自内部资源与外部资源的距离。区位的内部资源又与内部制度协同演化,从而最终带来了区位在制度和资源上的异质性。下面,本书进一步结合新组织制度理论的基本框架,进一步分析制度的基本维度及其对企业资源配置行为的影响机制。如表 3-1 所示:

表 3-1 不同区位理论对区位异质性的解释

区位理论	区位异质性	企业区位选择标准
韦伯古典区位理论	本地劳动力禀赋、与市场的距离	劳动力成本和运输成本最低
Hotelling 区位理论	与市场的距离、当地的在位企业	与竞争企业的博弈
马歇尔集聚优势理论	马歇尔集聚优势:专业化的供应商、专业化的劳动力、知识溢出	马歇尔集聚优势获取
Jocob 集聚优势理论	Jocob 集聚优势	Jocob 集聚优势获取
新经济地理理论	基于外部规模经济的集聚优势	集聚优势获取
区位制度理论	本地正式与非正式制度,以及附着其上的知识	知识外部性优势获取
区位演化理论	本地知识资源及其与外部知识的关系	路径锁定与突破

注:资料来自作者对相关理论的整合。

3.1.2 新组织制度理论及其核心逻辑概述

自20世纪50年代起，组织成为社会科学研究的一个公认领域，沿着Simon，Merton的经典贡献而逐步发展成为制度学派（Scott，2004）。以Meyer，Rowan（1977），DiMaggio，Powell（1983）为代表则产生了新组织制度学派。新组织制度理论吸纳了Simon的有限理性和组织行为方面的研究成果，同时结合制度学派的制度概念，重点关注了制度环境对组织行为的影响。针对完全理性的传统假设，这一学派主要从个体认知的角度出发，认为外在的制度环境限制了个体的选择，并且在制度压力影响之下，个体通常以合法性作为标准，而不完全是以经济理性为标准，进行决策行为（DiMaggio，Powell，1983）。

作为这一理论的经典文献，以制度铁笼为比喻，DiMaggio，Powell（1983）强调了制度作为一种场域会对其中的组织行为产生决定性影响，并识别了三种典型的制度影响机制，分别是强制性、规范性和模仿性机制。以Meyer，Sight（1977），DiMaggio，Powell（1983）为核心，新组织制度分析框架得以建立，这一框架具体包括制度场域、合法性、制度同形（isomorphism）等三个基本概念。制度场域强调了不同性质的制度力量所形成的场域，类似磁场的概念，在制度场域的组织行为就会以合法性获取为标准而产生趋同的行为，即制度同形的概念。其中，合法性概念强调了组织所处的制度环境对主体行为的合理性评价（DiMaggio，Powell，1983；Suchman，1995）。DiMaggio，Powell（1983）提出在制度场域之中，外生制度框架通过强制性、模仿性和规范性力量影响组织行为，而组织则通过选择同形的行为获得来自制度框架的合法性认可，从而使得组织行为表现为趋同而不是趋异的现象，即制度作为铁笼的经典隐喻。之后，Scott（1995）则把来自制度场域的制度压力分为规制、规范和认知压力，成为制度合法性的经典维度。

规制压力的授予主体是政府、专业机构、行业协会等相关权力部门，这些部门制定了规章制度，并以此作为合法性评价标准（Suchman，1995），而遵守这些规章制度的组织及其行为就可以获得规制合法性，这类似于North所提出的正式制度。规范压力来源于社会互动过程中所形成的社会价值观和道德规范（Suchman，1995），组织及其行为如果符合社会价值观和道德规范，就可以获得规范合法性，这类似于 North 所提出的非正式制度。与规制压力的强制执行不同，规范压力缺乏强制性执行力，以组织的自愿接受为主。与相对更为客观存在的规章制度、群体性规范和价值观相比，认知压力则具有相对更强的主观色彩，是指来自授予主体的主观认知逻辑。这种主观认知逻辑的一个重要表现就是模仿逻辑或者从众逻辑（DiMaggio，Powell，1983），即当足够多组织采取同一种行为时，合法性授予群体也会认为该组织行为具有合法性，也就是认知合法性。从认知心理学的角度来看，人们通过范式和原型对特定个体的意义进行归类（Markus，Zajonc，1985）。进一步，在有限理性条件下，人们对相同的事件的归类都会采取相同的认知性归类，即代表性启发式认知（Tversky，Kahneman，1974）。所以，只有组织行为符合合法性授予主体认知中的“范式”和“原型”，才会被认为是合法的。特别是考虑到任务环境不确定性时，以及个体的有限理性条件下，某种组织行为的认知合法性往往就取决于从事该行为的数量的多少（Haveman，1993），因为多数就构成了范式和原型。当然，认知压力强调的是特定组织行为能够被合法性授予主体所理解和接受（Hoeffler，Ariely，West，2006）；所以基于模仿的认知合法性仅仅是认知合法性的一个方面，而不是全部。

DiMaggio，Powell（1983）以铁笼隐喻制度压力，强调了制度场域的强力性，认为组织在应对制度压力方面，往往只能通过顺从的方式来获得其合法性认可，进而获得合法性授予主体的资源支持，即单向的制度压力—制度同形。与之并肩的 Meyer，Sight（1977）也强调了制度压力的影响，但是两位作者也强调，简单顺从通常并不现实，因为现实中的制度环境往往是零散化的，甚至是相互冲突的。他们这样写道：制度环境通常是多元化的，而且社会通常宣扬着存在尖锐冲突的期望。之后，Meyer，Scott，Strang（1987），Powell（1987）也发现由于社会中存在各类独立的团体和组织，所以社会制度环境通常是碎片化的存在，并且他们对特定组织行为的要求往往是冲突的。这就引发了后来一系列的有关制度环境本身的冲突性及其对组织行为影响的研究。

例如在 IB 领域之中，很多学者开始把制度同形的概念引入跨国公司进入方式和区位选择的研究之中。Kostova，Zaheer（1999）较早地把合法性应用到跨国公司研究中，重点关注了基于模仿的合法性获取机制，认为由于跨国公司面临其他类型企业所不具备的复杂性，这就使得跨国公司往往通过模仿的方式获得合法性认可。其中跨国公司所面临的复杂性包括环境复杂性、组织自身复杂性以及合法性获取机制的复杂性。但是，之后在 Kostova，Roth，Dacin（2008）一文中，这些领先的 IB 领域制度学者开始重新审视他们早期研究的假设，他们质问：对于跨国公司来说，是否存在一个紧密的统一的组织场域，并且制度同形是否是跨国公司决策的结果？而根据已有实证研究结果，他们认为并不存在同一的制度场域，跨国公司面临着多元化的、碎片化的、分层的，或者通常是冲突的制度环境；这一环境通常伴随着空间、语言、文化、组织等障碍，这些障碍的存在限制了组织之间的互动，而这种互动正是形成制度场域的基础性条件。

事实上，一些学者则开始对统一的制度场域进行细分，特别是在基于模仿的制度同形研究方面。例如，Haunschild（1997）提出了三种模式方式，分别是基于频数的模仿、基于特征的模仿和基于结果的模仿；同时也提出了两个关键的调节变量，分别是结果显著性和环境不确定性。Xia，Tan，Tan（2008）进一步从模仿机制所选择的参考组进行了综述性说明：具体来说，当一个先行者与之具有相同的特征与情景时，先行者的决策才会有足够的参考价值（Fiegenbaum，Thomas，1995；Baum，Li，Usher，2000）；监督先行者的行为，就为模仿者提供一个解释复杂环境信息和了解其战略选择的重要标杆（Porac，Thomas，1990；Peteraf，Shanley，1997；Lee，Pennings，2002）；来自发达国家的研究表明，企业参考组的选择标准往往是相同的产业（Garcia－Pont 和 Nohria，2002）、相同的产品与技术（Porac 等，1995），以及相同的目标区位（Baum 等，2000）。Lounsbury（2008）提出了制度理性的概念，认为制度场域并非一元，而是碎片化的和相互竞争的，表现出显著的多元特征。因而，在制度理性之下，企业行为就表现出差异性，这就极大地拓展了新组织制度理论对现实中企业行为差异性的解释。

除了制度场域细分之外，另外一些学者则重点探讨了制度场域本身所存在的冲突及其对组织行为的影响。也就是说，制度场域对组织行为的期望并非一致，那么在不一致的制度期望之下，组织将会如何进行选择？Meyer，Sight（1977）提出了退耦概念，认为当外部制度期望与组织自身需求产生冲突的时候，组织会采取象征性的执行策略，即表面进行仪式性的执行，以获得合法性授予主体的认可，以提升组织合法性；而实际依然采用适合自身的策略。退耦概念的提出具有两个方面的重要意义：一是退耦意味着现实制度环境的多样性，甚至是冲突性；二是，退耦也意味着在多样性，甚至冲突性的制度环境中，企业可以采取更为主动的策略，而不仅仅是顺从。从 Meyer，Sight(1977)退耦概念出发，Oliver(1991)从战略管理角度提出了组织应对制度压力的主动性，这就从组织主体性的角度挑战了 DiMaggio，Powell(1983)制度铁笼隐喻下被动性组织的假定。作为战略学者，Oliver(1991)比较了资源依赖理论和新组织制度理论的共性和差异，认为有必要综合两者才能全面理解制度压力之下的同形问题，特别是需要从资源依赖理论所强调的组织作为战略主体的假定来分析组织行为。她提出了五种组织响应制度压力的具体策略，从被动性到主动性，分别是顺从、妥协、避免、否定和操控，具体如表 3-2 所示。在此基础上，Oliver(1991)认为只有当制度期望能够为组织带来社会合法性或者经济利益时，才会选择遵从；而当制度存在冲突时，组织就有可能选择更具主动性的相应策略，例如反对和操控等。

表 3-2 制度压力下的组织响应战略与策略

战 略	策 略	举 例
顺从	习惯 模仿 遵从	习惯于不可见的、理所当然的规范 模仿制度模型 遵从规则和接受的规范
妥协	平衡 平息 谈判	平衡不同机构的期望 和解和接纳制度要素 与制度利益相关者进行谈判
避免	隐藏 缓冲 逃离	隐藏非一致性行为 放松制度性标签 改变目标、行为或者领域
否定	搁置 挑战 攻击	漠视显著的规范和价值 挑战规则和要求 攻击制度压力的来源
操控	拉拢 影响 控制	融入有影响的机构 形成价值和标准 主导制度性的机构和流程

注：资料来自 Oliver(1991)，p152。

事实上，对组织主动性的关注就是在重新反思制度理性动机与经济理性动机之间的关系。对此，Scott(2004)在对50多年组织社会学发展的回顾中指出，Selznick很早就提出组织的“矛盾性”：它一方面是“服从于可算计操纵的正式结构”，另一方面又是“不可避免地嵌入在制度矩阵”中的社会结构(Selznick，1948)。组织社会学的主要研究脉络也是围绕着理性逻辑和制度/规范逻辑之间的互动而推进，Scott(2004)这样写道：

> 尽管不时有学者提出简化模型，或是强调完美理性(根据假设作出的论断)，或是强调纯粹的非理性(将组织视为一个现代魔咒)，但大部分当代学者似乎乐于在这两个极端之间的某处开展研究。诸多不同的概念如“交易成本”(Williamson，1975)、“理性神话”(Meyer，Rowan，1977)、“经济行动的社会嵌入性”(Granovetter，1985)，以及“工具性”和“适当性”逻辑并立(March，Olsen，1989)都反映了植根于这个领域内的裂痕。
>
> 在以行动者为中心的模型——以管理理论和战略管理理论为特征——和更强调结构的生态学和制度视角的观点之间已经有了相互融合的迹象。适应和选择模型逐渐被归并进相同的理论框架(Baum，Singh，1994；Aldrich，1999)。以同样的方式，生态学理论家已经接受了制度的观点，其模型也已经被制度观点所渗透。由于Oliver(1991)的工作，制度与资源依赖的观点已经开始以建设性的方式相互接受。网络观点和方法不仅被整合进资源依赖视角，而且也被生态学者和制度学派的人所接受(Haveman，2000)。
>
> 注：资料来自Scott(2004)，p4，p14。

概而言之，通过以上对新组织制度理论发展的概述，可以得到以下三点结论。第一，新组织制度理论是对经济理性的修正，强调制度对组织行为的影响。特别是以Meyer，Rowan(1977)，DiMaggio，Powell(1983)为代表的开创性研究，建立了新组织制度理论的基本框架，即在制度场域之中，来自相互关联的各类机构通过规制性、规范性和认知性的合法性期望形成制度压力，进而影响组织行为；而组织行为则通过顺应这一制度期望，获得制度合法性，进而获得生存。这就是典型的“制度压力—组织行为”分析框架。第二，制度场域的非均质性。经典的制度铁笼观强调的是内在一致的制度结构，通过规制、规范和认知三大工具驱动组织行为的制度同形。但是，现实中的制度场域往往是碎片化的，甚至是内在冲突的。为此，学者开始进一步对“大一统”的制度场域进行解构，把统一场域模型切分为不同的子场域。例如 Haveman(1993)把模仿同形的机制分为三种不同的模仿逻辑。第三，组织行为并非完全被动的制度接受者，而是具有战略主动性的制度管理者。从 Meyer，Sight(1977)对仪式性行为的解释，再到战略管理学者 Oliver(1991)对五种制度响应战略的探讨，都认为组织是一个具有主动性的主体。主动性的背后则体现了组织不仅仅是一个制度理性的追求者，更是一个经济理性的追求者，并且更重要的是组织本身有其资源和能力，足以影响到制度的执行，甚至推动制度的演化。例如，跨国公司本身就是具有丰富资源的组织，不仅可以接受东道国的制度安排，还往往被视为推动东道国制度变革的重要标杆。

3.1.3　本书对区位的界定

根据以上对区位本质的理解，以及对新组织制度理论的概述，本书从资源和制度两个维度对区位进行界定，并从演化视角进一步分析不同区位的异质性。简而言之，区位的异质性来自资源体系和制度体系的协同演化，具体如图 3-1 所示。

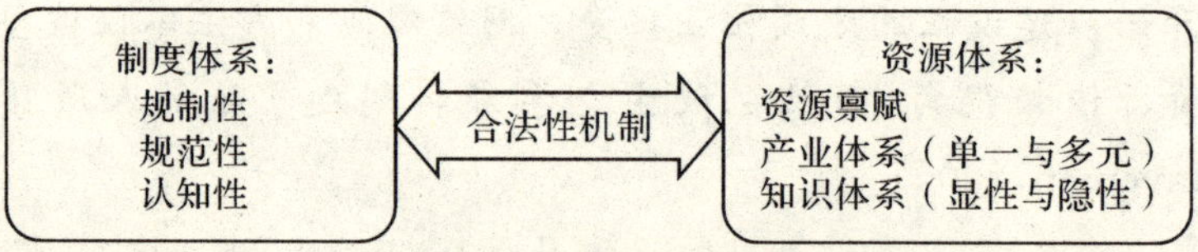

图 3-1　本书对区位的界定

首先，资源体系是区位差异性的一个维度。从资源体系来看，特定区位的资源体系分为外生的资源禀赋、内生的资源体系。其中内生的资源体系进一步细分为产业体系和知识资源。其中产业体系强调的是特定区位的有形资源，考虑到马歇尔产业集群与 Jocob 的都市经济的研究成果，本书把这种有形资源界定为产业体系。具体来说，专精于特定产业的区位可以称为单一产业体系，即产业集群；而横跨多个产业的区位则涉及都市经济。与有形的产业体系对应，特定区位的更具价值性的资源是区位知识资源。按照可编码性，知识资源可以分为隐性知识和显性知识。其中，隐性知识由于具有较高的情景化特征和难以编码化特征，因而难以有效传递，从而成为区位特有知识的重要组成部分。同时，产业体系与知识资源并非独立，而是相互交织、相互依赖，共同构成了内生的资源体系。举例来说，在浙江省有很多产业集群，包括嵊州市的领带产业集群、嘉善县的木业产业集群，从外生资源禀赋来看，浙江省很多区位都没有优势，甚至可以说是零资源。但是很多浙江区位都是通过有效的产业集群实现了快速发展。概而言之，相对单一的产业体系定位和产业之中显性与隐性知识积累，二者相互促进，协同发展，从而形成了浙江产业集群的特色。

当然，内生的产业体系和知识资源也存在路径依赖性。从知识吸收能力的角度来看，已有的知识基础影响了后续的知识获取，这就使得特定区位的知识结构呈现出路径依赖的特征。与之类似，区位之中的产业体系也同样存在路径依赖的特征。区位产业体系和知识结构的路径依赖特征并非仅仅由内部决定，同样也依赖于区位与外部其他区位之间的关联。例如，对全球价值链和全球价值网络的研究表明，链上或者网络中主导企业（通常为跨国公司）通过价值链环节分配，从而使得特定区位在产业体系和知识结构上处于锁定状态（Schmitz，1995）。特别是对于发展中国家或者区位来说，把功能升级（即从低价值链环节跳转到高价值链环节）的希望寄托在链上主导企业的做法通常都是不现实的（Schmitz，1995）。当然，这种路径依赖性并非绝对，就像战略管理学者对组织主动性高度肯定的做法类似，区位也可以通过路径突破实现发展。例如 Gereffi（1999）也指出，在全球价值链中，链上企业可以通过 OEM、ODM、OBM 的路径实现发展。这也就会带动整个区位破除产业定位和知识结构发展上的路径依赖。

其次，制度体系是区位差异化的另一个维度。North，Nelson 是两位研究制度和演化的大师，他们都在尝试建立一种支持经济长期增长的制度安排。Nelson 认为制度与分工和协调人们行为的模式有关，或者被称为社会技术（Nelson，Sampat，2001）。社会技术与处理物的技术相对应，它们是促进经济体系持续增长的两大基础力量。当某一种社会技术制度化或者标准化之后，就成为制度安排。与之类似，North（1990）把制度视为游戏规则，认为社会技术在一定程度上与物质机制相同，但是社会技术涉及的是人们的互动而不是物质之间的关联。按照 North 的观点，制度可以分为正式规则和非正式约束。正式制度，包括国家、政府以及各类机构共同构成了正式制度的基石；非正式制度则主要包括价值观与社会规范。其中正式制度主要通过强制性力量在确保规则的执行，而非正式制度则主要通过规范约束和价值观引导来协调人们之间的互动。这就与新组织制度理论所强调的制度场域之中的三种制度性力量，包括规制性、规范性、认知性压力，对应在一起。把 North，Nelson 所强调的"制度是协调人们互动的模式及其对长期经济增长的核心作用"观点与新组织制度理论的制度场域概念结合在一起，应用在区位层面，就可以认为区位在制度层面的制度差异主要来自正式与非正式制度安排及其所形成的三种制度力量，即规制性、规范性和认知性制度力量。如图 3-1 中。

与资源体系类似，区位的制度体系也并非静止不变，也是一个路径依赖与路径突破的演化过程。事实上，很多区位所存在的制度安排都有其深刻的历史背景，从而使得区位制度体系表现出显著的路径依赖特征。例如浙江省海宁市皮革产业的发展，就来自两个方面的制度传统（吴波，贾生华，2008）。一是，海宁市有皮革加工的传统。历史上海宁是重要的湖羊繁殖基地，优质的羊皮为当地皮革产业的发展提供了丰富的原料。"家家户户羊满圈，张张羊皮晒铺面"就是对海宁市数百年传统皮革手工业兴旺发达的生动描绘。二是，1962 年创办的海宁皮革厂。这是海宁市皮革发展史上第一家具有现代意义的企业，之后虽然该企业衰败，但是为海宁市皮革产业培养了人才，是海宁市皮革企业的"黄埔军校"。另外一个著名的例子就是义乌市的小商品产业集群。义乌市发展小商品经济有其历史文化传统，典型就是"鸡毛换糖"的经商文化。这对于义乌市产业的发展具有重要的影响。

在路径依赖的同时，区位制度体系也在不断谋求路径变革以确保区位经济的持续发展。第一个驱动区位制度变革的力量是技术。随着工业革命的加速发展，特别是第二次技术革命，新的技术不断涌现，这就对以往的制度安排产生了重大挑战。梅奥（1945）在《工业文明的社会问题》一书中就指出，工业革命所带来的技术变革提高了技术效率，但是如果没有相应的社会技术的发展，人类文明将会自己葬送自己。第二个驱动因素来自制度内部，即 North(1990)所强调的内生性制度变迁。制度中的不同集团会出于对自身利益的考虑而推动制度变革。这两类因素适用于所有的制度框架，对于区位制度变迁而言，第三类驱动因素是指区位关联所带来的不确定性及其所引致的更为多样性的制度变迁路径。North (2005)指出，当今世界不确定性的重要来源在于全球化，在于全球化框架下不同区位的差异性的非正式制度。世界的密切关联，以及不同区位决策者会出于不同价值和规范（非正式制度）的考虑开展决策，从而使得世界进入一个非历经性的高度不确定性环境，即难以通过经历获得经验以预测未来的发展状态。为了有效促进不同区位之间的协作，当然也为了能够在区位竞争中获胜，驱动区位的制度进行变迁。

最后，区位资源体系与制度体系通过合法性机制相互影响。合法性机制来自新组织制度理论(DiMaggio，Powell，1983)，是制度影响组织行为的关键机制。本书认为在区位层面，区位制度系统与区位资源体系通过合法性机制相互影响，形成了区位异质性。一方面，区位层面的制度系统会形成制度场域，这一制度场域通过合法性评价来影响区位的资源体系。例如，区位政府作为正式组织，通过发展规划和配套措施来设计区位的产业定位、制定资源进入标准，这就形成了基于区位政府的合法性判定，只有符合其期望的产业和资源才能够获得其合法性认定，从而影响了区位资源体系。除了正式制度之外，非正式制度也极大地影响了区位的资源体系。例如，创新氛围作为一种价值取向影响了区位的资源体系。在硅谷中，存在明显的创新氛围，这就促进了硅谷资源体系的不断变化，使得硅谷的知识体系不断升级，从而能够在世界竞争中始终保持领先的地位。与之相比，在浙江省很多区位之中，存在强烈的模仿倾向，即认为模仿当地企业的做法，包括产品设计，都是合法的。这种模仿倾向在早期推动了当地产业的快速集聚和产业规模的快速扩张，但是这种无差异的模仿也形成了知识体系更新的障碍，使得很多区位的产业集群难以产生真正的创新性产品。另一方面，区位资源体系也会通过合法性机制来影响制度体系。资源体系也并非完全受制于制度体系，也会反过来影响区位的制度体系，推动区位的制度变迁。通常来说，资源体系中的边缘部门的快速发展，甚至获得了主导地位，就会影响区位制度主体的认知，以及相应的正式制度安排。例如，在2000年之前浙江省产业的发展依赖于

"专业市场+产业集群",但是在2000年之后,电子商务产业在浙江崛起,对传统专业市场产生了明显的替代作用,这就改变了浙江省的资源体系,而电子商务产业也逐步获得了制度主体在认知上的合法性。这种制度层面的合法性认知首先产生于与电子商务产业相关的利益相关者,特别是在杭州市。以此不断扩散,从而形成相对一致的认知合法性。这种制度层面的认知合法性,进一步影响了制度体系的正式制度安排。例如,浙江省政府提出了"电商换市"的政策以推动电子商务产业在浙江的发展。

总而言之,区位的制度系统与资源系统通过合法性评价相互影响,特定的制度体系与特定的资源体系相互交织,共同带来了区位的差异性。

3.2 企业本质的界定

3.2.1 经典企业理论概述

企业理论研究的核心问题是企业的本质是什么。最初企业理论来自新古典经济学的微观经济学理论,也被称为厂商理论。在新古典经济学框架中,企业被视为在技术给定条件下的生产函数,企业行为主要表现为价格和产量决策。由于完备信息和经济理性,企业决策只需要根据外部市场条件进行计算即可,简单明了。由于经济学家关注的并不是企业行为,而是市场绩效,所以他们对企业本质的界定是精练的,对企业行为的描述是高度抽象的。但是,这一理论却并不符合现实企业的行为,这就引发了学术界的深入研究,特别是以Simon为代表的组织行为理论,以及1980年代蓬勃发展的资源基础理论。

Knight(1921)开始打开企业这一黑箱,认为企业的本质是个体之间的风险配置,其中对风险偏好的人成为企业家或雇主,而对风险厌恶的人成为员工或雇工,利润则是对企业家承担风险的回报。Knight指出了企业经营存在风险的一面,极具理论创新性,但是由于缺乏与主流理论的关联,没有产生巨大的持续性的研究跟进。Coase(1937,1960)提出了企业理论的基本问题:如果市场机制可以有效协调资源配置,那企业存在的意义在哪里?这就是著名的"企业的本质是什么"这一核心设问。对于这一问题,Coase认为市场机制并非零成本运行,也存在一定的交易成本,包括签订一系列合同并执行合同的成本，即市场交易成本；企业的本质则是通过长期合同来替代短期合同，而长期合同中，企业家通过“权威”协调资源的配置，以此替代市场交易成本。Williamson（1975）则提出了著名的“自制还是外购”问题，认为企业的本质是对市场交易的内部化，即自制。Williamson认为市场交易成本的主要来源是机会主义行为，而机会主义行为发生的主要原因是交易中资产专用性所带来的小数量条件，由此而形成的套牢现象；而企业通过科层制（即组织管理中的职能制）内化市场交易，从而有效抑制机会主义行为，实现对市场交易的替代。在这里，科层制是通过把决策权单方面分配给一方，从而避免锁定所带来的机会主义行为。钱德勒（1977，2013）则通过美国企业发展史论证了以多部门为特征的现代工商企业（即通用汽车斯隆所倡导的事业部制）取代了传统的家族小公司，而管理者通过管理生产和分配来掌控现代工商企业，从而成为替代市场交易的“看得见的手”。总之，从Coase到Williamson，再到钱德勒，虽然具体理论表述有差异，但都是按照Coase的交易成本逻辑阐述，对企业本质的理解有共性，都强调基于企业家或者管理层的权威，因此可以称之为基于权威的企业理论，即通过权威配置给一方，来解决交易双方的目标冲突，从而实现对市场交易的替代。沿着Coase所开创的交易成本分析，部分学者开始关注资本与劳动之间的目标冲突以及解决这一冲突而形成的制度安排，特别是剩余索取权和剩余控制权的分配，形成了股东至上理论（包括代理理论、不完全契约理论）和利益相关者理论（包括企业社会责任理论、企业伦理等方面的探讨）的对立。这些研究契合了二十世纪九十年代中国的国有企业改革，从而引发了中国经济学界的热烈讨论（陈宏辉，2003）。

交易成本分析开始打开传统经济理论的企业黑箱，但采取的是完全理性的假设，而这明显高估了现实中企业的计算能力。以Simon，Cyert，March为代表的学者则对完全理性假设提出了挑战，提出了有限理性假设（Cyert，March，1963）。以巴纳德对组织的描述为基础，Simon（1947）开创了管理决策学派，认为决策行为是管理的核心，管理理论的词汇必须从人类抉择的逻辑学和心理学中导出。Simon重点批判了理性决策理论，提出了有限理性观点，认为个体决策者在心智和知识上的有限性，使得个体在决策过程中不会完全依赖理性计算，而是依赖各种决策前提来进行决策，从而使得个体最终以满意决策为基本决策原则。这种决策前提包括事实前提和价值前提，影响了决策者的决策选择。在个体有限理性决策的基础上，Simon 进一步强调组织机制可以在一定程度上弥补个体有限理性的不足，具体来说，组织通过内外两种手段来影响个体决策的决策规则，具体包括权威、沟通、效率目标的外在引导，以组织认同和组织忠诚为基础的内在约束，从而使得个体的有限理性通过组织机制达成较高程度的群体理性，即实现组织目标。Simon(1997,2013)这样写道："指导组织内个人决策的价值和目标大多是组织目标，也就是组织本身的服务目标和存续目标。这些价值或目标最初是通过形式权威硬性施加到个人身上的，但是这些价值在很大程度上逐渐'内在化'，融入了每位组织参与个体的心理和态度中。个体逐渐培养出对组织的依从和忠诚，不需要任何外部刺激就可以自动使个人决策与组织目标保持一致。"

基于巴纳德的组织理论，Simon 把心理学的认知概念和社会学的角色和规则概念引入组织分析之中，构建了从个体有限理性到群体组织理性的基本框架，并提出了诸多的有关组织行为研究的基本概念和主要问题，推动了企业理论研究发展。特别是对交易成本理论所强调的权威概念进行丰富。因为权威仅仅是一种组织协调的工具，而这种工具的有效性还取决于下属的接受程度。而现实的组织之中，除了权威之外，还存在各种沟通机制推动组织协同，还存在组织忠诚机制作为内在的决策控制，这都引导了组织中不同部门之间的协同。

作为 Simon 的合作者，也是组织行为研究大师的 March 在 1994 年发表了《决策是如何产生的》一书，对 Simon 的"从个体有限理性到群体理性"框架进行了发展。事实上 Simon 虽然提出了有限理性，但是对个体决策中的理性与直觉的偏爱难分伯仲，甚至对组织理性情有独钟。而 March 则充分展示了决策中对心理维度的认知和社会维度的规则与角色的兴趣，为我们提供了组织行为中与理性计算相对应的一面。

March(1994,2013)把个体决策行为分为基于后果的逻辑和基于适当性(appropriateness)的逻辑，其中包括传统的纯理性观点和 Simon 提出的有限理性观点，两者都强调了基于后果的决策逻辑，而现实中的决策者往往通过适当性标准进行决策，而适当性的标准就是社会和心理两个维度所形成的身份和规则。"历史和新闻中的故事总是夸大在一定规则下理性选择策略的作用，总是忽视那些创造、保持、解释、改变和忽略身份与规则的丰富过程(March，1994，2013)。”在此基础上，March进一步提出了多重身份和多重规则的个体决策逻辑，并在此基础上分析了群体决策的逻辑。他特别关注了多重行动者的内在不一致性，以及为了有效克服这种内在不一致性的两大原则，一是团队和合伙机制，二是权力与政治机制。前者通过调整团队的角色和规则来促进一致性；而后者主要通过构建权利体系和联盟的方式来达成一致性。March(1994)重点关注了组织行为中心理和社会层面的概念和机理，加深了对组织行为中非经济面的研究。Simon，March等对有限理性及其之上的心理和社会层面的组织建构逻辑的阐述，为资源基础理论的提出和完善奠定了基础。

资源基础理论在二十世纪八十年代开始兴起。而事实上，学界对资源基础理论的起源通常定位在Penrose于1959年所发表的《企业成长理论》。确实，Penrose在这本著作中就已经指出了资源基础理论的核心观点。她把企业定义为，被一个行政管理框架协调并限定边界的资源集合体，这一资源集合体在企业管理能力的推动之下，可以为组织外部提供服务。因此，企业的基础是资源，企业的核心是管理能力，企业的价值在于整合内部资源所能够提供的服务。并且更为重要的是，企业可以通过持续的利用内部资源推动知识的增长，而知识的增长又会带来管理能力的提升，从而推动企业的演化成长。Penrose还认为，企业内部总存在着未利用资源，这成为企业持续成长的基础。

Lippma，Rumelt(1982)开始关注企业之间运行效率的差异，认为如果企业无法有效模仿优势企业的特殊能力，那么企业间运行效率的差异将会持续。之后Rumelt(1984)进一步分析了这种差异的来源，认为“因果模糊”使得产业外的企业难以模仿产业内的企业，也就难以通过进入来抹平产业间的绩效差异；而“隔离机制”则使得有价值的资源并不能够被完全模仿，这也带来了产业内企业之间的绩效差异。Wernerfelt(1984)认为“资源位置障碍”保证了特定企业的优势资源不被模仿，这些优势资源在利用过程中转化为成本优势，从而确保了企业的持续竞争优势。Barney(1986，1991)更进一步指出资源的战略价值在于资源不可自由流动；当所拥有资源具有价值性、稀缺性、难以完全模仿性、不可替代性，并以低于其价值的价格获得，企业就可以据此获得竞争优势。但是，Barney

依然没有脱离市场交易框架。Dierricks，Cool则摒弃了这种理论上的摇摆性，强调资源彻底的内生性，提出了“资产存量积累”的概念，认为企业只有通过持续的投资，才能积累出带来持续竞争优势的存量资源。

与强调资源的资源学派逻辑不同，能力学派强调了企业内部的能力。事实上，资源多种多样，并且对大部分企业来说，企业所拥有的初始资源并不存在本质性的差异；而真正能够带来资源效率差异的是企业内部的能力。Richardson(1972)较早地把企业能力界定为企业所拥有的知识、经验和技能。这就把能力和人相关联起来，而不是与物关联起来。之后，Prahalad，Hamel(1990)提出了核心能力理论，认为企业的表现是不同的产品，但其根源是企业的核心能力；虽然企业产品有兴衰，但是核心能力则具有持续性，是企业持续竞争优势的来源。他们把核心能力定义为组织累积的知识流和各种技术流的有机组合，具有独特性、稀缺性和不可模仿性。但是核心能力也具有显著的核心刚性(Itami，1992)，这使得企业难以有效应对外部不确定环境。在这里，不确定性环境是指外部的未来状态及其出现概率并不能根据已有知识进行预测的情况(Knight，1921)，North(2005)称之为非历经性不确定性。对此，很多学者进一步提出了动态能力的概念(Teece等，1997)，即企业动态调整其一般能力的能力，这就开始深入探讨不确定性环境下企业持续竞争优势的来源。Winter(2003)提出了阶的概念，认为在稳定环境下，企业所需要具备的能力可以称之为一阶能力，而在不确定性环境中所需要具备的动态能力，则是高阶能力。动态能力理论的提出，有效应对了21世纪以来环境的高度不确定性，具有很高的理论价值，但是动态理论在实践方面由于高度抽象而难以有效应用在企业实践之中。

与资源和能力学派并列，知识学派也获得了重大发展。Spender(1989)认为组织是一个知识集合体，涉及有关组织环境、资源、因果机制、目标、态度、政策等方面的具体知识。如果把企业看作一个团队生产体系，那么价值创造的基础就是各个个体所拥有的知识。按照可编码化的差异，知识可以分为显性知识和隐性知识，其中显性知识可以通过编码的方式实现组织内和组织间转移，而隐性知识则相对难以转移，即使是在组织内部，这成为组织竞争优势的重要来源(Grant，1996)。与Spender相比，Grant(1996)不仅强调了隐性知识的基础性作用，更强调了企业作为一种有效利用现有知识创造产品与服务的制度安排，这就把创造价值的个体知识和有效协调这些个体知识的制度安排区分开来。

在整合已有研究的基础上，Grant(1996)把企业这种协调个体知识的制度安排分为四类。一是规则与指令，例如计划、流程、预测、规则、政策、标准化信息与沟通系统。规则与指令的价值在于它们是专业化隐性知识的显性化表现，从而有利于个体化的隐性知识的整合。二是流程。通过流程，可以把不同的个体化的隐性知识整合在一起，从而大大缩减了隐性知识转移的需求。三是惯例。一个组织的惯例是指相对复杂的行为模式，这种行为模式往往被相对少数的初始性信号所触发，并以一种相对自动的方式执行(Winter，1986，p165)。更进一步，Pentland，Rueter(1994)认为惯例也可以表现为多样性的响应模式，在这一模式下，个体可以自由调整，就如同语言表述者在遵守语法规则的同时，也可以灵活地表现其意图。把惯例比喻为语法规则的思考是有意思的，这意味着惯例并不仅仅是一种僵化的模式，也可以是一种遵守基本规则内核的多样化模式。四是群体性的问题解决和决策制定。以上几种方式的核心都在于降低隐性知识拥有者之间的沟通和学习成本，但在现实中也存在依赖于更为个性化和密集沟通的任务，特别是当任务具有较高的不确定性和复杂性的时候。当然，由于知识隐性的基本条件，强调彼此沟通和学习的做法必然是高成本的。因此，Grant(1996)指出，组织效率提高的基本原则就是以最大化的使用规则、流程和惯例降低内部的协调成本，同时保留群体性的问题解决和决策制定以确保团队有效应对非寻常的、复杂的和重要的任务。

总之，从新古典经济理论所强调的理性人和生产函数观点出发，Coase 提出了交易成本逻辑，把目光转向外在的市场交易成本，推动了学术界对企业本质的深入思考。在完全理性的基础上，Simon 提出了有限理性论断，并认为组织可以通过权威、沟通等外在机制和组织忠诚等内在机制实现基于组织目标的群体理性，这就从组织内部的角度，超越了Coase 的权威观点，提出了组织的本质界定，即在非理性个体决策条件下实现群体理性的群体决策机制。二十世纪八十年代以来兴起的资源基础理论，则进一步强调了内在资源及其协调机制，认为企业的本质是企业所拥有资源、能力、知识，以及相应的资源协调机制，就形成了相应的资源学派、能力学派和知识学派。

3.2.2 与区位相关的企业界定

在借鉴企业理论对企业本质界定的基础上，本书进一步借鉴有关综合企业与区位相关的两个概念，分别是集群企业和跨国公司。

对于集群企业的界定离不开对产业集群的界定。尽管存在争议，Porter(1998)对产业集群的界定在产业集群研究中仍具有较大影响，他认为产业集群是在某一特定领域内互相关联的、在地理位置上集中的企业和机构的集合。一般来说，产业集群包括以下几种典型主体：一是，生产最终产品或提供最终服务的企业；二是，上游的原材料、机械设备、零部件和生产服务等投入供应商；三是，下游的销售商及销售网络、客户；四是，侧面延伸到有互补产品的制造商；五是，各种支持机构，如地方政府、行业协会、起支撑作用的民间团体、行业中介、金融部门以及在专业知识和技能方面起支持作用的研发培训机构，如大学、研究机构、咨询中心、培训中心等(黄洁，2006)。根据产业集群的定义，就可以得出集群企业的定义，即处于特定产业集群之中的企业。因此，集群企业兼具区位特征和产业关联特征。其中区位特征强调了在一定范围区位的企业，这就把企业打上了区位的标签，从而使得企业呈现出显著的区位差异。例如美国硅谷的企业和意大利东北部企业应当存在显著的区位差异性；产业特征强调了产业集中，所以企业也必然具有产业属性。如果把产业界定为知识体系及其组织机制的话，那么作为知识系统的企业也必然会受到产业知识体系的影响。

跨国公司是IB理论研究的核心主体。在这里，本书主要借鉴Dunning对跨国公司的界定。Dunning是IB理论的核心贡献者，提出了著名的OLI模型，也被称为折中模型。Dunning，Lundan(2008)认为MNEs是一个协调体系，或者作为一个跨越国家边界的价值创造的网络体系，这一网络之中一些行为通过企业的科层制来协调，一些则通过非正式社会关系或者契约关系来协调。这一定义指出了MNE的三个核心环节，一是协调体系，这与资源基础理论中的知识学派所强调的作为知识协调制度安排的定义有异曲同工之妙。当然，在这里Dunning，Lundan(2008)强调了不同类型的制度安排，既包括科层制，也包括企业间网络，这就大大拓展了MNE的边界。二是，跨越国家边界。这就把区位的概念涵盖进来，指出 MNE 的特点是在不同区位，特别是多个国家，开展活动；其潜在假设是不同区位/国家具有差异性，这就要求 MNE 进行跨国性的资源配置，以及开展相应的协调。三是，价值创造。不论是跨国性的资源配置，还是跨国性的协调体系，其目的都是实现价值创造。价值创造包括产品与服务的生产与销售，涉及利用和培育以专有优势（来自能力、资源和市场）为内涵的所有权优势（Dunning，2006）。所以，不能仅仅通过其拥有国外生产机构来定义一家跨国公司，还需通过其拥有重要影响的价值创造行为的总和来定义。

3.2.3 本书对企业的界定

本书主要借鉴资源基础理论的知识学派、集群企业和跨国公司相关的定义，来界定迁移情景下的企业，具体包括三个维度，分别是知识维度、制度维度和区位维度。

对于知识学派，本书主要借鉴 Grant（1996）对企业的定义，认为企业的基础是一个知识体系，企业的本质是协调知识以创造价值的制度安排。Grant 也提到了四种典型的组织协调制度安排，分别是规划与指令、流程、惯例与群体问题解决和决策机制等。对于集群企业和跨国公司的研究，本书主要借鉴 Porter（1998）和 Dunning，Lundan（2008）对企业区位维度的界定，认为企业具有区位特有印记，这表现为区位特有的资源/知识体系和制度安排在企业知识体系和制度安排上产生的烙印；同时企业生存与发展所涉及的区位既可以是单一区位，也可能是多区位。因此结合以上研究基础，本书从知识、制度和区位维度来界定企业。

企业的知识维度。知识基础理论认为，企业的本质是其所能拥有的知识体系。借鉴 Grant（1996）对知识的界定，本书认为企业的知识具有以下四个方面的特征。一是，可获益性，即企业获益的来源是企业中的知识。从表现来看，企业会因为所生产的产品与服务而获益，但是其本质是企业所拥有的知识体系。按照可编码化维度，知识分为隐性知识和显性知识，其中隐性知识来自组织中个体的知识学习，是专业化知识的重要成果，体现了哈耶克所强调的特定情境之下的私有知识，是企业获益的关键来源。二是，可整合性，即组织内不同的知识可以被整合在一起，从而完成共同任务。企业有其共同目标以及实现共同目标所必须完成的共同任务。任务完成效率就取决于知识的有效整合。Cohen, Levinthal (1990)提出了吸收能力的概念,指出个体可以吸收的知识取决于其所拥有的知识体系。因此,特定个体可以通过知识吸收的方式实现知识的整合,从而推进共同任务的完成。结合显性知识和隐性知识的分类,可以发现显性知识可以通过统计数字的方式进行整合,例如多个区位的单日生产量可以通过加总和取均值进行衡量。但是对于隐性知识来说,知识转移和知识整合就至关重要。事实上,隐性知识的整合能力正是企业核心能力的关键,也是后文所提出的企业制度维度的基础。三是,专业化,即知识的积累依赖于专业化的个体。专业化是古典经济学的基本概念。之后,Simon 提出了有限理性的概念,指出个体信息处理能力的局限性。这意味着个体并不能成为所有领域的专家,同时,要成为特定领域的专家就必须进行持续的努力。所以,企业内部知识的获取依赖于在特定领域进行持续投入的个体。例如,企业的技术知识需要技术人员的持续努力。四是,效率导向。在竞争环境下,知识的可获益性依赖于可整合性和专业化的程度,集中体现为知识的效率原则,即企业所拥有的知识能够为生产带来更高的效率,从而为企业获取收益,实现企业的生存与发展。

企业的制度维度。以知识为基础的企业要完成特定的共同任务还需要解决两个问题。一是,共同任务是什么?二是,如何有效协调知识体系来完成特定的任务?事实上,前者是一个价值判断问题,即共同目标是什么?或者说企业应该做什么?Simon 在对组织行为的研究中,就已经指出决策行为研究必须同时关注价值判断和事实因素。但是很多学者都以科学之名,直接把价值判断方面的问题放在自己研究范围之外。而作为实践派的著名人物,包括德鲁克、柯林斯等则强调了价值判断的重要性。被称为“大师中的大师”的德鲁克(1973;2009)在《管理》一书中指出,企业应当关注其使命,因为使命就是企业共同目标的本质来源;并提出凝练企业使命的基本原则,即组织是社会的器官,组织的使命就在于用员工之所长创造社会福利,从而让员工获得成就,让社会收获福利。进而,德鲁克提出了八大目标体系,使得企业能够平衡内外部不同主体的利益诉求。柯林斯和波拉斯(1994,2002)在《基业长青》一书中写道,基业长青的企业都是拥有坚定价值观的企业。进一步结合新组织制度理论的合法性概念,可以发现不论是共同的使命还是核心价值观,都强调了企业的合法性标准。这种合法性标准来自组织的内外部环境，如德鲁克所强调的内部员工成就和社会福利导向，以及围绕两者所形成的八大目标体系。在合法性标准体系之下，企业还需要建立有效的知识协调体系以完成共同任务。在这里，借鉴 Simon，March 对组织影响机制的研究，特别是 Grant (1996)的成果，可以把企业的知识协调体系分为规范和指令、流程、惯例、群体问题解决和决策机制等四类。因此，我们就把企业的制度层分为两个方面，分别是合法性标准与执行层面。前者强调了在组织内部何为合法性行为，后者则强调了合法性的落地机制。

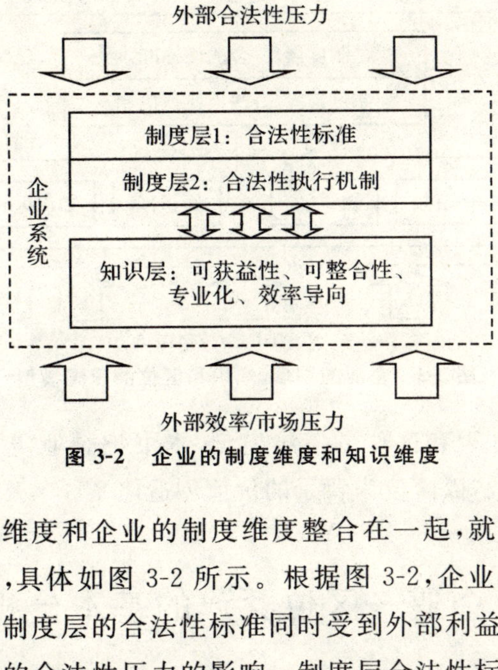

图 3-2 企业的制度维度和知识维度

企业的知识维度和企业的制度维度整合在一起，就可以形成本书对企业的基本定义，具体如图 3-2 所示。根据图 3-2，企业的制度层以合法性为导向。企业制度层的合法性标准同时受到外部利益相关者和内部知识系统两个方向的合法性压力的影响。制度层合法性标准的执行则依赖于合法性的执行机制，具体表现为规范与指令、流程、惯例、群体性问题解决和决策机制。企业的知识层以价值创造为导向，以可获益性、可整合性、专业化、效率导向为四个基本特征。但是知识层的价值创造不仅仅是一个技术层面的知识整合，同时还会受到外部效率/市场压力的影响和内部制度层的影响，从而决定了最终的知识整合效率以及由此而带来的价值创造。

企业的区位维度。企业理论往往会忽略区位的存在。例如经典的新古典经济学框架中并没有区位的概念。现实中，企业不仅仅受到特定区位的影响，呈现出显著的区位印记；同时，企业也呈现出多样性的区位布局。从企业动态发展的角度来看，企业从单区位企业，转变为多区位企业，甚至开始跨国发展，成为跨国公司。这就要求我们从区位维度来进一步界定企业。按照之前对区位异质性的界定，可以发现企业在制度层和知识层同时会受到区位的影响。综合制度、知识和区位三个维度，本书进一步理出企业系统模型，具体如图 3-3 所示。

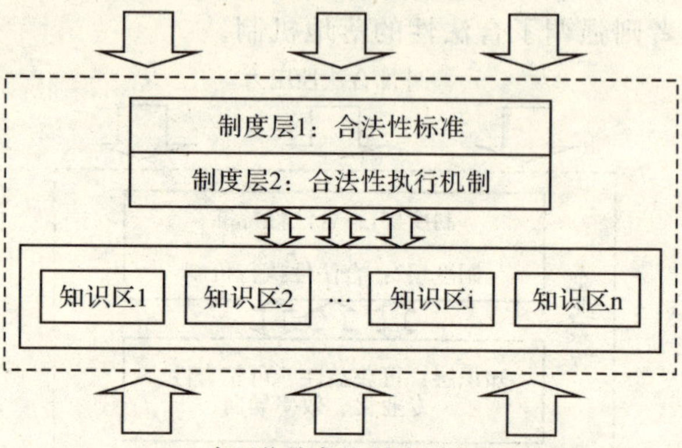

图 3-3　企业的制度、知识和区位的三维模型

综合制度、知识和区位的三维模型，本书把企业定义为以知识为基础，以制度为协调，以区位为背景的价值创造体系。

3.3　企业—区位共演的基本分析框架

3.3.1　演化视角的基本框架：从演化到共演

演化是生物学的基本概念。达尔文提出的“变异、遗传和选择”这一生物演化框架，成为经济演化分析的主要思想来源。事实上，达尔文的演化观中存在个体停滞的内涵，即个体会因为不适应环境而被淘汰；但是之后的拉马克主义允许个体将获得的信息传递给基因，并且强调这些信息的可遗传性（黄凯南，2007）。在社会经济系统中，“变异”和“遗传”可以分别转化为“创新”和“模仿”，而两者共同构成了学习的概念，这就把社会经济系统中的个体的主动性凸现出来，于是演化开始变为共演。Jouhtio

(2006)认为共演是指持续变化发生在两个或多个相互依赖、单一的物种上,它们的演化轨迹相互交织,并且相互适应;其中物种的相互依赖关系包括:共生关系、共栖关系和竞争关系(黄凯南,2007)。

Nelson,Winter(1982)提出的演化经济学分析框架已经成为经典经济演化理论。借鉴生物学中的演化概念,结合 Simon 有限理性观点和熊彼特的创新理论,Nelson,Winer 把组织惯例视为组织演化分析的基本单元,认为企业在变化环境中通过搜寻和选择新的惯例,以有效适应和影响环境。其中,惯例类似于基因,影响了组织行为,使得组织行为在特定触发机制之下能够自动开展行为,而不是基于最优化的理性思考来开展行为。所以,惯例构成了有限理性下组织行为开展的基本规则。搜寻强调了组织的主动性,是组织通过评价、修改和替代现有惯例的基础。之后,Norgaarg(1984)较早地把共同演化的思想用于社会经济环境分析,他将共同演化视为知识、价值观、组织、技术、环境五个子系统之间发生的长期反馈,每个子系统内部的变化强烈地受到由其他子系统构成的选择环境的影响。

黄凯南(2007)在文献研究的基础上,总结了共同演化框架的基本特征。一是,双向或者多向因果关系。简而言之,两个系统之间如果只存在单向关系,那么就只能存在一方的被动适应,而不是共同演化。这就要求两个系统之间不仅有其独立性,同时双方之间也存在相关关联。二是,多层性和嵌入性。共演不仅可以发生在同一层级之中,也可以发生在不同层级之间。例如,共演不仅仅表现在企业内部的制度层和知识层之间,也可以是企业与产业的共演,以及本书所要研究的企业与区位的共演。嵌入性则强调低层级的共演往往嵌入在高层级共演的背景之中。三是,复杂系统特征。因果关系的复杂和多层级的互动,使得整个系统表现出显著的复杂性和不确定性特征。四是,正反馈特征。负反馈使得系统不断弱化外部刺激的影响,最终回归初始状态;而正反馈则使得系统放大外部刺激,从而使得系统出现新的发展态势。五是,路径依赖特征。路径依赖特征是指系统的变化会按照一定的路径不断强化,从而表现为一种不可逆的趋势。

聚焦到企业与所处环境的关系,开展企业与环境共同演化分析,依赖于对以下三个方面的准确界定。第一,企业与环境的互动。战略管理的核心框架是有效处理企业与环境的关系，以获得持续竞争优势。以波特为代表提出的竞争战略理论强调了外部产业环境的决定性影响，资源基础理论则强调内部资源的决定性影响。与之不同，共演视角强调了企业与环境的互动与匹配对竞争优势的影响。企业不仅仅受到外部的一般环境和产业环境的影响，同时企业还可以通过自身的战略行为来影响外部环境，从而获得竞争优势。例如，企业可以通过利用和开发战略资产来影响竞争结构，从而获得持续竞争优势。第二，企业参与共演的基础是内部子系统的互动与协调模型的构建。企业之所以能够参与环境的共演，首先依赖于企业内部各个子系统的互动与演化。环境刺激通过影响企业的某一子系统，依赖于企业内部的互动机制，进而影响企业的整体系统，从而驱动企业朝着特定方向演化；而企业之所以能够影响环境，也同样依赖于企业子系统的互动与协调。在这里，企业各个子系统之间的互动与协调机制的模型构建就成为分析企业与环境共演的基础。第三，与企业系统类似，环境体系参与共演的基础是内部子系统的互动与协调机制的构建。宽泛地界定外部环境使得共演分析无法推进，因而必须准确界定环境，并分析环境体系中各个子系统的互动与协调机制。

3.3.2 基于单区位的企业—区位共演框架

在上文对区位和企业本质界定的基础上，在这里本书进一步构建企业—区位共演的基本框架。必须说明的是，本书重点关注的是区位环境，而对于其他环境体系则不做分析。按照企业所处区位的差异，可以分为单区位和多区位。本书将分别提出基于单区位和基于双区位的企业—区位共演框架，因为只要分析清楚双区位模型，就自然可以推理到多区位模型。

基于单区位的企业—区位共演框架。很多企业往往在一个区位之中运营，特别是一些处于生命周期早期阶段的企业。按照图 3-2 和图 3-3，本书把企业从制度、知识和区位三个维度进行界定；根据图 3-1，本书从制度体系和资源体系来界定区位及其异质性。整合企业和区位，我们形成了基于单区位的企业—区位共演框架图，具体如图 3-4 所示。从共演的基本逻辑出发，本书提出如下五个方面的命题。

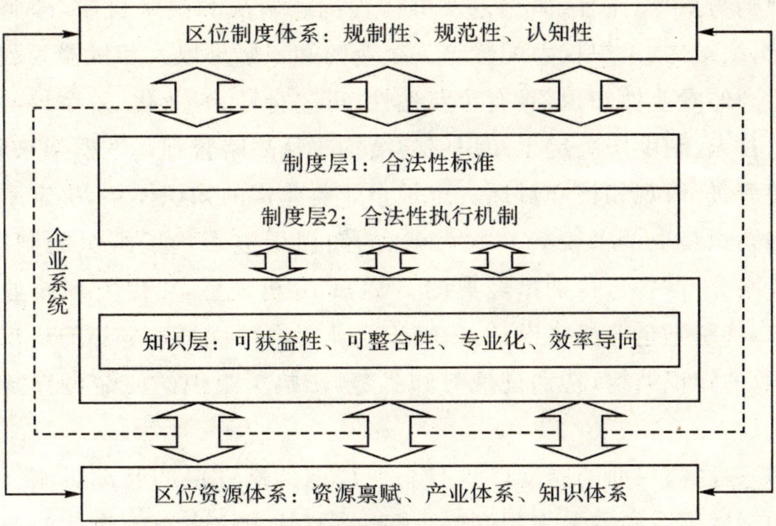

图 3-4　基于单区位的企业—区位共演模型

第一,区位层面的制度体系与资源体系的互动机制。如前文所述,本书认为区位资源体系与制度体系通过合法性机制相互影响。一方面,区位层面的制度系统会形成制度场域,这一制度场域通过合法性评价来影响区位的资源体系。这种合法性评价决定了资源体系的结构:规定了何种资源在当地是高价值资源,限定了何种资源能够进入当地、何种资源在当地能够获得更好的培育、何种资源应当迁移出当地。例如,政府通过规划和政策制定,以规制的力量,来影响当地的资源结构。另一方面,区位资源体系也会通过影响合法性标准,从而影响制度体系。资源体系也并非完全受制于制度体系,也会反过来影响区位的制度体系,推动区位的制度变迁。区位资源体系所具有的价值性、稀缺性、不可替代性、不可模仿性,影响了区位各个合法性授予群体的期望,从而影响了其合法性判断,进而影响了制度体系。例如,新产业的良好态势,引发了区位政府部门的关注并确立了相应的扶持政策,这就是资源体系影响制度体系的典型例子。事实上,区位政府部门在制定当地的发展规划和相应的配套政策时,也必然会综合考虑当地的资源禀赋、产业体系和知识基础。

第二,企业层面的制度层和知识层的互动机制。企业的制度层确定了合法性标准以及相应的执行机制,这可以视为企业的整个管理体系。企业的合法性标准集中体现为企业使命、价值观和目标,合法性执行体系包括规则与指令、流程、惯例以及群体性问题解决和决策机制，即企业的政策、组织结构、组织权力配置等。企业的知识层是以人和机器为载体的有关生产的专业性知识，具有可获益性、可整合性、专业化、效率导向四大特征。首先，制度层决定了知识层的结构。从战略管理基本框架来看，企业的使命、价值观和核心目标决定了企业要建构的知识体系，决定了知识利用和知识获取的节奏。其次，企业的知识层也影响了组织的制度层。按照战略分析框架，特别是经典的 SWOT 分析模型，可以发现企业的使命界定，特别是企业战略设计，依赖于企业对内部优势和劣势的认识。所以，企业的知识结构，特别是优势和劣势，影响了组织的使命再界定和战略再设计。

第三，区位层面的制度体系与企业层面的制度层的互动机制。区位层面的制度体系主要采用规制性、规范性和认识性来影响当地的企业行为，其中的中介就是企业制度层的合法性标准和执行机制。经典的新组织制度理论就是以此为核心线索，即当地的制度场域通过三种合法性压力来影响企业行为(DiMaggio，Powell，1983)。例如在规制维度上，区位政府会通过法规的制定来限制企业行为，例如反垄断、污染控制等法令；政府也会通过制定产业发展政策来限制企业的进入和退出；政府还会通过制定引导性政策来集聚特定的企业，招商引资政策就是典型。行业协会、非企业机构(包括大学、科研院所、非营利机构等)也会通过规范性力量影响企业的制度导向。例如在硅谷，斯坦福大学在影响企业制度设计方面扮演重要角色。谷歌的两个创始人从斯坦福毕业之后，直接创办公司，为此让公司具备了类似高校的相对自由和宽松的公司文化。在认知维度上，本地其他企业的组织行为将会对焦点企业的行为产生重要影响，即基于模仿的合法性获取策略。例如，在特定区位，在不确定环境下，当本地大量企业采用电子商务时，就会对焦点企业形成较大的认知合法性压力，从而驱动企业通过模仿获得认知合法性。

当然，企业的制度层也会通过战略性手段来响应外部的合法性压力，甚至是控制当地的合法性标准。前文曾经提及，Oliver(1991)提出了五种合法性应对策略，从被动性到主动性，分别是顺从、妥协、避免、否定和操控，其中否定和操控两大策略就体现了企业对外部制度压力的积极响应。例如，在杭州市，阿里巴巴以“让天下没有难做的生意”为使命，通过自身的努力获得了在电子商务领域的巨大成功，这就影响了杭州市其他企业的行为，进而影响了当地的制度设计。例如杭州市政府在产业设计上就主要围绕阿里巴巴进行产业规划，杭州市当地也成为了具有浓厚电子商务氛围的城市，从而影响了杭州市的制度设计。

第四，区位层面的资源体系与企业层面的知识层的互动机制。区位层面的资源体系明显会影响当地企业的知识体系。以产业集群为背景，当地的资源禀赋、产业体系和知识基础将会通过密集的多层次网络影响企业的知识基础。这种多层次网络表现为商业网络和社会网络，使得当地的知识能够以知识溢出和集体学习的方式影响企业的知识基础（吴波，贾生华，2008）。其中，知识溢出是指当地知识通过非正式网络，例如企业衍生、人员流动、社会互动的方式，溢出到当地企业之中；而集体学习则强调通过本地组织之间的正式合作网络实现知识的共同开发。所以，特定区位的产业集群系统将会影响当地企业的知识基础。同样，企业的知识体系也会影响区位层面的资源系统。同样以产业集群为背景，部分企业凭借其知识基础和网络位置而成为当地产业集群的知识守门人。在这里，知识守门人是指这些企业在网络位置上，不仅与当地其他企业拥有密切关系，同时与外地的主体也具有密切的网络关系，从而作为过滤器吸收外地的新知识，在实现自身发展的同时，也把这些新知识传递到当地产业系统之中。因此，作为知识守门人的当地企业就可以影响区位的资源体系。

第五，企业—区位的系统性互动。以上四个命题都是企业与区位在两个层面的互动，而作为“企业—区位”整体系统，存在基于两两互动的系统性互动。系统性互动更为复杂，表现出不同的互动机理。为此，本书仅仅提出系统性互动的基本规律。一是，多层次性。系统性互动涉及的层面超过两个。例如，特定区位政府会根据当地的资源体系来确定自己的产业定位，这种产业定位进一步影响了当地企业的战略定位，进而影响了企业自身知识结构，而企业知识结构的变化进一步通过本地网络影响区位的资源体系。这就涉及“区位资源体系—区位制度体系—企业制度层—企业知识层—区位资源体系”的互动过程。二是，互动的双向影响。双向互动是共演的基本思想，在系统性互动中，两两互动的双向影响使得系统性互动研究更为复杂。例如，区位政府的产业规划对当地企业存在影响；与之同时，当地企业也可以通过各种渠道影响政府的规划，这就使得整个系统性互动变得更为复杂。三是,结果的不确定性。作为前两个特点的延伸,多层次和互动性的自然结果就是系统性互动所带来结果的不确定性。区位政府的产业规划到底能不能落实,不仅仅依赖于两两互动,也依赖于多层次的双向互动,这就使得最终的执行效果难以有效预测。

3.3.3 基于双区位的企业—区位共演框架

在单区位模型的基础上,本书进一步提出基于双区位的企业—区位共演模型。在这里,所谓双区位是指企业把自身的知识基础根据地区部门化的原则,实现效率最大化。例如,对于制造企业,随着企业规模的扩展,企业往往会把制造基地和研发中心、营销中心分立,并布局在两个不同的区位,即双区位的概念。当然,企业知识部门也可以布局在更多的区位,即多区位的概念。由于企业知识部门的多区位布局是双区位布局的延伸,所以出于简化论述的目的,在这里仅仅分析双区位模型。如图 3-5 所示。

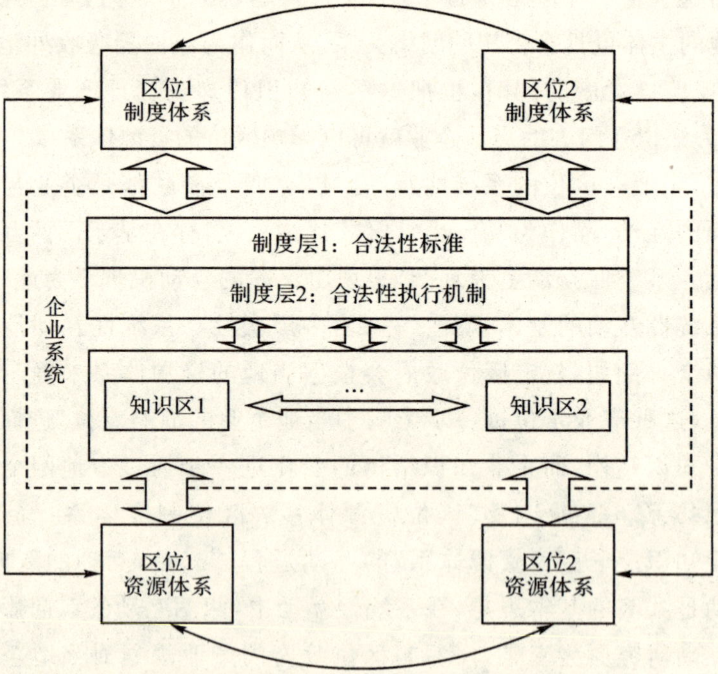

图 3-5　基于双区位的企业—区位共演模型

在双区位的情况下，企业—区位共演模型需要关注两个方面的问题。第一，企业的知识基础为什么要进行区位部门化？第二，区位如何实现差异化发展？

知识的部门化是指与特定知识领域相关的业务组成一个相对独立的部门。企业知识的区位部门化，是指企业的不同知识部门分布于不同的区位的情况。企业知识区位部门化的动因主要来自两个方面的考量。一是知识效率，即知识分工获取与协同利用的综合效率。Simon(1991)指出部门化的基本标准是部门之内的沟通需求大于部门之间的沟通需求。例如很多企业通常按照价值链环节的不同，把企业分为研发部门、制造部门和销售部门。企业实行区位部门化的基本标准就是特定区位之内的沟通需求大于区位之间的沟通需求。另一方面，知识的区位部门化还依赖于区位差异化，即不同区位在资源体系上存在显著差异，特别是在知识基础上的差异。不同区位异质性的知识基础，会对企业不同知识部门产生差异化的吸引力。因此，当企业知识采取区位部门化所带来的知识效率提升大于不同知识部门在区位部门化所带来的知识跨区位协同成本提升时，从知识效率的角度来看，知识部门化就是一个合理的结果。二是，制度合法，即知识的区位部门化是否获得制度上的合法性认可。企业把知识进行区位部门化必须获得来自企业的合法性认可。这种来自企业的合法性认可一方面来自组织内部的合法性授予群体的合法性认可，另一方面也来自企业外部的区位层面制度体系的合法性认可。而后者一般会涉及两个区位制度体系的合法性认可。例如原来在A地的企业把制造部门留在A地，而把研发部门置于B地。这一举措就可能会受到来自内部的合法性压力，如果原来在一地的两个部门之间存在紧密的联系，如果分立，就可能会受到两个部门内部的合法性压力。与之同时，如果把研发部门外置B地，就可能受到A地政府的阻拦，也可能会受到B地政府的影响。因此，企业知识基础的区位部门化将会受到知识效率和制度合法两个方面的影响。

区位异质性一直是区位理论关注的焦点问题。之前的文献回顾也表明，区位的异质性体现在制度体系和资源体系上的异质性，并且两者通过合法性路径彼此强化，从而形成异质性的区位。在这里，本书将主要从企业的角度来说明企业特定知识部门在不同区位分布所形成的区位层面的异质性。我们把逻辑起点放在 Krugman(1991)的 C-P 模型。这一模型认为，假定初始两个同质的区位，但是由于一个工人或者一个工业企业从一个区位(例如南方)迁移到另一区位(例如北方)，在外部规模经济的力量驱动之下，最终会导致工业在北方集聚，直到北方的拥挤成本提高到足以抵消外部规模经济的时候，这就形成两个区位的差异化。Krugman 的 C-P 模型表明企业的区位再选择，最终会影响产业在不同产业的差异化分布。那么，从知识溢出的角度来看，在特定区位的企业集聚，将会促使特定类型知识在特定区位的集聚，这就会对其他企业产生更大吸引力。同时，如果放松个体完全理性的假设，就可以发现制度的力量，即大量企业从南方迁往北方，也会在南方的企业中形成一种基于认知的合法性压力，这就驱动更多的企业选择迁往北方。因此，企业的知识布局行为最终影响了区位层面的资源体系和制度体系，形成了区位之间的差异性。

3.4 本章小结

在第二章企业迁移前沿文献回顾的基础上，本章在文献研究的基础上，主要采用理论分析方法，首先界定了区位和企业的本质，进而提出了企业—区位共演框架。主要结论有以下三个方面。

第一，区位的异质性是企业区位选择的基础，主要体现在制度体系和资源体系以及两者之间的基于合法性的互动。区位研究起源可以追溯到农业社会的杜能圈理论。本书主要从韦伯的工业区位理论开始梳理，重点关注韦伯的工业区位理论、Hotelling 区位模型、马歇尔集聚优势理论、Jocob 集聚优势理论、区位制度理论和区位演化理论，分析其对区位异质性的假定以及企业区位选择的基本逻辑。其中韦伯工业区位理论和 Hotelling 区位模型主要把区位视为距离所引致的差异性；马歇尔集聚优势理论和 Jocob 集聚优势理论则主要关注区位的产业或都市集聚所带来的差异性；而区位制度理论和区位演化理论则把区位主要视为当地正式与非正式制度所产生的差异性(具体见表 3-1)。在此基础上，本书进一步借鉴新组织制度理论的研究成果，剖析了制度与组织行为之间的关联机制，发现制度通过规制性、规范性和认知性制度压力，以合法性评价为主要内容，形成了制度场域，影响了组织行为。进一步结合经典区位理论对区位的阐述和新组织制度理论对制度场域和制度合法性的界定，本书把区位界定为一个由资源体系和制度体系共同构成的互动系统（具体见图3-1）。其中资源体系包括资源禀赋、产业体系和知识体系，是一个区位价值创造的硬条件；制度体系是指当地规制性、规范性和认知性力量所建构的制度场域，是一个区位价值创造的软约束。区位的资源体系和制度体系以合法性为主要相互影响机制，区位资源体系通过合法性机制影响了当地的制度体系，而区位制度体系则以合法性评价约束了当地的资源体系。

第二，企业的异质性是企业区位选择的关键，主要体现在制度层和知识层以及两者之间的互动。企业异质性一直是企业理论研究核心问题。以 Coase 为代表的交易成本经济学从交易成本视角研究了企业的本质，认为企业的本质是以内部权威来有效替代外部市场交易治理机制，特别是钱德勒提出了科层制以有形的手来替代市场无形的手这一概念。以巴纳德为起点，以 Simon，Cyert，March 为代表的学者提出了组织行为分析，以有限理性为基本假设，认为组织可以通过权威机制、内部沟通、效率原则、组织忠诚等方式实现群体理性。这就把研究目光集中在组织内部。以 Penrose 为起点，在 1980 年，资源基础理论开始兴起，进而成为战略管理理论的主流。资源基础理论按照研究学派分为资源基础学派、能力基础学派和知识基础学派，其核心都认为企业的本质是企业所拥有的资源。在综合对比交易成本、组织行为和资源基础三大流派的基础上，本书进一步借鉴了与区位有关的企业定义，包括 Porter 对集群企业的界定、Dunning 对跨国公司的界定。最终，本书从知识维度、制度维度和区位维度界定了企业，把企业定义为以知识为基础，以制度为协调，以区位为背景的价值创造体系，具体如图 3-3 所示。

第三，企业—区位共演框架是企业层面的知识、制度维度与区位层面的资源体系、制度体系两个维度的互动。演化是生物学的基本概念。达尔文提出的“变异、遗传和选择”这一生物演化框架，成为经济演化分析的主要思想来源。Nelson，Winter（1982）提出的演化经济学分析框架已经成为经典经济演化理论。借鉴生物学中的演化概念，结合 Simon 有限理性原则和熊彼特的创新理论，Nelson，Winer 把组织惯例视为组织演化分析的基本单元，认为企业在变化环境中通过搜寻和选择新的惯例，以有效适应和影响环境。共演则强调了持续变化发生在两个或多个相互依赖、单一的物种上，它们的演化轨迹相互交织，并且相互适应。以共演为基本框架，本书分别构建了基于单区位和双区位的企业—区位共演框架。这一框架关注了四个方面的互动，包括企业内部制度层与知识层之间的互动、区位层面的制度体系与资源体系之间的互动、区位层面的制度体系与企业层面的制度层之间的互动、区位层面的资源体系与企业知识层之间的互动。而基于双区位的企业—区位共演框架则强调了区位之间的差异性与企业知识区位部门化分工之间的关联。

第4章 企业—区位共演视角下的企业迁移过程机理

第三章界定了区位与企业的基本维度，并建立了基于单区位和双区位的企业—区位共演分析框架。本章则在所建构的企业—区位共演框架下分析企业迁移机理。本章从行为学派和制度学派视角出发，把企业迁移视为一个三阶段过程，即迁移意愿形成、迁移目标区位选择以及迁移后成长。以企业—区位共演框架为基础分析企业迁移的三阶段过程机理。本章主要以理论分析为主，通过逻辑推演提出企业迁移的三阶段过程机理模型。

4.1 企业迁移的三阶段过程

企业迁移研究可以分为新古典经济学学派、行为学派和制度学派。新古典经济学学派提出了经典分析框架，提供了理论研究的标杆。本书则主要综合行为学派和制度学派来分析企业迁移行为。行为学派以Simon，Cyert所开创的组织行为理论为基础，强调经济主体的信息不完备与有限理性假设。由于有限理性和信息不完备，企业所处区位可能并非最优区位，迁移的目标也可能并非最优区位。关键在于，企业的信息利用能力和信息可获得性决定了企业能否发现更优区位（Pred，1967，1969）：如果信息利用能力强、信息可获得性高，则企业有更大概率发现更优区位，从而驱动企业迁移。更进一步，Simon等所开创的组织行为理论同时强调了内部制度安排的重要作用，特别是March把企业的制度维度进行更为深入的探讨。从中我们可以发现企业迁移决策不仅仅取决于信息，同时也取决于内部的制度安排。这种制度安排决定了企业能不能利用信息，决定了企业能否以及如何进行企业迁移。这就使得企业迁移表现为一个复杂的过程。已有研究强调了至少五个阶段迁移过程模型，包括是否迁移的决策、搜寻可供选择的备选区位、评价各个备选区位、选择新区位以及决策后评价（Dicken，Lloyd，1977；Hayter，1978，1997；Pellenbarg，van wissen，van Dijx，2002）。这种分类方法虽然开始深入迁移过程，但是缺乏对迁移后迁入地优势获取环节的足够关注。而在知识经济下，迁移后的迁入地优势获取存在各种障碍与困难，并成为迁移研究的核心问题。因此，综合已有研究，同时考虑到阶段划分的简明性，本书把企业迁移视为一个三阶段过程，分别是迁移意愿形成、迁移目标区位选择以及迁移后成长等。

企业迁移意愿形成主要关注的是外迁意图不断强化，进而形成动机的过程。动机理论认为个体动机的形成是未满足需求所带来的紧张不断强化的过程。具体来说，未满足的需求尽管尚不清晰，但是达到一定程度，就会引发紧张；紧张则驱动个体进一步探索需求；待需求明了，就会形成清晰的愿望；当愿望足够强烈，就会引发主体探索需求满足的具体手段；需求及其满足手段清晰之后，就会形成相对稳定的意图；在内外部条件具备的情况下，意图就会形成行动动机；动机一旦形成，就会引发个体的目标导向行动，以满足其未满足的需求。在这一过程中，本书所强调的意愿形成主要关注的是需求强化或者弱化机理；当迁移意愿达到一定强度之后，企业就会探索满足其需要的具体手段，即探索和评价潜在的备选区位，进行选择迁移的目标区位。内外部条件均允许的条件下，企业就会发展迁移行为，那么自然进入第三阶段，即迁移后的成长。下面，本书将以企业—区位共演模型为基础来探讨企业迁移的三阶段过程逻辑。

4.2 企业—区位共演框架下的企业迁移意愿形成

对于迁移意愿，已有研究重点关注了迁移意愿的两面，即区位惰性和区位松脚。区位惰性关注企业迁移意愿被化解或者被压制的情形，而区位松脚则关注企业迁移意愿被放大的情形。已有研究认为企业成长会带来迁移，即成长驱动论。例如，van Dijk，Pellenbarg（2000）认为企业迁移意愿主要受到企业内部因素以及企业对区位的不满驱动，所以企业内部因素的变动，特别是企业所处生命周期的演进，引发了企业迁移行为。与成长驱动论不同，从制度学派和拓展的资源基础理论出发，Knoben，Oerlemans(2008)主要关注了企业的网络嵌入性对企业迁移意愿的影响，提出了企业迁移的网络锁定论，在一定程度上解释了企业迁移的区位惰性现象。本书认为不论是区位惰性还是区位松脚，都是迁移意愿的表现形式，是迁移意愿的化解/压制力量与放大力量之间的比较。已有研究仅仅关注了企业层面因素或者区位层面因素，但是较少考虑两者之间的互动性，这就使得企业迁移意愿研究在逻辑上和实证上出现了不一致。例如，van Dijk，Pellenbarg(2000)认为企业成长性越高，对空间的需求也就越大，企业越倾向于迁移发展。这一论断的前提是区位是外生给定的，而事实上，企业成长性越高，可能会使得当地政府更愿意支持该类产业，给予更大的土地，从而缓解了外迁发展的愿望。例如，杭州市阿里巴巴的快速发展，带来了更大的土地需求，而当地政府则充分考虑了阿里巴巴的需求，给予了更大的土地支持，从而保证了企业留在当地。同样，Knoben，Oerlemans(2008)将当地网络嵌入性对企业迁移意愿的负向影响，归结为区位惰性。但是，企业在当地的网络嵌入性也会产生外迁的拉动力量。例如，企业的主要下游客户外迁，或者当地大量企业的外迁，而本地的网络嵌入性反而会成为一股强大力量，裹挟着企业外迁。以上两个方面的不足，其主要原因是缺乏对企业—区位的互动性分析。这就要求我们更多地关注迁移意愿形成的多方因素，特别是企业—区位的互动性，建立权衡模型，以此分析迁移意愿形成的内在机理。在此，本书主要从上文所归纳的企业—区位共演框架来分析企业迁移意愿形成的内在机理。

根据企业—区位共演模型对企业、区位及其互动机制的界定，我们认为企业迁移决策的意愿形成阶段，迁移意愿受到内部的制度合法性和知识效率的共同影响；并且企业内部对其制度合法性的认可与知识效率之间又存在互动关系。从企业—区位层面的互动性来看，企业内部对迁移行为的合法性认可又受到区位层面的制度体系的影响；而企业内部对迁移行为的知识效率评价则受到自身知识基础与区位资源体系匹配性的影响。具体如图4-1所示。下面具体从企业层面和区位层面分析其对企业迁移意愿的影响机理。

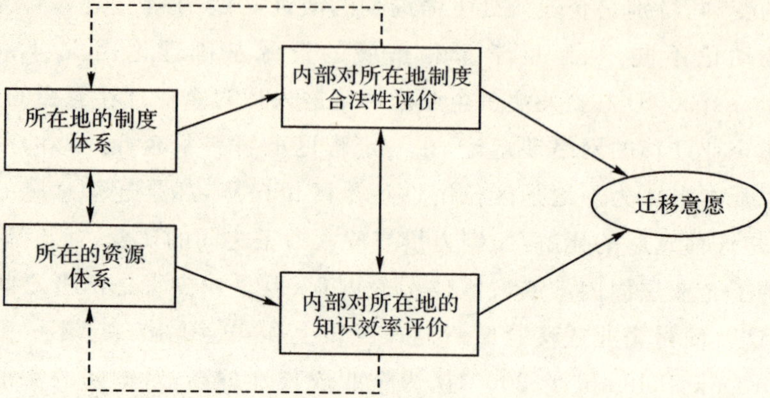

图 4-1　企业一区位共演框架下的企业迁移意愿形成机理

4.2.1　企业层面因素对企业迁移意愿的影响

一是,企业内部对所在地的知识效率评价对企业迁移意愿的影响。内部对所在地的知识效率评价是指企业对现有知识布局于当前所在地的效率进行评估。内部知识效率评价的方法主要是机会成本方法,即与其他区位相比,在当前区位是否是知识效率更令人满意的区位。假设企业是有限理性决策者,其决策的信息收集和处理能力相对有限。但是,企业依然能够根据有限信息来评价现有区位的知识效率。内部知识效率评价的标准是现有区位对企业知识利用和知识开发需求的满足程度。我们认为企业成长是一个知识利用和知识开发的二元复杂过程(March,1991),在成长过程中会产生知识利用和知识开发的需求。对企业来说,当前所在地的知识效率就在于该区位在满足企业知识开发和知识利用需求的效率。因此,我们可以把企业迁移划分为知识利用性迁移和知识开发性迁移。例如,企业具有较强的制造知识,利用制造知识需要匹配以相对廉价的劳动力(我们认为廉价劳动力所提供的依然是劳动者所拥有知识,只不过其知识价值相对较低,所以劳动力的成本就至关重要),如果现有区位拥有丰富的廉价劳动力,那么现有区位对于其制造知识的利用效率就更高,因而现有区位是满意的效率区位,否则,就是非效率区位。同样,如果企业战略是提升其研发能力,而研发能力的提升依赖于高素质人才,如果现有区位缺乏高素质人才，那么企业把研发业务布局于现有区位将会带来较高的成本，因而现有区位是非效率区位。企业对现有区位的知识效率评价越高，企业的迁移意愿越低；反之则越高。

二是，企业内部对所在地的制度合法性评价对企业迁移意愿的影响。制度可以分为正式制度和非正式制度；合法性可以分为规制合法性、规范合法性和认知合法性。在企业内部，治理层和管理层，特别是高层管理者的正式认可代表了规制合法性，因为企业对于按照正式流程做出的决策将会以权力体系为基础推动执行，成为企业中具有规制性的合法性压力。这种规制性的合法性压力主要以企业的正式战略规划为框架，强调了自上而下的意志，以指令和规则的方式，对企业的迁移意愿产生合法性压力。例如，随着企业的发展壮大，创建于温州市的正泰集团确立了全球化的发展战略，通过战略规划，计划把生产基地向低成本劳动力区位进行布局，把研发中心向知识密集区位进行布局，就具有正式的规制合法性压力；而温州市本地的劳动力成本不再具有比较优势，同时在高端人才获取方面，也不具有比较优势，从而强化企业这些部门的迁移愿望。

与之同时，企业也存在诸多的惯例、流程和群体性问题解决和决策机制，这都作为一种规范合法性存在，体现了自下而上的群体意志，对迁移意愿形成合法性压力。例如，吉利集团把企业总部从台州市迁往杭州市，随之也把吉利研究院从台州市迁往杭州市，以利用杭州市相对丰富的高端人才。但是这一过程并非一帆风顺。原来已经适应台州市环境的研发人员并不希望迁往杭州市，因为这是对其生活习惯和工作习惯的重大挑战，从而在一定程度上遏制了企业的迁移意愿。而之后，吉利研究院搬迁之所以最终成行，一个重要原因是吉利研究院迁移是扩张性迁移，很多原有吉利研究院的研究人员被安置在了台州市的生产基地，从而缓解了否定迁移的规范性合法性压力。

除了规制性和规范性制度合法性压力之外，还存在认知合法性，即企业内部对迁移行为的认知。如果企业内部形成了支持迁移发展的共同认知，这就强化了迁移意愿，否则则会弱化，甚至遏制迁移意愿。同样，以吉利研究院从台州市迁往杭州市的案例来说明。很多曾在台州工作的研究员之所以不愿迁移，一个主要原因是子女教育问题。为此，吉利集团承诺积极与杭州市当地政府进行沟通，以解决员工子女教育问题，从而形成了一个支持迁移发展的群体认知，从而提升了其迁移意愿。

三是，企业内部对所在地的合法性评价和知识效率评价之间存在互动机制，对于迁移意愿具有共同的作用机制。类似经济基础与上层建筑之间的关系，对于是否迁移，企业内部的合法性评价与知识效率评价具有双向的作用关系。如果当前区位具有较好的知识效率，能够满足企业知识开发和知识利用需求，则一般而言也具有较高的合法性；反之，则企业制度层对当前区位的合法性评价也会降低。但是由于企业是由不同部门组成，具有整体知识效率的（当地）区位可能在制度层的合法性评价并不高，或者不具有整体知识效率的（当地）区位，反而具有较好的制度层的合法性评价。并且，更为复杂的是，如前文所述，企业制度层的合法性评价也可能本身就存在冲突，例如规制合法性高，但是可能规范、认知合法性并不高，这就使得企业的内部对所在地的合法性评价与知识效率评价之间存在复杂的关系。当然，如果我们结合具体的迁移情景进行分析，这一互动机制可能会被简化，甚至可以说也必须进行简化。

4.2.2 区位层面因素对企业迁移意愿的影响

基于企业—区位共演模型，本书认为区位层面因素通过作用于企业层面因素，进而影响企业的迁移意愿；与之同时，企业层面因素也会反作用于区位层面因素，进而影响企业内部对当地区位的评价，从而影响企业迁移意愿。在图 4-1 中，企业层面因素反作用于区位层面因素的作用线条采用虚线，主要是考虑到两个方面的因素。一是，从绝对的角度来看，企业层面因素肯定会对区位层面因素产生影响，但是由于企业之间存在差异性，只有部分企业才会产生相对显著的影响。例如阿里巴巴的发展可以影响杭州市的产业布局和制度体系，但是很多小微企业则不具备这种能量。所以，采取虚线以表示这种影响存在必须满足一定的条件。二是，即使企业层面因素能够影响区位层面因素，也大多是存在一定的时间跨度，体现了演化的特征，所以采用虚线以表示两条作用路径存在时间差异性。下面具体分析区位层面的制度体系和资源体系对企业迁移意愿的影响。

第一，所在地资源体系对企业迁移意愿的影响。在区位层面，所在地资源匹配性及其丰裕度和可得性决定了企业对现有区位的知识效率评价,进而影响了企业迁移意愿。所在地的资源匹配性强调了区位的资源供给结构和企业的资源需求结构的匹配性。例如,在转型发展阶段,很多制造企业开始从制造环节向价值链两端的营销和研发环节发展,这就产生了对高端研发和营销人才,以及相关的研发与营销配套机构的需求。如果企业所在地的产业体系和知识体系依然围绕制造环节,而没有储备有关研发和营销的高端人才和机构,那么,所在地资源匹配性就低,而企业对所在地的知识效率评价就相应的较低,从而强化企业的迁移意愿。例如,我们在之前对泉州市企业总部群体迁往厦门市的研究中就发现,作为制造业集聚的区位,由于在高端营销和研发人才的匹配性储备较少,导致泉州市企业的营销总部和运营总部群体外迁。

除了所在地资源匹配性之外,这些匹配的资源丰裕度及可得性决定了企业能否有效获得这些匹配性资源。其中,匹配资源的丰裕度是指所在地储备的匹配性资源的多寡,匹配资源的可得性是指所在地储备的资源能否被企业接近与获取,两者共同决定了这些资源获取的代价。所以,所在地匹配性资源的丰裕度及可得性越高,企业的迁移意愿就越弱;反之则越强。例如,随着电子商务的发展,很多浙江省的非杭州市制造企业也开始谋求通过电子商务实现企业在营销端的转型与扩张,这就对所在地的电子商务人才和机构产生了需求。虽然浙江省的非杭州市区位也都在积极培育电子商务园区,也都在积极培育和引进电子商务人才和机构,但与杭州市相比,这类人才较少,机构规模也比较小,总体的资源丰裕度相对较低,可得性也不高,从而导致很多制造企业对所在地的知识效率评价大大下降,强化了自身电商部门的迁移意愿。因此,所在地的资源匹配性及其丰裕度和可得性,共同决定了企业对所在地知识效率的评价,影响了企业迁移意愿。

同时,必须说明的是,所在地的资源体系也并非完全外生,在一定程度和时间范围内,会受到企业对该地的知识效率评价的影响。即所在地的资源体系也会根据所在地企业对当地知识效率的评价而做出相应的调整和改变,进而影响企业的迁移意愿。例如,杭州市阿里巴巴的巨大成功引发了当地政府的极大关注,为了能够稳住阿里巴巴的军心,提高阿里巴巴对所在地杭州市的知识效率评价,杭州市政府就开始把电子商务产业作为当地的主导产业来扶持，积极培育、大力引进高端的电子商务人才和高水平机构。相信经过一段时间的发展，杭州市的资源体系，特别是产业体系和知识基础，将会呈现较为显著的电子商务特色，从而大大提高阿里巴巴对杭州市在电子商务业务领域的知识效率评价，进而大大缓解其外迁发展意愿。另外，我们也可以从一个反向的例子进行说明。例如，一些城市的发展依赖于一些高污染行业，或者低附加值行业，这些行业通过产业集聚的发展，推动了当地该类企业的发展，因而企业对当地的知识效率评价较高，迁移发展意愿较弱。为了实现区位转型，很多城市都提出了腾笼换鸟政策，希望通过置换的方式，迁出高污染或低附加值行业，而引入清洁或者高附加值行业。但是受制于当地企业对该地知识效率的较高评价，区位政府难以实现其腾笼换鸟的政策。为此，很多城市通过各种政策限制高污染或低附加值企业进入，提高该类企业的运营成本，从而降低了当地的资源匹配性及其丰裕度和可得性程度，进而达到弱化企业对当地的知识效率评价的目的，从而提升企业的迁移意愿。

第二，区位制度体系对企业迁移意愿的影响。区位制度体系通过影响企业对所在地的制度合法性评价来影响企业的迁移意愿。区位层面的利益相关者会对企业产生一定的期望，如果企业行为可以有效满足这些期望(即区位制度合法性与企业内部的合法性之间保持一致)，就会导致企业对所在地的制度合法性评价产生积极影响，从而降低企业的迁移意愿。反之，如果难以满足这些期望(即区位制度合法性与企业内部的合法性之间存在冲突)，则会导致企业对所在地的制度合法性评价产生消极影响，从而强化企业的迁移意愿。下面从合法性的三个维度，进一步分析区位制度体系对企业对所在地制度合法性评价的影响。

一是，所在地政府的期望与企业对所在地的制度合法性评价。所在地政府的期望往往通过规制性力量影响企业对所在地的制度合法性评价。所在地政府通过产业规划、政策补贴等方式来推动其期望，从而对企业(对所在地的制度合法性)评价形成强力影响。例如，当地政府会制定产业规划，指出未来当地的支持性发展产业和限制性发展产业，这就会影响企业在当地的合法性，进而影响企业对所在地制度合法性的评价，从而影响企业的迁移意愿。如果企业属于支持性产业，那么企业在当地的合法性就更高;企业对于所在地的制度合法性评价就更高,企业的迁移意愿就会大大下降。二是,所在地产业与社会体系的期望与企业对所在地的制度合法性评价。所在地产业系统和社会系统对企业均会产生一系列的期望,这种期望表现为一定的产业规范和社会规范。如果企业行为难以满足这些期望,就会弱化企业对所在地制度合法性的评价,从而强化其迁移意愿。例如,如果当地产业系统并不认可企业的内部管理行为,从而认定该企业是当地产业规则的破坏者,就会导致企业弱化对所在地的制度合法性评价,强化企业迁移行为。例如,当地产业系统认为创新而不是模仿才是正当的组织行为,如果特定企业仅仅关注模仿而不进行创新,就会被视为当地产业系统的破坏者,这就会弱化企业对该地的制度合法性评价,从而强化其迁移意愿。三是,所在地的各种认知与企业对所在地的制度合法性评价。所在地的各种认知集中体现为当地是否值得企业继续待下去。如果所在地的外部利益相关者形成了值得/不值得继续待下去的共识,就会拉低企业对所在地的制度合法性评价,强化企业的迁移意愿。但是,所在地的外部利益相关者通常很难达成共识或者共同期望,这就会带来认知合法性的内在冲突,使得企业难以有效感知外部利益相关者的真实期望。为此,企业会更多地通过同行企业的迁移行为来判断其面临的认知合法性压力,进而通过模仿以响应。因此,所在地同行企业迁移的比例越多,企业对所在地的制度合法性评价也就越低,其迁移意愿得到强化。反之,则迁移意愿会弱化。

同样,所在地的制度体系也并非外生,而会受到企业对所在地的制度合法性评价反作用,即企业对所在地的制度合法性评价将会引导区位制度体系的调整,进而影响最终的迁移意愿。例如,2016年,华为任正非接受新华社记者采访时表示,“深圳房地产太多了,没有大块的工业用地了。大家知道大工业的发展,每一个公司都需要一定的空间发展”。这一观点就表达了华为对深圳的制度合法性评价,引发了媒体对华为总部迁移的猜测。由于华为的巨大影响,华为的这一评价对区位层面的制度体系产生了一定的影响,特别是华为所在的龙岗区。龙岗区提出了要根据华为的诉求来优化区位环境,之后华为官方网站立即做出声明,表示华为总部不会迁出深圳市。这表明华为对深圳市的制度合法性评价将会反作用于深圳市的制度体系,从而进一步影响华为对深圳市的制度合法性评价,进而缓解了企业的迁移意愿。当然，并非所有的企业都可以通过对所在地制度合法性评价来影响区位的制度体系。正如下文案例中，深圳市市长所提到的深圳市近期有 1.5 万家企业迁出，这就说明这 1.5 万家企业大部分不能改变深圳市的制度体系。

第三，区位制度体系与资源体系的互动对企业迁移意愿的影响。区位层面的制度体系和资源体系之间也存在互动机制。区位层面的制度期望通过合法性体系来影响当地的资源体系，限定了当地的产业体系和知识体系；而区位资源体系也有自身的发展路径，特别是路径依赖特征，这就会反作用于制度合法性体系。两者之间的互动，使得区位资源体系和制度体系表现出显著的路径依赖特征，两者共同影响了企业层面因素，进而影响企业的迁移意愿。与之同时，企业层面因素也会反作用于区位层面因素，进而影响企业自身的迁移意愿。例如，1990 年，浙江省瑞安汽摩配产业实现了快速发展，当地政府也把该产业作为当地的支柱产业进行扶持，从而确立了汽摩配产业的合法性地位。但是，随着当地收入水平的提高和土地资源的相对紧缺，汽摩配产业的相对低端性和污染问题引发了当地政府和社区的关注。虽然当地政府对这一产业还是极为看重，但是在“金山银山不如绿水青山”的公众认知合法性和以“五水共治”为核心的政府规制合法性体系之下，当地政府制定了严格的污染整治政策，并严格制定汽摩配产业低端环节的准入标准。区位层面的合法性压力和资源体系，拉低了汽摩配企业对当地的知识效率评价和制度非法性评价，强化了企业迁移意愿。但另一方面，在当地政府的管制和公众的舆论压力之下，当地汽摩配企业也在个别企业的推动之下联合起来，与政府进行谈判，甚至以集体外迁为威胁，希望能够降低环保标准，并希望获得政府补贴以实现产业的转型升级。在谈判的过程中，当地政府也考虑到当地财政收入的需求，虽然没有降低标准，但是制定了稍微宽松的污染治理时间表，给当地的汽摩配企业缓冲的空间，这就提高了这些企业对当地的制度合法性和知识效率的评价，从而在一定程度上缓解了企业的外迁意愿。

以上分析了企业层面和区位层面因素对企业迁移意愿的影响机理，可以发现在企业—区位共演逻辑下，四个因素之间的互动使得企业迁移意愿研究更为复杂。

4.3 企业—区位共演视角下的迁移目标区位选择

迁移目标区位选择是企业迁移过程的第二个关键环节。如果说迁移意愿形成阶段主要关注的是企业与现在所在地之间关系的话，迁移目标区位选择则开始关注潜在的更为满意的目标区位。对于迁移目标区位选择，已有研究主要关注两个方面的问题。一是迁移距离问题，是短距离迁移还是长距离迁移。在这里短距离和长距离是相对的，但是已有研究通常把长距离迁移界定为超出员工通勤距离的迁移，这类迁移往往伴随着重大的以搜寻、雇佣和培训新员工为核心的成本（O'Mara，1999；Hong，2014）。同时，长距离迁移往往会迁往具有不同资源禀赋的新区位，其主要目的也是为了获得新区位的特有资源（Sawwarra，Belussi，2006；Biggiero，2006），所以区位因素对于长距离迁移更具价值。在这里，本书主要考虑长距离迁移。二是，迁移目标区位选择影响因素。已有研究发现区位层面的 Marshall 集聚优势、Jocob 集聚优势是迁移目标区位选择的重要影响因素（Knoben，2011；Bok，Oort，2011；Weterings，Knoben，2013；Hong，2014）；在此基础上，学者也探讨了两类集聚优势对不同类型企业的独特价值及其相应的迁移目标区位选择机制。例如，Duranton，Puga（2001）指出 Jocob 集聚区位更适合于处于产品生命周期初期阶段的企业，而 Marshall 集聚区位则更适用于处于产品成熟之后大规模生产阶段的企业。

总之，已有研究重点关注了区位层面的集聚优势对迁移目标区位的影响，除了集聚优势之外，不同的区位对于企业进入也有相应的标准，即区位的制度合法性要求。这就要求我们综合区位层面的资源体系和制度体系的影响，结合企业内部对各个目标区位在制度合法性和知识效率上的评价，基于企业—区位共演逻辑进行迁移企业的目标区位选择机理分析。

4.3.1 企业层面因素对迁移目标区位选择的影响

与迁移意愿形成阶段不同，在目标区位选择阶段，企业关注的重点开始从所在地转向各个备选区位。按照动机理论框架,迁移意愿是构成迁移动机的内在意图,而目标区位探索和评价则是构成迁移动机的外在条件;二者兼备,企业就会发生迁移行为。根据企业—区位共演模型,可以得出如图 4-2 所示的企业迁移目标区位选择机理模型。在这里,本书假设企业通过搜寻获得 n 个备择区位,并通过信息收集来获得各个备择区位的信息,进而对其进行评价。下面从企业层面和区位层面分析各个因素对迁移目标区位选择的影响机理。

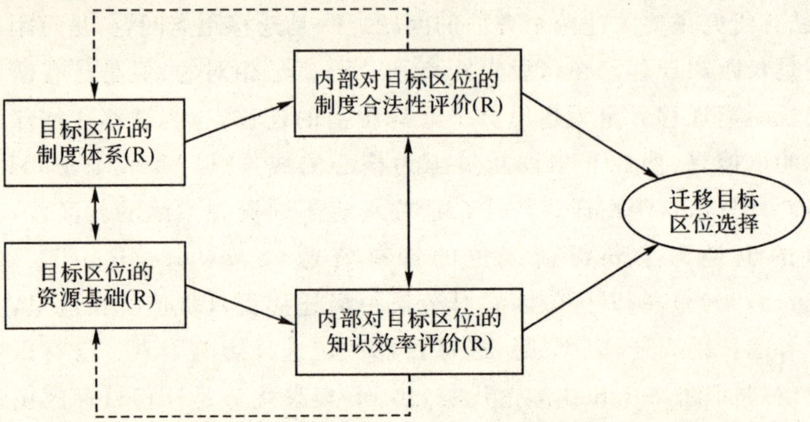

图 4-2 企业—区位共演框架下的企业迁移目标区位选择机理

与企业迁移意愿模型类似,在企业层面,我们认为企业内部会对目标区位进行知识效率评价和制度合法性评价,对目标区位 i 的知识效率评价越高、制度合法性效率越高,企业选择目标区位 i 的概率也就越高。在区位层面,目标区位的资源基础和制度体系决定了企业对该区位的知识效率评价和制度合法性评价,而与之同时,这一评价又会反作用于目标区位的制度体系和资源体系,从而最终影响企业迁往该区位的概率,即迁移目标区位选择。

在此,我们主要借鉴 IB 理论中的国际化过程模型(Johanson, Vahlne,1977)来分析企业对目标区位的制度合法性评价和知识效率评价的形成机制。国际化过程模型[①]认为企业在东道国的资源承诺是国际化拓展的阶段性标志,而资源承诺的做出又依赖于之前经验知识的获取,因

① 由于 Johanson,Vahlne 来自 Uppsala 大学,因此国际化渐进过程模型又被称为 U 模型。

此经验知识获取与资源承诺的互动关系是国际化过程模型的核心(Forsgren,2002;Johanson,Vahlne,1977,1990)。在两者互动的过程中,企业国际化总体表现为一个渐进性资源承诺过程,背后的基本逻辑是"干中学"的组织学习机制(Quinn,1980)。之后,随着企业国际化多样路径出现,U模型演化为网络模型(简称为N模型)。基于N模型的国际化过程理论,保留了传统U模型所强调的经验知识获取这一理论内核,放弃了企业国际化过程的固定路径观点,吸收了企业网络理论的研究成果,认为跨国公司国际化业务的有效开展主要依赖于跨国公司在东道国的经验知识,而这种经验知识则来自跨国公司所嵌入的关系网络,这种来自关系网络的经验知识促进了企业的快速国际化进程。对于网络概念,Johanson,Mattsson(2009)指出,企业国际化所要解决的核心问题已经从"外来者劣势"转变为"网络劣势";而国际化的核心路径就是从"网外人"变为"网内人"。以网络为视角,N模型在继承U模型所强调的"经验知识与资源承诺关系互动"这一核心逻辑的同时,提出了由"网络""信任""关系承诺"和"市场机遇"等四大核心概念所构成的结构模型。

首先,企业嵌入的关系网络是企业获取经验知识,进而发现市场机会以开展国际化经营的核心来源。Johanson,Mattsson(1988)认为企业国际化过程中关系网络扮演重要角色,因为企业国际化所依赖的经验知识都可以从企业所嵌入的关系网络之中有效获取。当然,这种网络表现为不同的关系、结构以及性质。一是基于强关系的直接学习机制。企业网络理论认为企业之间的强关系有利于企业之间隐性知识的传递(Uzzi,1996;Hansen,1999),所以企业国际化所依赖的经验知识可以通过企业所嵌入的强关系实现有效传递,这就突破了U模型所强调的基于直接经验的"干中学"知识获取方式。二是,基于弱关系的间接学习机制。除了强关系之外,企业也可以通过有效监控网络中的同行企业进行间接学习。由于竞争关系,同行企业之间的关系可视为弱关系,通过监控同行企业的行为,可以有效揭示该同行企业所拥有的经验知识。其次,企业国际化的核心表现是信任关系的构建和关系承诺的做出。基于网络的经验知识,企业在国际化进程中会重点识别可信任伙伴,构建彼此的信任关系,这对于之后的关系承诺,以及进而构建和拓展自己的关系网络至关重要(Johanson,Mattson,1993)。经验知识的积累与与合作伙伴之间信任关系的建立，将会促进企业在东道国市场上的关系承诺。在这里，资源承诺已经不再是经典 U 模型所强调的渐进性投资，而是表现出多样性的投资策略，其背后的机理依然是企业直接和间接获得的经验知识：经验知识的多寡以及经验知识的详尽程度决定了企业在东道国市场上的关系承诺(Johanson, Vahlne, 2009)。最后，信任关系的构建和关系承诺的做出反过来又会影响企业的网络位置以及由此带来的经验知识。企业与合作伙伴之间的信任关系以及由此而做出的关系承诺，使得企业可以建立自己的关系网络，并由此占据特定的网络位置，进而为企业获得有关东道国市场的经验知识奠定基础。

应用于企业迁移情景，我们认为在目标区位选择阶段，为克服外来者劣势，破除有关潜在目标区位的信息障碍，企业往往会通过各种形式与潜在目标区位接触来获得足够的信息。例如，通过实地考察，在潜在目标区位设置办事处，设置子公司，布局核心业务等方式，逐步加大在目标区位的关系承诺。在一定关系承诺的基础上，企业就可以通过组织学习来获得潜在目标区位的信息，占据相应的网络位置，进而做出评价。在这里，评价包括企业对目标区位的知识效率评价和制度合法性评价。如果评价较高，企业就会加大在该目标区位的资源承诺；如果评价较低，企业就会终止、缩减在该目标区位的资源承诺。这就构成了企业在目标区位的迁移搜索过程模型，即在备择目标区位的“关系承诺—网络位置—合法性与知识效率评价”逻辑框架，如图 4-3 所示。事实上，当企业对目标区位的制度合法性评价和知识效率评价超出其他备择区位的时候，企业就会把之前所开展的资源承诺进行“飞跃”，从而实现真正的企业迁移。下面从企业对目标区位的制度合法性评价和知识效率评价两个方面进行具体分析。

一是，企业层面内部对目标区位 i 的知识效率评价，对企业迁往该区位概率的影响。在这里，企业对目标区位 i 的知识效率评价是相对所在地/迁出地而言，所以附带 R(relative)表示。按照企业的战略设计，企业持续竞争力来自特定领域知识的有效利用和/或获取。这就需要企业评价不同备择区位的知识效率，即该区位在满足企业知识利用和/或知识获取上的程度。因此，企业会通过在各个备择目标区位进行关系承诺，通过占据一定的网络位置和持续的组织学习，来获得该区位的信息，特别是有

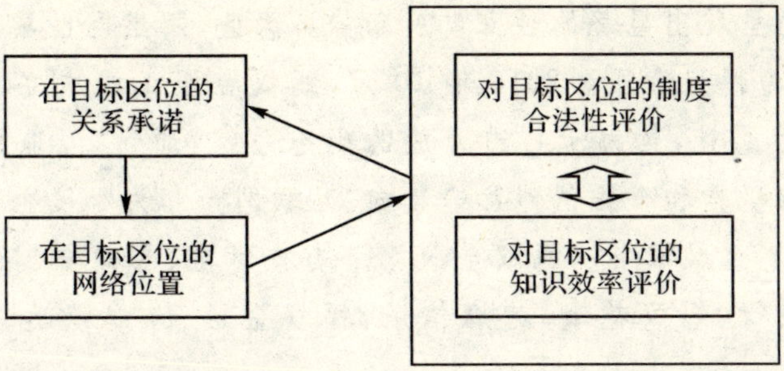

图 4-3　基于迁移搜索的企业对目标区位的评价形成机制模型

关该区位的资源禀赋、产业环境、知识体系等隐性信息，以完成企业对该区位的知识效率评价。因此，相对所在地/迁出地，目标区位 i 的知识效率越高，企业迁往该区位的概率也就越大。例如阿里巴巴的核心子公司蚂蚁金服把支付宝业务总部迁往上海市，主要目的是实现支付宝业务的国际化，以及利用上海市所具有的显著的金融产业集聚优势，特别是互联网金融产业集聚的区位优势。上海市所具备的高端金融专业人才、全球化金融相关的知识，使得支付宝迁往上海，而不是留在杭州市，原因就是上海更具备知识效率，具体见案例 1。中国另外一家著名公司，来自深圳市的华为集团也同样引发了迁移风波，把华为终端业务从深圳市迁往至同省之内的东莞市。这引发了媒体对华为是否会逃离深圳市的猜测。华为终端把业务迁往东莞市的目的是利用东莞市更为充足的土地资源以及相对低廉的房价，以降低自身的运营成本。在这里，本书认为华为迁移至东莞市的核心目的是利用东莞市更为低廉的要素成本（包括土地和房价），降低自身核心知识（包括品牌和技术知识）的利用成本，提高其利用效率，具体见案例 2。

案例 1　蚂蚁金服的区位选择

对于阿里巴巴来说，在早期，支付宝业务推动了自身 B2B，B2C，C2C 电子商务交易双方的诚信交易。而阿里巴巴的这些电商平台部门都布局在杭州市，所以支付宝业务也就依托于阿里巴巴集团而布局在杭州市。但是随着互联网金融的发展，支付宝业务成为新的具有战略意义的核心业务。同时，支付宝业务的核心服务也已超出支持阿里巴巴集团旗下电商业务，开始呈现出显著的独立发展态势。为此，阿里巴巴集团就把支付宝业务独立为蚂蚁金服。2014 年 10 月，蚂蚁金服正式成立，以“让信用等于财富”为愿景，致力于打造开放的生态系统，通过“互联网推进器计划”助力金融机构和合作伙伴加速迈向“互联网+”，为小微企业和个人消费者提供普惠金融服务。蚂蚁金服旗下有支付宝、余额宝、招财宝、蚂蚁聚宝、网商银行、蚂蚁花呗、芝麻信用、蚂蚁金融云、蚂蚁达客等子业务板块①。

继网易小贷、盛大小贷和万达互联网金融服务（上海）有限公司落户浦东后，2015 年 4 月，支付宝总部的注册地址开始从杭州市迁往上海市浦东。上海市历来是中国的金融中心，随着浦东新区的开发，浦东已经成为上海市，乃至全国的重要金融中心，特别是有关第三方支付平台的集聚中心。

支付宝总部的搬迁，引起了浙江省杭州市和上海市两地媒体的关注。浙江省在线网站也专门发文《支付宝总部搬到上海市浦东 迁址获浙江省、杭州市支持》，文中提到“支付宝中国总部的企业注册地目前的确变更到了上海市，但几乎所有员工仍在杭州市办公，目前并没有搬迁日程表。支付宝的注册地迁往上海市浦东将有利于支付宝国际化的拓展，这也得到了浙江省及杭州市方面的大力支持”。②

虽然支付宝业务已经迁往上海市，但是蚂蚁金服的总部依然在杭州市。虽然有关蚂蚁金服是否迁往上海市有很多的争论，但是蚂蚁金服的注册地址依然是杭州市，显示了对杭州市的坚守。而有趣的是，在支付宝官网的 ICP 证是“沪 B2-20150087”，官方联系地址依然是杭州市总部③。

二是，企业层面内部对目标区位 i 的制度合法性评价对企业迁往该区位概率的影响。企业内部对目标区位 i 的制度合法性评价一方面来自强制性制度安排，即来自组织治理层和管理层的正式决策，以指令和规则的形式，强调了自上而下的意志；另一方面也会受到规范性制度安排，以

---

① 资料来自蚂蚁金服官网，http://www.antgroup.compageantIntro.html。

② 资料来自浙江在线官网，http://zjnews.zjol.com.cn/system—04/22/020616688.shtml。

③ 资料来自支付宝官网，https://ab.alipay.com/i/lianxi.htm。

惯例、流程和群体性问题解决和决策机制的方式，体现了自下而上的群体意志，以及企业内部对迁移行为的认知合法性。由于有限理性的存在，企业通常也会采取逐步进入的方式来获得各个潜在备择目标区位的信息，随着企业在备择目标区位i的资源承诺和组织学习的推进，企业也会形成对该目标区位i的制度合法性判断，进而决定了企业是否迁往该区位。具体来说，在备择目标区位i的资源承诺和组织学习，使得企业可以对该目标区位的规制性、规范性和认知性制度环境进行充分了解，结合自身的特点来形成对该区位的制度合法性评价。例如，蚂蚁金服的支付宝总部迁往上海市浦东的案例显示，在支付宝总部迁移之前，上海市浦东政府也在积极打造互联网金融产业集群，也在积极引进与互联网金融相关的企业，这就扫除了支付宝总部迁移上海市浦东的规制合法性障碍；与之同时，蚂蚁金服很早就在上海市设立了分公司，这就使得企业能够较为方便地了解上海市的社会规范，并且杭州市与上海市的地理临近性，也使得企业能够较好地融入上海市的社会规范，这就消弭了支付宝总部迁移上海市浦东的规范合法性障碍；另外，在支付宝总部迁移之前，上海市已经奠定了中国金融中心的核心地位，是众多国内外银行、金融公司林立的区位，并且也有较多的互联网金融公司迁入上海市浦东，因此蚂蚁金服支付宝业务迁移上海市也具有认知合法性。因此，蚂蚁金服对支付宝业务总部迁移上海市就形成了较高的制度合法性评价。

三是，企业层面对目标区位i的制度合法性与知识效率的互动及其对企业迁往该区位概率的影响。企业在备择目标区位的资源承诺和组织学习，会提高企业对该区位的认知，在此基础上形成对该区位的制度合法性评价和知识效率评价。在这一过程中，对目标区位i较高的知识效率评价，往往也会带来更高的制度合法性评价；而更高的制度合法性评价也会驱动企业在该区位做出更大的资源承诺和组织学习，这也会在一定程度上提高企业在该区位上的资源可得性，提升企业对该区位的知识效率评价。两者的良性互动将会进一步提升企业迁往该区位的概率。

案例2 华为的迁移风波

深圳市是中国最早的改革开放城市。改革开放初期，以制度优势为基础,深圳市吸引了当时中国大量的优秀人才和资金,实现了快速发展。在这一发展的过程中,也涌现出了一系列中国著名公司,包括华为、中兴、腾讯等高科技企业,也包括招商银行、中国平安、万科等著名公司。

2016 年 5 月,深圳市华为的迁移消息忽然火爆,一篇名为《不要让华为跑了》的帖子(微信公众号:深圳经济观察,作者为悦涛)不仅在当地产生重大影响,还在全国热传。确实,作为一家深圳市企业,特别是作为一家具有国际影响力的民营企业,甚至被称为凌驾 BAT 之上的全球 500 强企业,华为在区位布局上的一举一动都关系到深圳市,特别是总部所在地龙岗区的神经。之后不久,另外一家企业中兴也走入公众的视野,其制造部门已经迁往粤东的河源市。随之,华为在其官网上发表声明,说明没有撤出深圳市的计划。同时,深圳市市长许勤也公开澄清,"华为、中兴都不会离开深圳市。华为刚向深圳市政府提交发展规划,完全没有撤出深圳市的计划,而中兴永远会在深圳市"。

虽然华为并没有打算撤出深圳,但是其业务部门在全国和全球布局已经成为发展的大趋势。华为迁移风波所涉及的城市是广东省内距离深圳市 30 多公里的东莞市。事实上,华为已经在东莞进行布局,特别是华为终端总部已经迁往东莞市。而华为终端业务已经成为华为增长最为迅猛的业务:2015 年华为之所以引起国内民众的关注,其主要原因就是华为终端,特别是华为手机业务的迅猛发展。一些媒体甚至认为华为手机在 2016 年已经战胜小米手机,开始与三星争锋,甚至已经具备挑战苹果的强大实力。正是华为终端的美好发展前景,使其成为很多区位政府关注的焦点。而事实上,华为终端已经着手在东莞市布局。

来自人民网[①]的报道显示,2007 年,华为在东莞市松山湖高新技术园成立聚信科技子公司。2015 年,华为终端总部项目完成投资 10 亿元,项目累计完成投资 17 亿元,占总投资的 17%。2013 年,华为在东莞市的纳税额仅有 3.7 亿元。在两年时间内,华为的纳税额翻了一倍还多,这表明华为近几年来加大了在东莞市的业务布局。

对于华为把终端业务迁往东莞市的行为,社会也开始了自己的解读。

---

① 具体资料来自人民网,曲翔宇和谢戎彬,"华为中兴要搬走?深圳市市长回应:这俩都不会离开",http://finance.people.com.cn/n1/2016/0529/c1004-28388005.html。

特别是引用任正非的一句话进行说明。“深圳市房地产太多了,没有大块的工业用地了。大家知道大工业的发展,每一个公司都需要一定的空间发展。高成本最终会摧毁你的竞争力。而且现在有了高铁、网络、高速公路,活力分布的时代已经形成了,但不会聚集在高成本的地方。”这就把迁移的动因聚焦于深圳市的土地供给和房价。

来自人民网[①]的报道这样写道:

> 与深圳相比,东莞市具有不可比拟的空间和地价优势。根据2013年年报,华为从1995年开始获得深圳市的土地使用权,随后分六次获取一批新的土地使用权。最后一部分土地使用权是在2008年以均价919.6元/平方米购得的。2008年以后,华为在深圳市再无新增土地使用权。而深圳市作为一线城市,其新增用地供应面积逐年下滑,可以说,深圳市可被大规模购买的土地越来越少。
>
> 华为在东莞市拥有的土地和房屋相对来说,面积和价格都更加合适。华为于2007年和2013年分两次获得东莞市的土地使用权,第一次是139.8万平方米,第二次是60.3万平方米,第一次总价为4.95亿元,即均价354元/平方米,第二次总价3.11亿元,即均价为515.8元/平方米。而东莞市的房价也便宜许多。华为分别于2009年和2012年分别获得东莞市的29.9万平方米和32万平方米的房屋建筑物,成本均价为1966元/平方米和2012元/平方米,这一价格几乎是华为2009年深圳市房屋建筑均价的五分之一,是2006年华为在深圳市房屋建筑均价的九分之一。
>
> 据一名2012年入职华为的员工透露,4年前,自己本科毕业,以13级的身份入职华为,起薪为6000元。此后,每年有一定程度的上调,但这一上调与员工的级别挂钩,存在上限。以这位员工为例,2012年,税前年薪7万元,2013年至2015年,税前年薪分别为15万元、25万元和30万元(包括加班费、出差补

① 资料来源同上。

贴、年终奖励等，下同）。

然而，在看似高薪的背后，个人所得税也是一笔不小的开销，该员工透露，去年，每个月个税缴纳约 5000 元，一年下来仅个税就缴纳 6 万元。除去平时租房、交通、餐饮及其他个人开销，存款非常有限。他称自己平时正常花销，目前约有存款 40 余万元。而这一数字根本不够支付上述二手房的首付。他粗略估算了一下，一个绩效普通的员工，差不多工作 8—10 年才可以支付上述房产的首付款。

相比之下，东莞的二手房住宅则便宜许多。在松山湖附近的万科金域小区，一套 98 平方米 3 室 2 厅的精装修二手房仅售 170 万元，均价 1.8 万元左右，是深圳市华为附近万科小区房价的 1/3。照此价格，首付仅需 51 万元即可购得该二手房，上述华为员工明年就有望付清首付。他表示，东莞市的房价因为华为的入驻而有所上涨，但依然比深圳市低许多。自己喜欢东莞市的环境、东莞市的房价、东莞市的潜力，作为员工，他非常希望华为搬迁到东莞市。

注：以上资料均来自人民网，曲翔宇和谢戎彬，“华为中兴要搬走？深圳市市长回应：这俩都不会离开”，http://finance.people.com.cn/n1/2016/0529/c1004-28388005.html。

4.3.2　区位层面因素对迁移目标区位选择的影响

企业迁移之前会嵌入在迁出地，而一旦开始迁移搜索，就必须开始综合考虑迁出地和备择目标区位的比较。因此，本书认为在区位层面必须综合考虑迁出地和备择目标区位的比较，因此在图 4-2 中以(R)来表示两个区位之间的比较。在此基础上，分析其资源体系和制度体系与企业层面评价的互动及其对迁移目标区位选择的影响。与图 4-1 类似，区位层面因素直接作用于企业层面因素，采取实线表示这一关系；而采取虚线表示企业层面因素对区位层面因素的反作用。下面分别分析区位层面的资源体系和制度体系对迁移目标区位选择的影响。

一是，目标区位 i 的资源体系(R)与企业层面对目标区位 i 的知识效率评价(R)之间的互动及其对迁移目标区位选择的影响。在区位层面，所在地与目标区位 i 在资源匹配性及其丰裕度和可得性决定了企业对目标区位 i 的知识效率评价，进而影响了企业的目标区位选择。不同区位具有不同的资源体系，体现为差异化的资源禀赋、产业体系和知识体系。根据企业的战略设计，企业成长会带来知识利用和/或知识利用的需求。以这些知识需求为评价维度，通过对所在地和目标区位 i 之间进行差异比较，就可以识别出两个区位在资源匹配性及其丰裕度和可得性方面的差异，进而决定了企业对目标区位 i 的知识效率评价。以福建省泉州市鞋帽企业总部迁移至厦门市为例(吴波，2013)。泉州市民企的发展使得总部独立，并对所在区位的总部集聚优势产生重大需求。与泉州市相比，厦门市的总部集聚优势更为显著，具有更为显著的资源匹配性、更高的丰裕度和可得性，从而驱动泉州民企外迁厦门市。华为终端业务从深圳市迁往东莞市、蚂蚁金服支付宝总部迁往上海市浦东，都体现了明显的区位资源优势的拉动效果。

与之同时，企业对目标区位的知识效率评价也会影响目标区位的资源体系。在这里必须再次强调的是，并非所有的企业都能够产生区位层面的影响，特别是难以对目标区位产生显著影响，除非企业具有重大影响力。案例 1 中的蚂蚁金服，其支付宝业务是中国最大的第三方支付平台，所以为了获得蚂蚁金服的认可，上海市浦东政府也进行针对性产业培育，吸引了一批第三方支付平台的入驻。这就提高了对支付宝的吸引力以及相应的知识效率评价，从而驱动支付宝总部迁往上海市浦东。与之类似，广东省东莞市为了吸引华为业务的入驻，也进行了相当大的土地和配套资源的投入，从而优化了区位投资环境，最终也使得华为提升了其对东莞市的知识效率评价，吸引华为终端总部进入。

二是，目标区位 i 的制度体系(R)与企业层面对目标区位 i 的制度合法性评价(R)之间的互动及其对迁移目标区位选择的影响。所在地和目标区位 i 制度体系的比较决定了企业对目标区位 i 的制度合法性评价。在这里，我们可以回答泉州市鞋帽知名民企之所以把总部迁往厦门市而不是北上广深等一线城市的原因。我们认为这主要是由于相对于这些一线城市，厦门市对这些泉州市知名民企具有更高的制度合法性，因而吸引力更强。从政府角度，厦门市政府，特别是思明区政府，制定了针对性的招商引资政策，这就为企业迁往该区位提供了规制性制度合法性条件。同时，厦门市与泉州市同属福建，具有几乎类似的社会文化环境，因而具有较好的规范性制度合法性基础。另外，随着大量泉州市知名民企总部迁往厦门市，这就对其他企业形成显著的认知合法性压力。所以，厦门市的制度体系对泉州市知名民企总部而言具有极强的吸引力，这就使得这些泉州市知名民企把总部迁往厦门市而不是北上广深等一线城市。

在这里，目标区位的制度体系和所在地的制度体系会同时对企业产生制度合法性压力，从而影响企业迁移行为，具体表现为两种典型模式。一是，所在地的制度体系对企业产生推力，而目标区位 i 的制度体系对企业产生拉力，那么企业迁往拉力最大的目标区位，这时企业迁移多为替代性迁移。例如，东部很多相对发达区位往往都提出腾笼换鸟的政策，以迁出本地低价值产业。因此，很多处于限制之列的产业就会处于区位规制性制度不合法性之列，从而形成了制度推力。与之同时，很多相对落后的区位则希望通过承接来自东部的产业转移实现发展，因此制定了相应的产业定位和招商引资政策，因而对很多东部的低价值产业产生制度引力。两者的叠加驱动这些东部企业迁往西部，所以这种迁移相对容易。例如案例 2 所提到的中兴集团把制造基地迁往粤东的河源市，就是在这种背景下的企业迁移。二是，所在地的制度体系和目标区位 i 的制度体系均对企业产生拉力，那么企业的迁移行为就会比较复杂，一般来说，在迁往拉力最大目标区位的同时，迁移企业往往也会保留在迁出地的部分组织，即扩张式迁移。在案例 1 中，阿里巴巴集团旗下的蚂蚁金服在进行迁移决策时，特别是评价目标区位的制度合法性时，就面临两个区位的制度合法性压力。其中，杭州市是阿里巴巴集团的创业地，使得蚂蚁金服与杭州市政府和浙江省政府均建立良好的合作关系，这种合作关系，在一定程度上影响了杭州市的差异化定位（体现为制度体系和资源体系的差异性），因而杭州市政府对于阿里巴巴集团及其旗下具体业务的发展极为敏感。所以，杭州市政府希望蚂蚁金服及其下属支付宝业务能够留在当地。与之同时，上海市，特别是浦东政府，对蚂蚁金服及其下属支付宝业务也同样铺平了合法性环境，对其形成了较强的制度引力。面对两个区位的制度合法性压力，蚂蚁金服的选择体现了妥协的色彩，把支付宝总部迁往上海市，但是把蚂蚁金服总部留在杭州市，从而顺应了两地的制度合法性压力。事实上，面对两地的合法性压力，多数企业会采取这种折中策略，典型的做法就是双总部策略。例如，泉州市知名鞋帽民企把多种业务总部迁往厦门市，例如研发总部和营销总部，但是其行政总部依然留在泉州市。华为把终端业务总部迁往东莞市之后，也表现出一定的双总部思想。

除了区位层面制度体系对企业层面制度合法性评价的直接影响之外，后者对前者也存在反作用。这一现象在很多城市的招商引资领域更为普遍。为了引资，很多区位政府会邀请投资企业进行实地调查，通过这种交流，区位政府就会知道对方对自身区位的评价。为了提高这一评价，区位政府就会开展针对性的调整。例如，针对投资企业所提出的优化政府审批流程的提议，部分政府部门就会进行针对性的调整。特别是对一些重大的投资项目，政府部门甚至会通过特事特办的方式，给予相应的政策优惠。随着这些重大企业的迁入，政府部门又会开展针对性的产业规划。

三是，目标区位 i 的资源体系（R）和目标区位 i 的制度体系（R）的互动及其对迁移目标区位选择的影响。具体来说，目标区位的制度体系影响了当地的资源体系，而当地的资源体系也反过来作用于当地的制度体系，这就影响了企业对目标区位的制度评价以及随后的迁移目标区位选择。例如，从政府角度来看，很多区位会根据制定的产业规划，采取相应的产业引导措施，这就影响了当地的资源体系的结构，以此强化了对特定类型企业的制度合法性吸引力和知识吸引力，从而引导相关企业的迁入。上海市浦东政府制定了培育互联网金融产业的规划，围绕规划制定了相应的产业发展优惠政策。在此基础上，完善了产业配套设施，从而提升了对互联网金融企业的吸引力。随着部分企业的迁入，上海市浦东的制度体系和资源体系进一步完善，从而吸引了更多的互联网金融企业的迁入，包括蚂蚁金服旗下的支付宝业务。反过来，我们也可以以此来解释很多区位难以真正实现其产业规划的部分原因。事实上，区位层面与企业层面的互动及其对迁移企业目标区位选择存在复杂关系，在此就不再进一步论述，将在后续章节中进一步阐释。

4.4　企业—区位共演视角下的企业迁移后成长机理

相对来说，除了个别研究之外，迁移后成长的相关研究还不多。基于ERBV，Knobena，Oerlemans(2008)实证分析了企业迁移对企业绩效的影响，认为企业迁移会对企业的关系嵌入性和区位嵌入性带来震动，从而影响企业绩效。本书认为Knobena，Oerlemans(2008)的迁移后成长可以概括为"震荡式成长论"，即短期会对组织嵌入性和区位嵌入性产生震荡，但是长期却会由于实现"企业—区位"的再匹配，从而提升绩效。那么，震荡产生的原因是什么？迁移企业如何有效度过震荡，以实现迁移后的快速成长？在此，本书将以企业—区位共演逻辑来分析企业迁移后成长机理，具体如图4-4所示。

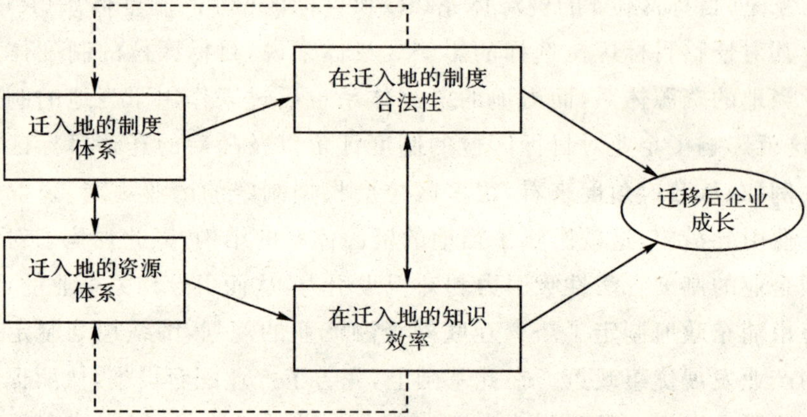

图4-4　企业—区位共演框架下的企业迁移后成长机理

4.4.1　企业层面因素对迁移后成长的影响

迁移后的震荡式成长主要表现为两个方面持续改进，即在迁入地的制度合法性提升和在迁入地的知识效率提升，这两个方面通过有效互动，提升了企业的迁移后成长绩效。真正发生迁移之前，特别是在目标区位选择阶段，企业已经通过各种方式直接或间接获得了迁入地的信息。通过迁移这一质的飞跃之后，企业在迁入地的资源承诺达到新的高度，这时企业所面临的问题是如何在迁入地实现新的成长，而不是在不同区位之间的比较和选择。借用国际商务理论中的核心概念“外来者劣势”，我们也可以认为企业在迁入地的制度合法性获取与知识效率提升也面临“外来者劣势”，使得迁入企业的再成长之路出现各种震荡。

同样，按照国际化过程的 N 模型，本书基于网络视角，构建了企业在迁入地的知识效率与制度合法性提升机制模型，具体如图 4-5 所示。一是，在迁入地的网络嵌入及其相应的网络位置决定了企业能否有效获得和/或利用迁入地的知识资源，以提升自身的知识效率；与迁入地的各个制度合法性授予主体建立关系，以确保企业行为的合法性。二是，当企业利用自己的网络位置以获得在当地的制度合法性和知识效率时，企业就会进行更为深入的关系承诺，以强化彼此的信任关系。三是，良好关系承诺又会进一步促进企业占据良好的网络位置。以此形成的良性循环将会保证企业在迁入地获得更高的制度合法性和知识效率，以实现企业在迁入地的持续成长。正泰集团高压业务迁移上海市松江的发展策略就证明了以上逻辑。从下文案例 3 中可以看出，正泰集团在迁移上海市松江之后，不是被动地融入当地，而是积极主动地管理自身在迁入地的知识效率和制度合法性，其核心策略是提高在当地不同类型网络中的嵌入性，使得自身从网外人转变为网内人，从而实现了有效地知识获取和制度合法性提升，进而提高自身的创新绩效和高压业务的顺利开展。

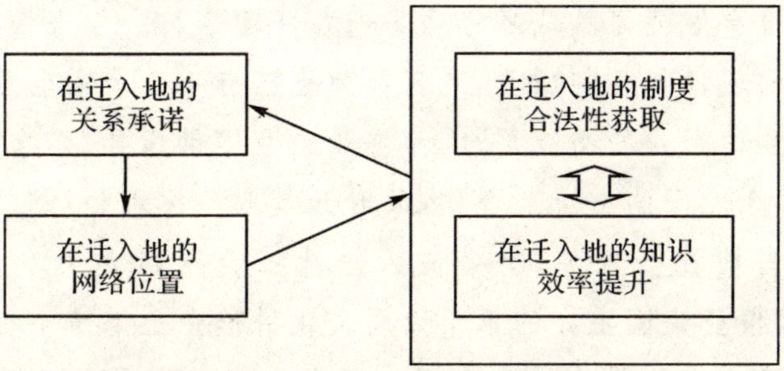

图 4-5　基于网络视角的企业在迁入地的知识效率与制度合法性提升机制模型

案例 3:正泰高压业务在上海松江的迁移后成长策略①

正泰集团把高压业务成功外迁到上海市松江区,这是企业跨区位发展的第一个里程碑。2004 年 1 月,正泰集团在上海市成立正泰电气股份有限公司;同年 4 月动工建设总投资 35 亿元、占地 1500 亩的输配电设备生产基地;经过 2 年多的建设,2006 年 5 月,上海市输配电工业园一期工程竣工并投入使用。随着生产基地步入正轨,正泰集团进一步把研发和投资部分迁往上海市松江区。2006 年 6 月,开工建设投资 2.6 亿元、占地约 206 亩、建筑面积 13 万 m^2 的正泰技术研发中心及配套区;2007 年 11 月,注册成立上海云杉投资管理有限公司。

正泰集团在上海市的网络嵌入主要表现为以下三个方面。一是保持与迁入地政府良好的关系,有效嵌入当地政治网络之中。①2005 年 8 月,正泰电气股份有限公司党委经中共上海市松江区委组织部批准成立,隶属于松江区社会工作党委。②2007 年,执行总裁南存飞当选上海市第十一届政协委员。二是积极主导行业共性业务,有效嵌入当地同行网络之中。①2006 年,南存飞执行总裁当选上海市松江区工商联会长,高亦强董事当选为中国电器工业协会标准化委员会副理事长。②2006 年 11 月,上海市成功承办电气行业国际标准化会议,本年度共领衔、参与制订了 22 项国际国内标准。③2008 年 1 月,松江区现代装备企业协会成立,正泰电气股份有限公司总裁高亦强当选首任理事长。作为松江区五大主导产业之一的现代装备制造业,到目前为止已有 400 余家企业,协会旨在打造装备行业内企业的交流平台,为会员企业提供指导、咨询、中介、协调等服务,加强企业间的交流与合作,同时开展业务技术和岗位培训等。三是主动参与当地社会事务,有效嵌入当地社会网络之中。①2008 年 7 月,解放日报报业集团主办的第十六届文化讲坛在上海市举行,正泰集团股份有限公司董事长兼总裁南存辉与著名经济学家吴敬琏、联想控股有限公司总裁柳传志、阿里巴巴集团主席兼首席执行官马云一道,共论"命运与共三十年"。

---

① 吴波.区位迁移与企业成长理论与实证研究[M]. 杭州:浙江工商大学出版社,2012.

通过在以上三大类关系网络的嵌入，正泰高压业务获得了来自政府、同行和社会的广泛认可，提高了在当地的制度合法性，提高了正泰高压业务的知识效率，实现了在上海市的快速发展。通过持续创新，先后获得国内外专利200多项，大大提升了企业的知识吸收能力和知识整合能力，保证了正泰集团能够有效吸收和整合上海市所拥有的优势资源。通过持续创新，正泰集团获得了上海市政府、行业协会的认可，并成功吸收整合其所提供的各项资源。①2005年3月，正泰电气股份有限公司输变电设备产业基地被列入2005年"上海市先进制造业重大产业升级项目计划"，这是此次被列入计划的唯一一家民营企业。②2006年126kVGIS等七种高压开关新产品通过国家级鉴定并被认定为达到国际先进水平，全集成新一代自动化系统获国家科学技术进步二等奖。③2008年8月，上海市松江区人民政府关于表彰2006—2007年度松江科学进步奖会议在区政府礼堂召开，正泰电气的ZF21-126气体绝缘封闭开关设备荣获松江区科技进步一等奖。④2010年7月，正泰电气股份有限公司荣膺2010年"上海市创新型企业"。

4.4.2 区位层面因素对迁移后成长的影响

在区位层面，迁入地的资源体系和制度体系成为企业在迁入地的知识获取和制度合法性获取的基础，两者的互动影响了企业的迁移后成长。

第一，迁入地的资源体系与企业在迁入地知识效率的互动，及其对企业的迁移绩效的影响。一方面，迁入地的资源体系影响了企业在迁入地的知识效率，进而影响了企业的迁移后成长。例如对于总部迁移来说，迁入地更优的总部集聚优势可以大幅提高迁入地的总部运营效率，迁入地更优的信息沟通优势可以大幅提升迁入地的企业总部与外地分支机构的沟通和协同效率，从而提高企业迁入地的知识效率，进而提升迁入企业的迁移绩效。另一方面，迁入地的资源体系也并非一成不变，而会随着外来企业的迁入而调整。企业的迁入也会在一定程度上影响迁入地的资源体系，在极端的情况下，会带来相关企业的群体迁入，这又会提升迁入地的资源结构，从而影响迁入企业的迁移绩效。例如，泉州市知名民企的群体迁移就影响了厦门市思明区的资源体系，从而为迁入企业提供了更为优越的总部集聚环境，从而有利于嵌入企业的绩效改进。

第二，迁入地的制度体系与企业在迁入地制度合法性的互动，及其对企业的迁移绩效的影响。一方面，迁入地的制度体系影响了企业在迁入地的制度合法性。迁入地的规制性、规范性和认知性制度环境影响了迁入企业的制度合法性，也就影响了迁入企业的迁移后成长。另一方面，迁入企业凭借其多区位运营经验，能够借鉴不同区位的制度安排，从而为迁入地的制度创新提供了线索和方向，从而影响了迁入地的制度体系，进而影响企业的迁移后成长。在这里，值得强调的是，迁移企业多为多区位运营企业，具有更为开放的区位布局，同时也具有更为强大的内部知识，这往往会推动当地的制度变革。这与 Cantwell 等(2010)所提出的跨国公司与区位制度共演逻辑一致。

第三，迁入地的资源体系和制度体系的互动，及其对企业的迁移后成长的影响。迁入地的资源体系与制度体系也存在双向的互动关系，区位的资源体系在一定程度上界定了制度体系的合法性期望，而制度体系的合法性期望又在一定程度上界定了该区位的资源体系，两者又共同作用于企业的制度合法性和知识效率，进而影响企业的迁移决策。将在后文重点探讨的温州市电气企业群体外迁上海市的案例中，迁入上海市的不仅有大量跨国电气公司，还有来自温州市的低压电气民营企业。在群体迁移过程中，上海市成为高端电气制造集聚地，这就影响了上海市的资源体系，同时也影响了上海市的制度体系，让高端电气制造成为上海市的重要发展方向。同时，这一集聚过程也影响了迁移企业的制度合法性和知识效率，进而也影响了迁入企业的迁移后成长。

4.5 本章小结

在第三章所提出的企业一区位共演框架基础上，本章重点分析了企业迁移的三阶段过程机理。从过程视角把企业迁移分为三个阶段，分别是迁移意愿形成、迁移目标区位选择以及迁移后成长。其中，按照动机理论，迁移意愿形成主要关注迁移的内在推力，是企业所感知到的持续增强的紧张所致；迁移目标区位选择则重点关注外部其他区位的拉力，是企业最终迁移行为能够产生的外在诱因；迁移之后，企业在迁入地的成长并非自然而言，而是一个在新区位的企业—区位再匹配的过程。以企业—区位共演框架为基础，通过对企业迁移三个阶段的系统理论分析，得到如下结论。

第一，企业迁移意愿的强化取决于企业对所在地知识效率和制度合法性的悲观评价，而这又在很大程度上依赖于企业与所在地的资源体系和制度体系的互动(具体见图 4-1)。企业迁移意愿的强化是引致迁移行为的内在条件，这又取决于企业与所在地不匹配性的增强。按照企业—区位共演框架，企业和区位都可以从制度和知识/资源两个基本维度进行分解，所以这种非匹配性就体现在企业—区位在知识/资源体系和制度体系上的不匹配性。在成长过程中，企业所需要的核心知识在不断发生变化；在动荡的环境中，企业需要做到知识利用与知识开发的动态平衡，这使得企业对所在地的知识供给和制度环境的评价不断发生变化。与之同时，区位的资源体系和制度体系也在不断发生变化，或者是由于区位发展的路径依赖性，或者是考虑到区位发展的战略设计，这就对当地企业形成了显著的制度合法性约束和资源供给约束。因此，所在地的制度体系和资源体系作为限制条件影响了企业对所在地知识效率和制度合法性评价，进而影响了迁移意愿；与之同时，部分企业也能够通过所在地评价来反作用于所在地资源体系和制度合法性体系，从而增强或缓解企业的迁移意愿。

第二，各个备择目标区位的比较取决于企业对各个备择区位知识效率和制度合法性的评价，而这又在很大程度上依赖于企业与各个备择区位的资源体系和制度体系的互动(具体见图 4-2)。备择目标区位的引力是引致迁移行为的外在条件。内在强烈的意愿和外在足够的诱因，共同驱动企业的迁移行为。按照企业—区位共演框架，企业与备择区位的契合程度决定了企业迁移的最终区位选择。这种契合体现为企业与各个备择区位在制度合法性和知识效率的契合。为此，企业往往会通过在各个备择区位的“关系承诺—网络位置—制度合法性和知识效率评价”的方式实现有效的知识获取和备择目标区位评价(具体见图 4-3)。企业对备择区位的知识效率和制度合法性评价越高，该区位对迁移企业的吸引力也就越大。而在区位层面各个备择区位的制度体系和资源基础，一方面作为约束条件，限制了企业对该区位的制度合法性和知识效率评价，继而影响迁移企业的目标区位选择;另一方面,企业对各个备择区位的制度合法性和知识效率评价也会反作用于该区位的制度体系和资源体系,进而提升或者压抑企业对其评价以及随后的目标区位选择。

第三,企业在迁入地的成长取决于迁入企业在迁入地的知识效率和制度合法性的提升,而这又在很大程度上依赖于企业与迁入地资源体系和制度体系的互动(具体见图 4-4)。迁移后成长是强化企业迁移行为的必要条件,也是迁移的根本目的。迁移之后,企业成长并非理所当然,倒是依然会存在所谓的"外来者劣势"。按照企业—区位共演框架,迁入企业与迁入地的有效契合决定了最终的迁移绩效。因此,企业在迁入地获得更高的知识效率和制度合法性就成为决定性因素。而在迁入地知识效率提升和制度合法性提高往往通过"关系承诺—网络位置—在迁入地的知识效率和制度合法性"的逻辑获得(具体见图 4-5)。在区位层面,迁入地的制度体系和资源体系,一方面作为约束条件,限制了企业对迁入地的制度合法性获取和知识效率提升,继而影响企业迁移绩效;另一方面,企业在迁入地的制度合法性获取和知识效率提升的过程中,也会反作用于该区位的制度体系和资源体系,从而影响企业与迁入地在制度合法性和知识效率的契合,进而影响企业迁移后成长。

第5章 企业迁移目标区位选择:以中国上市公司总部迁移为例

在第三章企业—区位共演框架的基础上,第四章提出了企业迁移三阶段过程机理模型,分别就企业迁移三个关键阶段,提出了相应的理论设计。后续三章将主要以特定背景下的迁移现象为对象开展实证研究,以验证第四章所提出的理论模型。本章将以总部迁移为对象进行实证研究,分析区位层面和企业层面的各个要素对中国上市公司总部迁移目标区位选择的影响。首先,将提出本章的研究背景与问题。其次,对总部迁移目标区位选择相关的理论进行回顾。随后,提出总部迁移目标区位选择的研究假设,并进行实证分析。最后总结本章的研究结论。

5.1 研究背景与问题

2000年以来,企业总部独立化发展趋势日益显著,掀起了总部迁移浪潮。例如我国沪深两市A股上市公司总部迁移呈现显著的加速趋势。从2000—2007年,共发生86起总部迁移案例(魏后凯,白玫,2008);而在2008—2013年2月,则共发生129起总部迁移案例。事实上,企业总部迁移不仅对自身企业发展具有重要的影响,影响与其有直接合作关系企业的迁移,同时也会对当地其他企业的总部迁移行为产生显著的模仿效应(吴波,2013),例如福建省泉州市知名鞋帽民企群体迁入厦门市发展就是典型现象。因此,总部迁移不仅仅是一个独立事件,还是事关一定范围内企业群体的群体现象,事关整个区位发展的经济现象,这就引发了企业实践者与政府政策制定者的共同关注:总部都会迁到哪里去?其背后的核心逻辑是什么?

基于新经济地理理论，总部迁移的已有研究认为获取特定区位的总部集聚优势是驱动总部迁移的核心力量，从而使得企业总部最终群聚于少数特定的中心城市，即外部集聚优势获取逻辑（Klier，2006；Tons，2010；Bok，Oort，2011；Kronenberg，2013）。这一逻辑由于其坚实的新经济地理理论基础，以及现实中大量企业总部集中于少数中心城市的典型现象，从而成为总部迁移理论研究的重要观点。但是由于实践和理论两方面的原因，外部集聚优势获取逻辑还有待进一步从制度理论，特别是新组织制度理论下的合法性视角，进行深化研究。一是，从实践现象来看，外部集聚优势获取逻辑还难以有效解释现实中企业总部迁移的多指向现象。根据本书对中国上市公司的观察，虽然部分企业总部指向少数中心城市，但是也存在大量从中心城市外迁的案例，上海市和北京市不仅仅是总部迁入最多的区位，同时也是总部迁出最多的区位；部分企业非但没有迁往更具总部集聚优势的区位，反而迁往具有总部集聚劣势的区位，在本书所采用上市公司样本中，这一比例高达40.9%。这就要求我们深入探索影响总部迁移目标区位选择的其他关键要素，特别是从企业层面探索总部迁移的影响因素。二是，从理论视角来看，由于经济行为嵌入于特定的制度框架之中（Grannovette，1985），仅仅从新经济地理理论开展研究就有其片面性，因而要求我们从多个视角开展企业迁移研究，特别是从行为学派和制度学派开展系统研究。更为重要的是，制度学派中的新组织制度理论在企业区位选择研究方面已经取得了丰富的研究成果（Haveman，1993；Lu，2002；Gullen，2002；Belderbos 等，2011；Gaba，Terlaak，2013），这就为我们从制度视角分析总部迁移目标区位选择提供了有益的借鉴。

事实上，以新经济地理理论为基础的总部集聚观解释总部迁移实践存在缺陷的根本原因在于对迁移企业的完全理性假定。与之不同，行为视角和制度视角，以及本书所采用的企业—区位共演视角均采用有限理性假设，这更能够解释现实中企业总部迁移的实践。为此，本书主要从企业—区位共演视角，同时关注区位和企业层面因素对总部迁移目标区位选择的影响，具体涉及制度合法性和知识效率两方面的因素。首先，在区位层面，本书不仅仅关注总部集聚优势跨度（在企业—区位共演视角下，为区位层面的资源因素），还关注迁出地与备择区位的制度距离（在企业—区位共演视角下,为区位层面的制度因素)。这两个方面构成了本书对区位更为全面的定义。其次,在企业层面,企业对各个备择区位的知识效率和制度合法性评价则决定了最终的区位选择。但是由于很难直接测量企业对各个备择区位的知识效率评价和制度合法性评价,为此借鉴企业国际化过程模型的研究成果,以关系承诺和网络嵌入为指代指标进行间接测度。最后,本书以中国上市公司总部迁移案例为对象进行实证研究,基本验证了本书所提出的合法性获取逻辑,在拓展了总部迁移研究理论视野的同时,也为基于合法性理论的实证研究提供了有效借鉴。

5.2 相关文献回顾

对于总部迁移问题,首先回顾总部迁移目标区位选择的已有研究,这一类研究主要集中在集聚优势获取逻辑。针对其不足,进一步借鉴新组织制度理论的制度合法性理论和企业国际化过程理论的研究成果。前者可以深化我们对制度合法性的理解,后者可以强化我们对不同区位之间制度距离的理解,以及为了克服外来者劣势,跨国企业逐步进入东道国的逻辑。下面具体阐述。

5.2.1 总部迁移目标区位选择的集聚优势获取逻辑

作为部分迁移的重要形式,企业总部迁移自20世纪70年代开始引起学术界的关注。对于总部迁移目标区位选择,已有研究主要基于理性选择视角,重点关注了企业总部的大城市集聚现象,认为总部迁移更倾向于指向外在总部集聚优势和信息沟通优势更为显著的区位,即外部集聚观。

在全球范围内,可以看出全球大部分跨国公司总部或地区总部集中在如纽约市、伦敦市和东京市等世界城市体系顶端城市(Heenan,1979;Cohen,1981;Friedman,1982)。世界500强企业和上市公司也呈现在少数都市区集聚的现象(Holloway,1991;Horst,Koropeckiyi,2000),如美国上市公司中40%的企业总部集中分布在20个州郡(Shilton,Stanley,1999)。在中国,受制于企业总部独立化发展的进程,尽管起步较晚,但是中国学者们也发现企业总部倾向于集中在中心城市：中国制造企业 500 强总部主要集聚在特大城市（武前波，宁越敏，2010；姜海宁等，2011）；浙江省民营企业调查显示，企业实施迁移的目标区位主要集中在沿海发达地区（李王鸣等，2004；张祟明，2009）。

针对总部集聚发展的典型现象，基于 1990 年代兴起的新经济地理学派，研究者认为企业总部迁往大城市背后的核心动因是获取更高的区位优势。这种区位优势具体表现为总部集聚优势和信息沟通优势（吴波，2013，2014）。区位总部集聚优势又细分为四个方面：一是，大量企业总部集聚所带来的知识溢出效应；二是，专业化、多样性的商务服务优势；三是专业化、便捷的金融服务优势；四是大量与之相关的高端人才集聚优势。一系列实证研究表明，为提升总部自身职能的效率（例如会计、法律、人力资源、广告等），企业总部更倾向于迁往更具总部集聚四大优势的区位，以提升总部自身的运营效率（Lovely 等，2005；Klier，2006；Strauss-Kahn，Vives，2009；魏后凯，白玫，2008；吴波等，2012）。除了总部集聚优势，备择区位更优的信息沟通优势，特别是航空优势，有利于总部与各个分支机构的信息沟通，从而成为总部迁移目标区位选择的重要标准（Henderson，Ono，2008；Strauss-Kahn，Vives，2009）。因为企业总部是企业有效运营的中枢神经，担负着企业战略决策、资源配置、资本经营、业绩管理及外部公关等职能（赵弘，2004）；而这些职能的实现不仅仅依赖于总部集聚优势，更依赖于总部对内部核心资源的有效控制与协同，这就需要两者之间有效的信息沟通。所以，备择区位更高的信息沟通优势就成为企业总部目标区位选择的重要原因（Henderson，Ono，2008；Strauss-Kahn，Vives，2009；吴波，2013）。

外部集聚观揭示了企业总部迁移的指向，那么企业是否会直接迁到理论上最优的区位？从完全理性和完备信息的角度出发，企业总部应该会迁往总部集聚优势最为显著之区位。但在总部迁移的具体实践中，不仅出现了指向区位优势最高的区位的现象，例如北上广深等一线城市，也出现了大量迁往总部优势较高或较差的区位的现象，即多指向的总部迁移现象。多指向总部迁移现象超出了外部集聚观的解释能力，从而要求学术界从有限理性视角，基于行为学派和制度学派来分析企业总部迁移的目标区位选择。下面将主要从新组织制度理论的制度合法性视角进行分析。

5.2.2　总部迁移目标区位选择的制度合法性逻辑

前文所说集聚优势获取逻辑存在以下两个方面的缺陷:一是难以解释现实中总部迁移的多指向问题;二是忽略了总部迁移目标区位选择行为背后的制度因素。我们不能忽视现实中大量企业从更具总部集聚优势区位外迁的现象,因为这种逆总部集聚优势的迁移现象不仅在客观上占据相当的比例,本书实证样本中有40.9%的案例企业迁往具有总部集聚劣势的区位;更重要的是这种多指向的总部迁移现象要求我们从不同理论视角分析,提出更接近现实的理论模型,以加深我们对总部迁移目标区位选择的理解。已有学者指出制度视角也是研究企业迁移的重要理论工具(Brouwer 等,2004),尽管基于制度视角的企业迁移研究还相对较少,应用于总部迁移的制度视角研究就更少;但是在制度视角下基于合法性的 FDI 区位选择研究成果为我们探索总部迁移目标区位选择问题提供了有益借鉴。下面将进一步对合法性视角下的 FDI 区位选择研究成果进行简要回顾。

20世纪50年代,组织成为社会科学研究的一个公认领域,沿着 Simon,Merton 的研究成果而逐步发展成为制度学派(Scott,2004);以 Meyer,Rowan(1977),DiMaggio,Powell(1983)为代表产生了新组织制度学派。作为新组织制度学派的核心概念,合法性概念强调了组织所处的制度环境对主体行为的合理性评价(DiMaggio,Powell,1983;Suchman,1995),认为外生制度框架通过规制、规范和认知三种方式来评价组织行为/特征的合法性,从而使得组织行为/特征表现出显著的同形特征,即 DiMaggio,Powell(1983)所指出的制度作为铁笼的经典隐喻。以铁笼这一隐喻为起点,之后的新组织制度学者在不断加深对合法性获取机制理解的基础上,也把这一理论应用在不同的组织行为研究上,取得了丰富的研究成果。本书在梳理合法性核心逻辑理论进展的基础上,重点分析其在跨国公司 FDI 区位选择方面的应用性研究成果,主要得出以下五个方面的主要观点。

一是,作为铁笼的制度通过合法性评价带来组织同形,即制度铁笼观。这是新组织制度理论的经典观点。DiMaggio,Powell(1991)指出“新组织制度理论拒绝了理性主体假设，把兴趣点放在作为自变量的制度，重点关注了组织行为/特征的认知性和文化性解释”。因此，外部环境中的制度以其规制性、规范性和认知性三种压力，使得组织行为/特征表现出显著的同形特征（Suchman，1995）。二是，环境不确定性加上制度铁笼观，使得组织更倾向于通过模仿来获得合法性，进而获得各个合法性授予者所拥有的核心资源（DiMaggio，Powell，1991）。具体来说，模仿机制又分为基于特征的模仿和基于频数的模仿（Haunschild，Miner，1997）。前者是指企业会模仿那些与之具有共同特征主体的决策行为；后者是指模仿那些被更多主体采纳的决策行为。三是，制度铁笼观强调了组织行为的制度决定论，却往往会忽略组织作为主动主体的价值，为此部分学者提出了组织主体论。组织主体论学者认为制度并不能完全决定组织行为，制度往往是组织变异、创业和改进的平台（Washington，Ventresca，2004），这也带来了外部制度的变革，产生了制度演化理论（Schneiberg，2007）。Heugens，Lander（2009）采用元分析方法发现制度铁笼效应较弱，这就证明了组织主体论的价值。组织主体论的出现，突破了制度铁笼的范式，意味着制度不仅仅是自变量，而且也会成为因变量。四是，在组织主体论下，一些学者指出了基于关系建构的合法性获取策略（Dacin等，2007；Kostova 等，2008）。组织可以通过与主要的合法性授予者谈判来获得其合法性认可。在谈判的过程中，通过互动、沟通和交换，组织可以在一定程度上创造出新的合法性行为，而不再受制于旧有的制度铁笼，即制度变迁（Kostova 等，2008；Gray 等，2015；Bitektine，Haack，2015）。以联盟为对象，Dacin 等（2007）指出，组织可以通过与高合法性主体建立联盟关系，以获得五种形式的“合法性溢出”效应。五是，对于跨国公司FDI 区位选择问题，已有研究重点关注了合法性获取的模仿策略，但是对于合法性获取的关系策略的研究还相对较少。对于跨国迁移区位选择决策来说，环境不确定性的存在（即经典的外来者劣势），使得跨国公司更倾向于模仿其他企业的选择以获得合法性，从而使得跨国 FDI 集中于同一区位，表现出显著的烟花效应（Haveman，1993；Lu，2002；Gullen，2002；Belderbos 等，2011；Gaba，Terlaak，2013）。

因此，综合考虑总部迁移目标区位选择的研究不足以及制度学派下合法性获取的研究进展，本书将从合法性视角出发，综合制度铁笼观和组织主体论,系统分析企业对潜在备择目标区位的合法性评价及其对总部迁移目标区位选择的影响。

5.2.3 国际化过程理论概述

企业迁移研究的行为学派认为企业迁移是基于有限理性和不完备信息的行为决策,企业所拥有的信息与知识决定了迁移企业的目标区位选择(van Dijk,Pellenbarg,2002)。但是,基于行为决策视角的企业迁移研究还较少,针对总部迁移的研究则更为缺乏。而企业国际化过程理论以有限理性和不完备信息为逻辑起点,分析了企业国际化的行为决策(Johanson,Vahlne,1977,2009)。虽然以跨国迁移为背景,但是共同的理论基础和可借鉴的核心概念,使得企业国际化过程理论成为总部迁移研究理论突破的重要借鉴。

企业国际化过程理论分析企业跨国发展的动态过程。企业国际化过程理论认为面对外来者劣势,作为有限理性的企业必须通过“经验知识”的获取来逐步推进其国际扩张(Johanson,Vahlne,1977,2009)。按照经验知识获取的途径不同,企业国际化过程理论分为早期经典的U模型和最新的网络模型(简称为N模型)。前者认为有关国际市场的经验知识只能通过自身的直接学习获取,即“干中学”(Quinn,1980);而后者认为经验知识不仅通过自身的直接学习,也可以通过各种形式的网络关系来获得国际市场的经验知识(Johanson,Mattsson,1988;Johanson,Vahlne,2009;田家欣,郭晓宇,2012)。

第一,U模型:基于资源承诺和经验学习的渐进式国际化理论。“二战”之后,跨国公司掀起了全球发展的浪潮。在这一阶段,企业跨国经营表现出典型的渐进发展特征。到20世纪60年代,企业层面的企业成长理论(Penrose,1959)、企业行为理论(Rogers,1962;Cyert,March,1963)出现,为企业国际化过程研究提供了基本假设。随着这两大理论在企业国际化过程研究中的应用,就可以得到U模型的两个核心假设:企业的有限理性和经验知识的核心作用(郑准,王国顺,2008)。一方面,企业有限理性决定了企业掌握的国际化经验知识是有限的,特别是在外部环境不确定性的影响之下,企业国际化行为呈现渐进性发展的特点(Johanson,Vahlne,2013)。另一方面,在企业有限理性的前提下,企业获取的经验知识是企业成长的核心资源(Johanson,Vahlne,1977)。因而企业的国际化成长就是通过之前的资源承诺来积累国际市场的经验知识,并有效利用所获得的经验知识开展新一轮的资源承诺,实现国际化的渐进式拓展。因此,经验知识和资源承诺就成为U模型解释企业渐进式国际化的最重要的两个解释变量(Meyer等,2006)。

经验知识呈现以下三个基本特征(Pedersen等,2003)。一是,对企业国际化过程起到关键性作用的知识具有国家/区位专有性,即关于在海外市场如何从事具体的商业活动的知识,只能通过"干中学"过程来获取(Quinn,1980;Johanson,Vahlne,1990,2013)。Johanson,Vahlne(1977)把知识区分为经验知识与客观知识,其中客观知识易于转移,可以通过标准化的市场调研,甚至从公共机构免费获得(Meyer等,2006)。而经验知识具有隐性特征,其获取主要来自企业当前的商业活动(Johanson,Vahlne,1990),即"干中学"的过程。同时,经验知识不仅代表对相关的市场信息的获得,还意味着企业以某种方式与特定市场保持紧密联系的能力。二是,经验知识的难以转移性。由于海外市场的异质性,从特定目标市场中获得的知识难以被用于其他目标市场的经营活动(Johanson,Vahlne,1977,1990)。同时,关键性的经验知识嵌入在个体中,即特定市场的知识是通过个体经验获得的,因而企业员工成为新的国际市场经验知识的储存库(Johanson,Vahlne,1990,2009;Forsgren,2002)。这种经验性知识通常都难以在不同个体之间进行有效转移(Grant,1996)。三是,Johanson,Vahlne(1977)提出的企业国际化卷入程度,包括对海外市场不可逆的资源承诺,会随着获取的知识数量的增多而增加。这体现出U模型两大核心变量之间的动态互动机制,即企业通过对目标市场的资源承诺获得经验知识,而随着经验知识的不断累积,企业会对该市场投入更多的资源承诺,进而不断深化企业的国际化程度。这一动态演进机制使得企业国际化行为表现出典型的渐进性特征:一方面,在地理空间的扩张上,企业国际化通常首先在一个或少数几个邻国市场上进行扩张(Johanson,Wiesdersheim,1975),随后才会进入更远的市场,即遵循"由近及远"的原则向外扩张(Forsgren,2002);另一方面,在国际化项目选择上,企业对市场的资源承诺呈现出"由易到难"逐步加大投资的过程(Johanson,Vahlne,1990),即由偶尔的出口活动,到通过代理商出口,再到建立销售子公司,最后到建立生产基地(Johanson,Wiesdersheim,1975)。

第二,N模型:基于关系承诺和网络嵌入的多样性国际化过程理论。U模型为企业国际化过程提出了一般性的规律,但正如Johanson,Vahlne(2005)所强调的那样,尽管企业国际化过程的核心始终遵循知识积累和市场承诺的动态互动过程,但企业国际化可能并不存在固定的路径,在不同的行业可能就会有不同的路径。特别是,快速国际化和模仿国际化的涌现推动了U模型的发展。在20世纪90年代初期,一部分中小企业从建立初期就迅速走向国际,一些学者对这种"加速国际化"现象的研究成果形成了"天生国际化"理论(Oviatt,McDoughall,1994;Madsen,2000),直接对U模型的渐进国际化过程观点提出了挑战。与此同时,与基于个体经验知识的个体国际化过程不同,以模仿国际化为特征的烟花效应开始受到关注。具体来说,不是一家企业独立进行国际化,而是来自同一东道国的大量企业基于模仿策略开展的群体国际化(Guillen,2001;Henisz,Delios,2001;Gimeno等,2005),或者大量企业群体基于模仿策略共同进入同一东道国(Xia等,2008)。因此,天生国际化和模仿国际化现象就对U模型所强调的渐进式国际化提出了重大挑战。为应对这一挑战,Johanson,Vahlne(2003)构建了以关系网络为基础的国际化过程模型(简称"N"模型),从而对国际化过程模型做出新的完善,随之基于网络经验知识获取开始成为国际化过程理论的主流逻辑,N模型开始替代经典的U模型而成为国际化过程研究的核心理论(Johanson,Vahlne,2013)。

早在1988年,Johanson,Mattsson(1988)就强调了企业国际化过程中的关系网络。关系网络的重要性在于它不仅可以为企业提供获得该网络的机遇,还为企业通往其他关系网络以获取更多的市场知识搭建了桥梁(Meyer等,2006)。在关系网络环境下,企业会对其合作伙伴的客户市场状况逐步增加了解,随后便会进入该市场(Johanson,Mattsson,1988)。Johanson,Vahlne(2006)进一步指出,关系网络的建立和改变至关重要,以至于"U"模型所设定的以"国家市场"作为分析国际化进程的作用都不明显了(Meyer等,2006)。

N模型主要借鉴交换理论(Blau,1964)和网络理论,其核心假设是将企业所面临的外部环境视为一个网络,认为企业在海外市场中的商业发展要受到企业间的商业网络关系的影响，包括在特定市场上形成的个人网络关系（Johanson，Vahlne，2009）和可以作为通往其他商业网络桥梁的企业当前的网络关系。例如，客户可能会邀请甚至要求供应商和它一起进入海外市场（Johanson，Sharma，1987）。一般来说，企业通过四种不同的方式嵌入在社会网络中，即认知、文化、结构和政治网络（Zukin，DiMaggio，1990；Angela 等，2012），而每一种网络嵌入都会影响企业的国际化扩张行为。

在继承 U 模型所强调的“经验知识与资源承诺关系互动”这一核心逻辑的同时，N 模型提出了“网络”“信任”“关系承诺”和“市场机遇”等四大核心概念所构成的逻辑框架。首先，企业嵌入的关系网络是企业获取经验知识，进而发现市场机会以开展国际化的核心来源。Johanson，Mattsson（1988）认为企业国际化过程中关系网络扮演重要角色，因为企业国际化所依赖的经验知识都可以从企业所嵌入的关系网络之中有效获取和利用。现实中，这种网络表现为不同的关系、结构以及性质。一是基于强关系的直接学习机制。企业网络理论认为企业之间的强关系有利于企业之间隐性知识的传递（Uzzi，1996；Hansen，1999），所以企业国际化所依赖的经验知识可以通过企业所嵌入的强关系实现有效传递，这就突破了 U 模型所强调的基于直接经验的“干中学”知识获取方式。二是，基于弱关系的间接学习机制。除了强关系之外，企业也可以通过有效监控网络中的同行企业进行间接学习。由于竞争关系，同行企业之间的关系可视为弱关系，通过监控同行企业的行为，可以有效揭示该同行企业所拥有的经验知识，从而开展模仿国际化。所以，企业所嵌入的关系网络构成了企业获得和利用经验知识的重要渠道。

其次，企业国际化的核心表现是信任关系的构建和关系承诺的做出。基于网络的经验知识，企业在国际化进程中会重点识别可信任伙伴，构建彼此的信任关系，这对于之后的关系承诺，以及进而构建和拓展自己的关系网络至关重要（Johanson，Mattson，1993）。信任关系是一种双边的共同认知，是一种非合约机制，具体表现为真诚合作的意愿、公平交易的态度以及良好声誉的关注（Dyer 等，2000）。经验知识的积累与合作伙伴之间信任关系的建立，将会促进企业在东道国市场上的关系承诺。在这里，资源承诺已经不再是经典 U 模型所强调的渐进性投资，而是表现出多样性的投资策略,例如天生国际化所强调的投资节奏的加速、模仿国际化所强调的投资策略的趋同性特征。多样性关系投资策略背后的机理依然是企业直接和间接获得的经验知识:经验知识的多寡以及经验知识的详尽程度决定了企业在东道国市场上的关系承诺(Johanson,Vahlne,2009)。最后,信任关系的构建和关系承诺的做出反过来又会影响企业的网络位置以及由此带来的经验知识。企业与合作伙伴之间的信任关系以及由此而做出的关系承诺,使得企业可以建立自己的关系网络,并由此占据特定的网络位置,进而为企业获得有关东道国市场的经验知识奠定基础。因此,在N模型之中,网络位置与关系承诺之间的互动就推动了企业国际化的多样化路径(Johanson,Vahlne,2011)。一方面,企业嵌入的关系网络为企业提供了国际市场的经验知识,这些经验知识有助于识别市场机遇和风险,进而识别出可信任的合作伙伴,并开展下一阶段的关系承诺(Solberg,Durrie,2006);另一方面,不同的关系承诺水平又决定了企业在网络中的位置和关系嵌入程度(Peng,Meyer,2011;许晖等,2013)。

5.2.4　研究评述

企业迁移研究传统的三个学派是新古典经济学派、行为学派和制度学派。对于总部迁移已有研究重点从新古典经济学派,特别是新经济地理理论,提出了总部集聚优势获取逻辑,即企业总部更倾向于迁往更具总部集聚优势的区位,以提升总部运营效率,乃至企业的整体绩效,这一理论也能够较好地解释现实中企业总部迁往一些大型城市的趋势。但现实中,不仅存在迁往总部集聚优势最高区位的情形,也存在大量的企业总部迁往中等城市,甚至是从大城市迁出的案例,这对中国上市公司来说并不陌生,例如北京市和上海市不仅是上市公司总部迁入最多的区位,同时也是总部迁出最多的区位。这就要求总部迁移目标区位选择研究应当关注更为广泛的区位和企业层面的影响因素。通过借鉴新组织制度理论对合法性的研究成果,以及企业国际化过程理论的两个经典模型,我们找到了拓展总部迁移现有研究的路径。

合法性视角下的FDI区位选择研究表明,制度合法性是跨国公司FDI区位选择的重要标准,来自东道国的制度体系以其合法性标准影响FDI区位选择。对这一问题的研究,可以归纳为制度铁笼观和组织主体观，前者强调了制度力量的决定性作用，后者则强调组织作为积极行动主体对制度压力的差异性响应。借鉴到总部迁移研究之中，可以认为区位层面的制度体系和企业层面的对备择区位的制度合法性评价将会影响企业的目标区位选择。

企业国际化过程理论综述表明，U 模型和 N 模型具有相同理论内核，同时也存在显著差异。U 模型表明企业国际化是一个渐进式迁移过程，是一个由近及远的发展过程。这对于企业迁移研究具有重要意义：从有限理性和不完备信息假设出发，企业所拥有的信息与知识决定了迁移企业的目标区位选择，因而更倾向于通过临近迁移以降低风险。而 N 模型则指出了企业国际化拓展的核心在于关系承诺与网络位置的相互作用，正如 Johanson，Vahlne(2009)所指出的，企业国际化过程的本质是实现企业从网外人变成网内人，其间过程的本质就是关系承诺和网络位置的不断演化。这一理论为我们构建企业—区位共演模型中区位层面要素与企业层面要素之间的关系架起了一座分析桥梁，具体见第四章的图 4-3 和图 4-5。

5.3 概念模型与研究假设

在这里，我们将以企业—区位共演框架为基本逻辑，以总部迁移的集聚优势获取逻辑为基础，结合新组织制度理论的合法性逻辑以及企业国际化过程模型，我们提出如图 5-1 所示的概念模型。

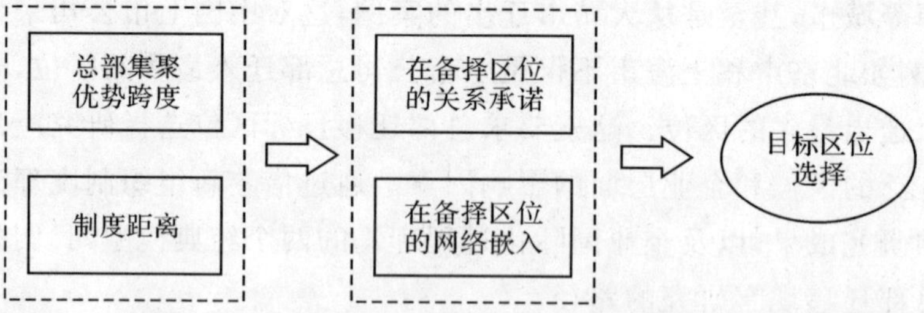

图 5-1 基于企业—区位共演框架的总部迁移目标区位选择概念模型

在企业层面，企业对各个备择区位的知识效率评价和制度合法性评价决定了总部迁移企业的目标区位选择。但在实证研究中，企业对备择区位的两个方面的评价难以直接测量,这就需要我们设计相应的指代指标。按照第四章图 4-3 的逻辑,企业对备择区位的制度合法性评价和知识效率评价与企业在各个备择区位的关系承诺和网络位置紧密相关。具体来说,当企业对该区位的制度合法性和知识效率评价越高,企业越倾向于在该区位进行关系投资,谋求更佳的网络位置,以更有效地掌握该区位的信息,这就形成了正向循环,直到最终选择该区位为迁入地。当然,如果企业对备择区位的制度合法性和知识效率评价不高,就会压缩在该区位的关系承诺,也就难以占据一定网络位置。按照这一逻辑框架,我们采用企业在备择区位的关系承诺和网络嵌入来指代企业对该区位的制度合法性和知识效率评价。因此,可以认为企业在备择区位的关系承诺和网络嵌入程度越高,企业越倾向于迁往该区位。

在区位层面,各个备择区位的资源体系和制度体系决定了其对各个企业总部的潜在价值。考虑到总部迁移的具体情境,我们把备择区位的资源体系界定为区位的总部集聚优势。因为总部的发展需要与总部业务相关的配套性资源,包括大量企业总部集聚所带来的知识溢出效应;专业化、多样性的商务服务优势;专业化、便捷的金融服务优势;大量与之相关的高端人才集聚优势。除此之外,各个备择区位与迁入地的制度距离也作为区位层面制度体系指标来影响企业总部迁移的目标区位选择。

在具体关系上,按照企业—区位共演框架,我们认为区位层面的资源体系和制度体系,影响了企业对该区位的评价,进而影响了企业迁移的目标区位选择。具体来说,总部集聚优势跨度越大,表明该区位对企业总部的潜在价值越大,这就驱动企业做出更有针对性的关系承诺和网络嵌入行为(这也意味着企业对该区位更高的制度合法性和知识效率评价),从而提升企业选择该区位的概率。同样,制度距离越小,企业感知的风险就越小,企业就越容易增强关系承诺和网络嵌入行为,进而提升企业选择该区位的概率。总而言之,区位层面因素通过企业层面因素的中介作用影响企业总部迁移的目标区位选择。

5.3.1　区位层面因素与总部迁移目标区位选择

第一,总部集聚优势跨度与总部迁移目标区位选择。

根据总部集聚优势获取逻辑，企业总部更倾向于迁往更具总部集聚优势的区位，即选择区位优势跨度更大的区位。虽然现实实践中，存在典型的多指向的迁移现象，但是不可否认区位层面的总部集聚优势获取仍然是企业总部迁移的重要动机。已有理论和实证研究初步证明，特定区位更优的总部集聚优势，具体包括知识溢出效应、商务服务优势、高端人才集聚优势，使得企业总部能够有效执行总部职能、提高职能效率，从而引发外部企业总部的迁入（Lovely，Rosenthal，Sharma，2005；Klier，2006；吴波，郝云宏，魏立春，2012；吴波，2013）。对中国上市公司迁移的描述性统计分析，也表明中心城市是上市公司总部迁入的主要选择（吴波，郝云宏，魏立春，2012）。案例 5.1 所显示的太行水泥从河北省邯郸市迁往北京市就是一个典型例子。据此提出研究假设 1。

假设 1：企业总部更倾向于选择总部集聚优势更大的区位。

案例 5.1　太行水泥总部从河北省邯郸市迁往北京市发展

太行水泥，全称为河北省太行水泥股份有限公司（后文简称公司）。公司前身是河北省邯郸水泥厂，1993 年改制为河北省太行水泥股份有限公司，2002 年在上海证券交易所上市，总部在河北省邯郸市。2008 年，受国际金融危机的影响，中国经济增速出现下滑，使公司在宏观政策、市场经营、资金等方面面临风险。华北地区作为公司主要销售区位，水泥平均价格低于全国水平，而河北省中南部又是河北省落后产能集中之地，产能过大，价格较低，也是全国价格最低地区。为改善市场结构，2008 年 12 月 26 日，该公司分别与北京太行前景水泥有限公司和北京强联水泥熟料有限公司签署《对于北京强联水泥有限公司股权转让的协议书》，共收购北京强联水泥有限公司 60％的股权，成为北京强联水泥有限公司的大股东。此外，为了利用北京市的总部集聚优势，获得更优质的商业服务、金融服务与优秀的销售人员，公司于 2008 年将总部迁往北京市。

第二，制度距离与总部迁移目标区位选择。

大量企业总部在迁往总部集聚优势更高区位的同时，也存在部分企业总部迁往次优区位的情况，甚至劣势区位的情况，即多指向的迁移现象。例如吴波等（2012）对中国上市公司总部迁移的描述性研究发现，上海市与北京市不仅是总部迁入最多的区位,同时也是总部迁出最多的区位。按照第三章对区位的界定,除了总部集聚优势之外,不同区位在制度体系上的差异也是企业总部迁移区位选择的重要标准,制度距离成为影响总部迁移目标区位选择的重要因素。

同时,借鉴企业国际化过程理论的U模型,可以认为企业总部更倾向于迁往制度距离更近的区位。U模型认为获得潜在目标区位的经验知识是企业进入该国际市场的核心条件,而这种经验知识又只能来自自身的直接经验;因此,受制于自身直接经验,企业往往会进入临近的国际市场,以降低市场进入风险(Johanson, Vahlne, 1977, 2009; Forsgren, 2002)。因为临近市场与本国市场之间距离较近,心理距离、社会距离、文化距离均较小,便于企业有效吸收这些临近市场的经验知识,降低外部不确定性,进而有效克服外来者劣势。与之相比,总部迁移目标区位选择虽然在一国之内迁移,但是总部迁移依然面临较大的环境不确定性,外来者劣势依然存在;企业直接经验的缺乏将会导致企业总部更倾向于迁往制度临近的区位。中国上市公司总部迁移的案例也证实了这一点。例如:ST彩虹于2007年将总部由陕西省西安市迁到陕西省咸阳市,迁移的地理距离仅为26公里;恒源煤电于2009年将总部由安徽省淮北市迁到安徽省宿州市,其迁移的地理距离也仅有41公里。据此,本书提出研究假设2。

假设2:企业总部更倾向于选择制度距离更小的区位。

案例5.2 ST光电总部从惠州市迁往深圳市

ST光电,全称为麦科特光电股份有限公司(后文简称公司),于2000年7月在深圳证券交易所上市。该公司是1993年2月19日,由麦科特集团公司(现已改制更名为麦科特集团有限公司)、中国对外贸易开发总公司、甘肃光学仪器工业公司和新标志有限公司四家企业共同出资发起设立的麦科特集团机电开发总公司,公司注册地址与办公地址均在惠州市。公司主营光学仪器、机电设备及产品开发、研制、销售;兼营摄影器材、文教器材、汽车及摩托车零配件、摩托车、矿产品、化工产品、金属器材(有专项规定的除外)、有线通信设备、办公设备、家用电器。1999年3月,该公司由麦科特集团光学有限公司变更为麦科特光电股份有限公司。

自成立以来，公司业务能力不断提升。2004 年，该公司继续实施专注于精密光电领域的发展战略，基本建立了具有持续发展能力和持续赢利能力的产业构架，光电主营业务形成较强的竞争优势，成为珠三角地区重要的数码影像产品核心部件的制造商，实现主营业务收入 49 681.63 万元，较 2003 年增长 244.41%，实现主营业务利润 3 347.88 万元，较 2003 年增长 56.08%，实现净利润 1 037.78 万元，较 2003 年增长 111.21%。随着公司的跨越式发展，惠州市的区位条件已无法满足该公司总部更好运营的需求，ST 光电产生了总部迁移的意愿。但是相较于迁往北京市、上海市等一线大城市获得最优的区位资源，该公司更倾向于选择距离惠州市较近且区位条件较惠州更好的区位。于是，该公司于 2004 年将总部由惠州市迁往了深圳市。

注：资料来自企业年报

5.3.2 企业层面因素与总部迁移目标区位选择

第一，关系承诺与总部迁移目标区位选择。

除了区位层面的资源和制度差异，总部迁移的多指向问题更加依赖于企业层面差异，这就要求我们从企业异质性的角度来探索不同企业在总部迁移区位选择方面的差异性。按照第三章对企业的定义，可以认为企业异质性体现在制度层和知识层的差异以及两者的互动。从企业—区位共演模型来看，企业对备择区位的制度合法性和知识效率评价决定了最终的区位选择。按照图 5-1 中的概念模型，企业在各个备择区位的关系承诺和网络嵌入作为企业对该区位的制度合法性和知识效率评价的指代变量，影响最终的企业总部迁移目标区位选择。具体来说，我们以企业核心内部资源与备择目标区位的距离来测量企业在各个备择区位的关系承诺。如果企业的核心内部资源就位于某一备择目标区位，则意味着企业在该区位的关系承诺最高，两者距离越远，则在该区位的关系承诺越低。

一方面，企业总部选择与企业内部资源距离更近的区位，可以确保该区位隐性知识的有效获取，从而反映出该区位更高的制度合法性和知识效率。总部集聚优势获取逻辑基于完全理性和完备信息，认为企业可以找到总部集聚优势最优的区位，并能够自然而然地通过区位迁移获得这一优势。而现实中的企业由于有限理性和有限信息,难以获得所有区位的隐性知识,而正是这些隐性知识决定了企业能否有效嵌入该区位,并有效获得该区位的区位特有资源,即区位优势的可得性。事实上,企业主要立足于企业内部资源所在位置进行知识搜索,从而形成以企业内部核心资源的地理位置为中心,向外逐步衰减的知识结构,类似于费孝通所提出的中国式信任差序格局。简而言之,企业对于内部资源所在位置的区位隐性知识所知越多,对该区位的制度合法性和知识效率评价也就越高,这也就驱动企业在该区位做出进一步的关系承诺。所以,备择区位与内部资源位置的距离可以作为企业对该区位评价的指代指标。因此,企业总部会更倾向于选择与企业内部资源位置更近的区位。

结合上市公司总部迁移的具体情况,考虑到数据的可得性,我们认为主营业务和控股股东是企业内部资源的主要载体,认为企业总部更倾向于迁往与主营业务所在地距离和与控股股东所在地距离(后文分别简称与主营业务距离和与控股股东距离)更近的区位。鲁信创投总部迁移就是典型案例,该公司控股股东位于山东省济南市,而鲁信创投也在济南市建立了鲁信工业区园以促进济南市业务的开展,为临近控股股东与主营业务,鲁信创投将其总部由山东省淄博市迁到了山东省济南市。据此提出假设3,以及相应的两个子假设。

假设3:企业总部更倾向于选择内部资源距离更小的区位。

假设3a:企业总部更倾向于选择与主营业务距离更小的区位。

假设3b:企业总部更倾向于选择与控股股东距离更小的区位。

案例5.3　中达股份总部由南京市迁往江阴市

中达股份,全称为江苏中达新材料集团股份有限公司(后文称公司),其前身为南京中达制膜股份有限公司。1997年,南京中达由南京塑料包装材料总厂、中国包装总公司内江包装材料总厂、申达集团公司、南京双惠新技术开发公司、北海中包工贸有限公司、江阴市黎明幕墙有限公司六家单位联合发起以募集方式设立,作为"中华制膜第一股"在上交所上市,生产销售双向拉伸聚酯薄膜(BOPET)、双向拉伸聚丙烯薄膜(BOPP)、聚乙烯薄膜(PE)、聚丙烯薄膜(PP)、聚酯切片(PET)、彩色印刷、复合制品;

塑料、化工等材料的批发、零售。南京塑料包装总公司、中国包装总公司内江包装材料总厂与申达集团公司各持有22.4%的股份并列该公司第一大股东，注册地址与办公地址均在南京市。随着公司的不断发展，申达集团持股比例不断增加，成为该公司的控股股东，其主营业务在江阴所占的比例也不断增加，为了更好地实现总部职能，公司将总部由南京市迁往江阴市。

注：资料来自企业年报。

案例5.4 华盛达从厦门市迁往杭州市、湖州市，刚泰控股从湖州市迁往上海市

刚泰控股，全称为浙江刚泰控股(集团)股份有限公司(后文称该公司)。刚泰控股更名前为浙江华盛达实业集团股份有限公司，华盛达更名前为厦门新宇软件股份有限公司，新宇软件更名前为厦门国贸泰达股份有限公司。该公司前身为厦门国贸仓储运输公司，系厦门市经济特区国际贸易信托公司的全资子公司，成立于1989年1月18日。1992年5月改组为厦门国贸泰达股份有限公司并于1993年11月在上海证券交易所上市，主营业务为仓储、汽车运输，房地产开发，经营粮油食品、纺织品、轻工产品、五金矿产品的出口业务，机械、化工、仪器仪表的进口业务等。2000年9月，新控股股东湖南省长沙市新宇科技发展有限公司入主后对该公司实施了资产重组，该公司主业变更为软件开发、系统集成与软件产品代理，并与2001年3月更名为厦门新宇软件股份有限公司。

受国内电子信息产业经营环境整体趋淡以及2003年非典的影响，公司业务遭到沉重打击，公司业绩持续下滑。2003年6月，公司原第一大股东长沙新宇科技发展有限公司与华盛达控股集团有限公司签订了股权转让协议，华盛达控股集团有限公司成为该公司的新控股股东。经过资产重组，该公司业务方向逐渐明确，公司以数据系统整合业务为主营，房地产业务为重要支撑，仓储物流业务为辅的"一体两翼"业务结构基本形成。由于该公司注册地在厦门，而公司前三大股东均在浙江。融资时的异地担保与异地贷款给公司融资造成较大的障碍，同时也限制了公司业务的发展。2004年，该公司将注册地址由厦门市迁往湖州市德清县，为了利用杭州市的总部集聚优势，办公地址则迁往杭州市。然而，为了有利于该公司与控股股东之间对经验知识的传递并充分利用控股股东在其所在地

多年积累的各项资源,2005 年,该公司又把办公地址迁往湖州市德清县。

2008 年受宏观经济波动影响,该公司主营业务不突出,缺乏行业竞争力,业务间结构不合理,难以适应市场的变化。2008 年 3 月 1 日,该公司原第一大股东华盛达控股集团有限公司与刚泰集团有限公司签订了《股份收购协议》。2008 年 4 月 22 日,该股权转让过户手续完成,刚泰集团成为公司第一大股东。为了便于控股股东与该公司之间经验知识的传递,并充分利用控股股东在其所在地多年积累的各项资源,该公司将办公地址由湖州市迁往上海市,即新的控股股东所在地。

注:资料来自企业年报。

第二,网络嵌入与总部迁移目标区位选择。

与关系承诺类似,企业在各个备择目标区位的网络嵌入作为企业对该区位制度合法性和知识效率评价的指代指标,决定了总部迁移的目标区位选择。通过在各个备择区位的网络嵌入,企业可以有效了解该区位的隐性信息,有效克服“外来者劣势”,以开展有效的评价;如果评价较高,就会促进企业在该区位进一步的关系承诺,确保企业在该区位的网络嵌入。所以,企业在备择区位的网络嵌入越高,意味着企业对该区位的制度合法性和知识效率评价越高,企业总部迁往该区位的概率也就越高。结合上市公司总部迁移区位选择行为的具体情景,本书重点关注两种网络嵌入,以备择区位政治网络嵌入、备择区位商业网络嵌入来测量企业在备择目标区位的网络嵌入。其中前者是指企业高管在该区位拥有政治头衔,后者是指企业高管在该区位拥有商务履历。据此提出研究假设 4 以及相应的两个子假设。

假设 4:企业总部更倾向于迁入具有更高网络嵌入的区位。

假设 4a:企业总部更倾向于迁入具有更高政治网络嵌入的区位。

假设 4b:企业总部更倾向于迁入具有更高商务网络嵌入的区位。

5.3.3 企业层面因素的中介作用

从企业总部迁移微观决策的角度,本书认为企业层面因素对区位层面因素与总部迁移区位选择的关系起到中介作用。企业总部迁移决策可以划分为如图 5-2 所示的三个阶段。首先,总部迁移企业会根据企业对各个备择区位的制度合法性和知识效率进行评价，进而以此来决定最终的目标区位。根据企业国际化过程理论的N模型，企业在备择区位的关系承诺和网络嵌入，与企业对该区位的评价存在紧密联系。因此，企业在备择区位的关系承诺和网络嵌入就决定了企业的最终目标区位选择。其次，区位层面的制度体系和资源体系决定了企业对该区位的制度合法性和知识效率评价。区位层面更高的总部集聚优势跨度和更小的制度差异，更能够驱动企业的关系承诺和网络嵌入，从而提升企业总部迁往该区位的概率。最后，最优区位与满意区位选择。企业虽然会考虑理想中的最优区位，但是由于有限理性和不完备信息的影响，企业最终选择的往往是那些已经进行了大量关系承诺和深度网络嵌入的区位。即企业层面因素成为区位层面因素与总部迁移目标区位选择关系的中介变量。例如恒源煤业在进行总部迁移时，由于控股股东与主营业务收入主要分布地均在安徽省宿州市，便于2009年将总部由安徽省淮北市迁到了区位条件相对更差的安徽省宿州市；铁岭新城的主营业务与控股股东均在辽宁省铁岭市，由于主营业务与控股股东在铁岭市当地的嵌入性更高，铁岭新城于2011年将总部由四川省成都市迁到了辽宁省铁岭市。据此提出研究假设5。

假设5：备择区位的关系承诺和网络嵌入作为中介变量影响总部集聚优势跨度、制度距离与总部迁移区位选择的关系。

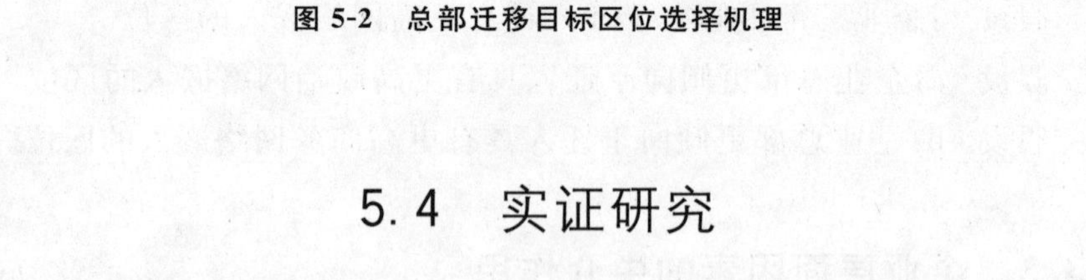

图5-2 总部迁移目标区位选择机理

5.4 实证研究

5.4.1 模型选择与数据获取

由于总部迁移区位选择影响因素既包括外部区位因素，又包括企业与区位距离因素，且备选项为多个城市，适用于条件 Logit 模型(MacFadden，1974，1984)，故本书采用条件 Logit 模型对总部迁移目标区位选择机理进行实证研究。假定每一个上市公司总部迁移面临一系列备选城市(J=j,i,…,n)。对于公司 A 而言，如果 A 迁入城市 j 可以获得的效用为 $U_j=\beta X_j+\varepsilon_j$($X_j$ 包括两类，一是 j 城市与迁出城市的区位资源差距；二是 A 公司与 j 城市的关系)，其中，β 是要进行估计的参数，X_j 是 j 城市影响 A 获得效用的因素，ε_j 是 j 城市未被观察到的特征。

那么，公司 A 在 n 个备选城市中选择 j 作为总部迁移的目标区位的概率可以表达为：

$$\mathrm{Prob}(U_j>U_i) \quad \forall i\neq j \tag{5-1}$$

用条件 Logit 模型表达则为：

$$\mathrm{Probj}=\exp(\beta X_j)/\sum_{j=1}^{n}\exp(\beta X_j) \tag{5-2}$$

按照研究设计，本书的因变量与自变量设计如下。因变量。总部迁移区位选择，以二元哑变量指代。备选城市 j 包括当年发生总部迁移行为中作为迁入地的城市。对于 A 公司，如果 j 被选中标识为 1，没有则为 0。

自变量。

一是，总部集聚优势跨度。总部集聚优势的直接表现是大量企业总部集聚，应用到上市公司总部迁移情景，则以特定区位的上市公司数量来测量。因此，总部集聚优势跨度，就是指备择城市 j 与迁出地城市之间 A 股上市公司总部数量之差来测量。

二是，制度距离。制度距离是指两个区位之间在制度体系上的差异，本书以备择城市 j 与迁出地城市之间的地理距离来测量。

三是，关系承诺。关系承诺是指企业在备择区位所进行的针对性的投入。本书主要采用备择区位 j 与主营业务(所在地)距离(简称与主营业务距离)和备择区位 j 与控股股东(所在地)距离(简称与控股股东距离)来测度。与主营业务距离，以主营业务所在城市与备择城市 j 之间的地理直线距离测量，其中主营业务所在地以上市公司年报中主营业务收入占比最多的城市代表。备选城市与主营业务距离越小，企业在该区位的关系承诺也就越强。与控股股东距离，以控股股东所在城市与备选城市 j 之间的地理直线距离测量，其中控股股东所在地以控股股东总部所在城市代表。一般而言，地理距离越小，企业在该区位的关系承诺也就越强。

四是，网络嵌入。网络嵌入是指企业在备择区位各种网络的嵌入性。本书主要采用在备择城市 j 的政治网络嵌入和在备择城市 j 的商业网络嵌入来测量。

在备择城市 j 的政治网络嵌入的界定依赖于企业在该城市的政治关系。借鉴 Chen 等(2005)，余明贵，潘洪波(2008)的定义，本书认为如果公司的董事长、总经理只要满足以下条件之一，就将其定义为企业在该地具有政治关系：现任或前任的政府官员、现任或前任的人大代表、现任或前任的政协委员。信息主要来源于新浪财经中有关上市公司高管的个人简历和巨潮资讯网中下载的公司年报。根据董事长或总经理，在总部迁移前是否担任过 j 城市的人大代表、政协委员或在政府部门任职为标准，判断企业在 j 城市是否具有政治关系。如果企业与 j 城市具有政治关系，认为企业在该城市的政治关系最强，企业在该城市的政治网络嵌入赋值为10。如果企业有政治关系，但是与区位 j 没有政治关联，本书认为由于企业具有政治能力，所以企业与城市 j 仅仅具有潜在政治关联，因此企业在该城市的政治网络嵌入赋值为 1。如果企业不具备政治关系，则认为企业不具备政治能力，企业在该城市的政治网络嵌入赋值为 0。

企业在备择城市 j 的商务网络嵌入的界定依赖于企业在该城市的商务关系。借鉴 Dubini，Aldrich(1991)，Peng，Luo(2000)的定义，如果企业的董事长或总经理只要满足以下条件之一，就将其定义为在备择城市具有商务关联：现任或曾任其供应商企业的高层管理者、现任或曾任其客户企业的高层管理者、现任或曾任其竞争者企业的高层管理者、现任或曾任其营销合作者企业的高层管理者、现任或曾任其技术合作者企业的高层管理者。信息主要来源于新浪财经和迁移上市公司年报，根据新浪财经中有关上市公司高管个人简历，以公司董事长或总经理在总部迁移前是否在城市 j 某公司中担任过高层管理者为判断标准，有任职经历的赋值为 1，否则为 0。

在变量定义的基础上，本书以 2001—2013 年沪深两市 A 股上市公司中发生总部迁移的企业为研究样本，对其总部迁移区位选择进行分析。数据收集过程可分为以下三个阶段。第一阶段，总部迁移上市公司筛选。

根据企业总部迁移的概念,以2001—2013年2月为时间界限,通过巨潮资讯和新浪财经对中国A股上市公司年报获取数据。如果年报公布公司办公地址前后两年不同,视为企业总部迁移案例。由于中小板和创业板上市公司与A股上市的公司,在上市时间、企业规模、经营范围均有很大差异,因此选择A股上市公司,而没有涵盖中小板和创业板上市公司。通过筛选,共得到208个总部迁移案例。第二阶段,区位指标与公司指标的数据收集。根据《中国城市统计年鉴》,对迁移当年迁出城市的区位指标进行数据收集。此外,通过上市公司年报,对总部迁移企业的当年指标进行数据收集。经筛选,剔除区位层面数据不可得案例,则样本为2003—2011年间110个,迁入城市44个。第三阶段,样本配对。由于条件Logit模型的估计参数并不是直接给出自变量对于因变量的边际影响,本书采用二元Logistic回归衡量回归系数。本书为每一个迁移样本按照当年所有迁入区位设定配对样本,共得到1252个实证样本。

5.4.2　回归分析

根据所得数据,本书首先进行了数据的描述统计分析与相关分析,具体结果如表5-1所示。随后,本书对自变量和控制变量进行了数据标准化处理,并以此进行回归分析。具体分析结果如表5-2所示。

从表5-2的回归分析结果可以看出,三个模型的卡方检验均显著,表明三个模型均优于截距模型。模型1加入了制度距离,从结果可以看出制度距离对因变量有显著负的影响,表明企业总部更倾向于选择地理临近的区位,这一结果在模型2中依然稳健,但是在模型3中,其回归系数不再显著,表明后续添加的变量是更为直接的影响因素。模型2中加入总部集聚优势跨度及其平方项,结果表明总部集聚优势跨度对因变量有显著正的影响,但是平方项却不显著,表明总部集聚优势跨度对总部迁移目标区位选择具有正向线性关系,而没有出现倒U形关系。模型3加入关系承诺和网络嵌入的四个自变量,结果表明与主营业务距离和区位商务网络嵌入对因变量有显著影响,其中前者为负向影响,后者为正向影响;而与控股股东距离和区位政治网络嵌入对因变量的影响不显著;同时在模型1和模型2中显著的制度距离和总部集聚优势跨度变得不再显著。通过以上结果,可以基本证明本书所提出的五个假设。

表 5-1 Pearson 相关性分析结果

	1	2	3	4	5	6	7
1 是否迁到 j	1						
2 制度距离	−0.123***	1					
3 总部集聚优势跨度	0.044	0.083***	1				
4 与主营业务距离	−0.376***	0.359***	−0.004	1			
5 与控股股东距离	−0.342***	0.351***	−0.030	0.738***	1		
6 区位商业网络嵌入	0.621***	−0.120***	.081***	−0.281***	−0.287***	1	
7 区位政治网络嵌入	0.437***	−0.033	−0.041	−0.209***	−0.245***	0.525***	1
均值	0.09	1096.57	−0.32	964.80	998.39	0.10	0.68
标准差	0.283	628.382	68.565	581.307	610.475	0.297	1.878

注：*** 为 sig. <0.01，** 为 sig. <0.05。

表 5-2　二元 logistic 回归结果

变　量	模型 1	模型 2	模型 3
常量	−2.432***	−2.548***	−3.888***
制度距离	−0.487***	−0.503***	0.039
总部集聚优势跨度		0.184**	0.125
总部集聚优势跨度平方		0.092	0.132
资源承诺			
与控股股东距离			−0.222
与主营业务距离			−1.232***
网络嵌入			
区位政治网络嵌入			−0.041
区位商务网络嵌入			1.001***
N	1252		
−2 LOG likelihood	724.627	718.627	376.761
Cox & Snell R Square	0.016	0.021	0.255
Nagelkerke R Square	0.036	0.047	0.568
Model Chi-Square	20.456***	26.456***	368.322***
Step/Block Chi−Square	20.456***	6.000*	176.629***

注：*** 为 sig. <0.01，** 为 sig. <0.05，* 为 sig. <0.1。

为检验实证结果的稳健性，本书进一步把样本分为并购组和非并购组分别进行统计分析。并购组样本是指企业在总部迁移之前曾经发生过重大并购案的样本所组成的样本组。具体选择标准是:将发生控股股东变更的上市公司视作并购组，而未发生控股股东变更的上市公司则视为非并购组。区分之后，并购组企业样本共有 637 个，占到全样本总量的 50.88%。具体回归分析结果如表 5-3，5-4 所示。

表 5-3 稳健性分析:非并购组二元 logistic 回归结果

变 量	模型 1a	模型 2a	模型 3a
常量	−2.473***	−2.571***	−3.713***
制度距离	−0.669***	−0.696***	−0.090
总部集聚优势跨度		0.295*	0.153
总部集聚优势跨度平方		0.031	0.083
关系承诺			
与控股股东距离			0.018
与主营业务距离			−1.258***
网络嵌入			
区位政治网络嵌入			−0.121
区位商务网络嵌入			1.114***
N	615		
−2 LOG likelihood	348.095	343.882	185.329
Cox & Snell R Square	0.028	0.035	0.254
Nagelkerke R Square	0.063	0.078	0.567
Model Chi-Square	17.744***	21.956***	180.509***
Step/Block Chi-Square	17.744***	4.213	185.329

注:*** 为 sig.<0.01,** 为 sig.<0.05,* 为 sig.<0.1。

未并购组的回归结果与总样本回归结果显示出较好的契合性,在此就不再赘述。并购组的回归分析结果与总样本回归结果略有差别,主要有两个方面。一是,在模型 2b 中,总部集聚优势跨度对因变量的影响并不显著,这表明总部集聚优势跨度并不是并购组企业总部迁移目标区位选择的影响因素。二是,在模型 3b 中,与控股股东距离对因变量的影响显著为负,这表明对并购组企业来说,总部迁移目标区位选择的关键因素是降低与控股股东的距离。但总体来说,基于并购组和非并购组的分组回归与总样本的结果大致保持一致,表明本书所提出的研究假设得到了稳健的实证支持。

表 5-4　稳健性分析:并购组二元 logistic 回归结果

变　量	模型 1a	模型 2b	模型 3b
常量	−2.399***	−2.5552***	−4.244***
制度距离	−0.330**	−0.329**	0.066
总部集聚优势跨度		0.129	0.075
总部集聚优势跨度平方		0.131	0.142
关系承诺			
与控股股东距离			−0.923**
与主营业务距离			−0.836**
网络嵌入			
区位政治网络嵌入			0.002
区位商务网络嵌入			0.905***
N	637		
−2 LOG likelihood	374.223	371.282	184.292
Cox & Snell R Square	0.008	0.012	0.264
Nagelkerke R Square	0.018	0.028	0.588
Model Chi-Square	5.021***	7.963***	194.952***
Step/Block Chi-Square	5.021***	2.942	54.742***

注：*** 为 sig.<0.01，** 为 sig.<0.05，* 为 sig.<0.1。

5.4.3　讨论

从回归分析结果可以看出，本书所提出的研究假设基本得到证实。但是在具体的影响结果上，略微存在差异，这就需要我们对结果进行进一步的讨论。

一是，总部集聚优势获取逻辑基本得到证实，但结果并不稳健。总部集聚优势获取逻辑是企业总部迁移研究的主要观点，本书的实证结果也基本证实了这一点，在全样本回归分析结果上，总部集聚优势跨度是影响总部迁移目标区位选择的显著因素。但是基于分组回归的稳健性分析表明，未并购组中总部集聚优势跨度的影响显著，但是在并购组样本中，总部集聚优势跨度的影响变得不显著。同时，在存在企业层面因素时，区位层面的总部集聚优势跨度的影响也同样变得不再显著，即存在显著的中介作用。这让我们更为客观地看待总部集聚优势获取逻辑。根据理论分析和实证结果，我们认为总部集聚优势获取依然是企业总部迁移目标区位选择的重要标准，但是更多地是作为激发因素而不是决定因素。

二是，临近迁移逻辑也基本得到证实，但同样也依赖于企业层面变量的中介作用。从国际化过程理论的 U 模型来看，企业国际化扩张会采用逐步拓展的方式，但是之后的 N 模型则强调企业国际化的本质应当是企业的关系承诺和网络嵌入，以有效解释现实中出现的天生国际化、快速国际化、模仿国际化等差异化的国际化路径。与之类似，从行为视角来看，总部迁移也会由于有限理性和不完备信息，而采用临近迁移的方式。所以，制度临近性就成为总部迁移目标区位选择的重要因素。实证研究结果已经证明制度距离（以地理距离测度）对总部迁移目标区位选择具有显著影响，并且这一结果在分组回归中同样稳健。但是随着企业层面变量的加入，其影响将变得不显著，这表明制度距离往往会作为目标区位选择的重要标准，与总部集聚优势获取因素一样，往往作为激发因素而不是决定因素。

三是，在企业层面，备择区位的关系承诺和网络嵌入对总部迁移目标区位选择起着决定性作用。在企业—区位共演框架中，企业层面因素是指企业对备择区位的制度合法性和知识效率的评价。由于这两个方面的评价难以直接测度，本书借鉴企业国际化过程理论的 N 模型，认为企业对该区位较高的制度合法性和知识效率评价，往往伴随着在该区位较高的关系承诺和网络嵌入，因而以企业在该区位的关系承诺和网络嵌入为指代指标。实证研究表明，两者均对企业总部迁移目标区位选择具有显著作用，表明企业层面要素是总部迁移目标区位选择的决定性要素。

四是，在企业层面，与控股股东距离、区位政治网络嵌入对总部迁移目标区位选择相关，但是关系并不稳健。在并购组中，与控股股东距离对因变量的作用显著。这表明，在并购组中，企业正是由于发生重大并购案，使得控股股东发生变更，这使得企业往往会把总部迁往新控股股东所在地，所以在并购组的回归分析中，与控股股东距离的影响是显著的。在全样本和未并购组回归分析中，与控股股东距离对因变量的单独作用显著（限于版面而没有展示），会因为其他企业层面变量的进入而变得不显著。这表明接近控股股东对因变量的影响还有待进一步研究,还需要在理论与实证研究中找到更为关键的因素。另外,全样本和分组样本的实证研究结果表明,区位政治网络嵌入对因变量的单独作用显著(限于版面而没有展示),会因为其他企业层面变量的进入而变得不显著。这就需要我们进一步探讨区位政治网络嵌入对总部迁移目标区位选择的影响机理。

5.5 本章小结

对于总部迁移区位选择,已有研究主要基于新经济地理理论提出了集聚优势拉动观,但是不能解释总部的多指向迁移,特别是逆集聚迁移现象。因此,本书以企业—区位共演框架为基础,结合总部迁移的特殊情境,理论分析了区位层面的总部集聚优势跨度和制度距离、企业层面的区位关系承诺和网络嵌入,对总部迁移目标区位选择的影响。以中国上市公司总部迁移为对象的实证研究基本证明了所提出的概念模型和研究假设,得到的研究结论具体包括以下四个方面。

第一,企业—区位共演框架是分析企业总部迁移目标区位选择的有效框架。基于企业—区位共演框架,第四章构建了基于该框架的企业迁移三阶段过程机理模型。在本章,我们以企业总部迁移目标区位选择为研究问题,以企业—区位共演框架为基础,提炼出区位层面的总部集聚优势跨度和制度距离、企业层面的区位关系承诺和网络嵌入等关键影响因素,并构建了区位层面因素通过企业层面因素的中介机制,影响总部迁移目标区位选择的概念模型和研究假设。以上市公司总部迁移为对象的实证研究也基本证实了所提出的研究假设,这就表明企业—区位共演框架是分析企业总部迁移目标区位选择的有效框架。

第二,区位层面的总部集聚优势跨度和制度距离是企业总部迁移目标区位选择的重要激发因素。已有的总部迁移研究主要基于新经济地理理论,提出了总部集聚优势获取逻辑,即企业在总部迁移目标区位选择上,更倾向于选择更具总部集聚优势的区位,这也符合我们对企业总部迁往少数中心城市集聚发展现象的观察。但是系统的迁移案例和统计分析却表明,总部迁移在去向上存在典型的多指向问题,不仅存在指向总部集聚优势高地的迁移,也存在大量的指向中等城市的迁移,甚至也存在大量的逆集聚的迁移案例。本书基于第三章所提出的区位在制度和资源两个维度的界定,并借鉴企业国际化的 U 模型,提出制度距离也同样是影响总部迁移目标区位选择的关键因素。实证研究结果显示,总部集聚优势跨度和制度距离对总部迁移目标区位选择具有显著影响,意味着企业在总部迁移目标区位选择方面,会关注区位层面的资源和制度的差异。但是,随着企业层面因素的引入,区位层面变量的影响变得不再显著,表明区位层面的资源和制度性因素主要是激发企业总部迁移目标区位选择的重要标准,而不是直接决定因素,这就可以解释现实中总部迁移存在的多指向和远近并存的现象。

第三,企业层面的区位关系承诺和网络嵌入是企业总部迁移目标区位选择的直接因素。在企业—区位共演框架下,企业层面对备择区位的制度合法性和知识效率评价对企业迁移行为存在直接影响。结合企业国际化过程理论的 N 模型,我们以区位关系承诺和网络嵌入为企业对备择区位评价的指代变量,认为区位关系承诺和网络嵌入作为区位层面因素的中介变量直接决定企业总部迁移目标区位选择。基于中国上市公司总部迁移的实证研究表明,企业层面的区位关系承诺和网络嵌入对总部迁移目标区位选择具有显著的直接效应,并且对区位层面因素起到中介效应。而关系承诺和网络嵌入具有明显的路径依赖特征,这就使得实际的企业总部目标区位选择可能出现偏离所谓“最优区位”的情况,从而也就会出现迁移的多指向现象。因此,企业在备择目标区位的关系承诺和网络嵌入对于总部迁移的区位选择就起到直接的决定性作用。

第四,企业层面的各个具体维度在影响总部迁移目标区位选择方面,还存在复杂的内在关系。对于区位关系承诺,我们以备择区位与控股股东距离、与主营业务距离来测量;对于区位网络嵌入,我们以区位政治网络嵌入和商务网络嵌入来测量。实证研究结果表明,四个变量与因变量均显著相关,单独进入的条件下,均具有显著影响;但是随着四个变量整体进入,与主营业务距离、商务网络嵌入对因变量的影响保持稳健,但是与控股股东距离、政治网络嵌入的影响变得不再显著。这就表明,四个变量之间具有更为复杂的作用机制。但受制于篇幅,本书就不再深入展开。

单就本章的研究来看，对于总部迁移研究来说，其理论意义在于三个方面。首先，本书把已有的总部集聚优势获取逻辑放置于企业—区位共演的基本框架之下，揭示了区位层面的总部集聚优势跨度对迁移目标区位选择的影响机制，特别是其作为激发因素，而不是直接决定因素的发现，使得我们对总部集聚优势获取逻辑的认识更为深入。其次，本书把区位层面因素界定为制度和资源两个维度，识别了制度距离（本书以区位之间的物理距离）对总部迁移目标区位选择的影响，推动了区位层面研究的深入。再次，我们以企业的区位关系承诺和网络嵌入作为企业层面因素的指代指标，发现企业层面因素是区位层面因素影响总部迁移目标区位选择的中介变量，这就推动了总部迁移研究的深化。

就本章的研究结果来看，该研究对总部迁移企业具有决策参考价值。一是，区位层面因素，包括总部集聚优势跨度和制度距离，为企业提供了一定的备选区位，但是企业还需要更为主动地通过关系承诺和网络嵌入来获得备择区位的隐性信息，以实现更为严谨的迁移决策。二是，企业总部迁移目标区位选择会因为关系承诺和网络嵌入带来区位选择的路径依赖性，这就要求区位进行综合平衡，以防止过度的路径依赖所带来的盲目决策。对于区位政府来说，打造总部经济的关键在于，一方面要建立本地政治与商务群体的开放性，主动对接潜在迁入总部，甚至通过主动的关系建构来吸引外部企业总部的迁入；另一方面，关注自身的总部集聚优势建设，在此基础上重点突出地开展总部招商，无疑是更为现实的策略。在这里，重点突出主要是指立足本地、吸引周边开展定向招商。

就本章的实证研究来看，也存在不足，这也指出了未来的研究方向。第一，本书以上市公司为样本进行实证研究，保证了数据的可得性，但是也影响了结论的外部效度，未来可以针对特定产业、特定区位、特定所有制企业开展理论和实证研究。第二，本书识别了四类企业层面因素，实证结果也表明四类因素对总部迁移目标区位选择的影响机制存在差异，未来可以就四个因素的相互作用机制进行更为深入和系统的研究。第三，本书对区位层面的制度距离、企业层面的因素，提出了可供借鉴的测量方法，但是测量指标还相对较为简单，未来可以采用其他方法来测量，从而推动企业—区位共演框架在实证方面更为有效地推进。

第6章　群体迁移背景下的企业迁移至同一区位机理研究

本章重点关注企业迁移至同一区位的内在机理，即迁移企业为什么会选择同一区位。事实上，考虑到企业的差异性，其迁移决策应当也体现出多样性的特点。特别是在第五章对总部迁移目标区位选择的研究中就重点强调企业迁移的多指向现象。本章则重点关注企业迁移决策的趋同性，特别是在迁移目标区位选择方面的趋同性，即企业迁移的同一区位选择现象。首先，对研究的背景进行界定，并说明本章的研究问题，即企业迁移的同一区位选择问题。随后，对已有的相关文献进行了回顾，指出企业迁移同一区位研究的三个基本逻辑。再次，基于企业—区位共演框架，从区位产业集群化发展视角，构建了企业迁移的同一区位选择概念模型，并提出三个假设。最后，对电气产业的全球跨国公司、浙江省温州市电气企业群体迁移至上海市发展的案例进行分析，以检验所提出的三个假设。

6.1　研究背景与问题

20世纪80年代，全球化蓬勃发展，大量跨国企业顺梯度（或顺势）以FDI形式的跨国迁移进入了改革开放之后的中国，实现了自身区位的再调整，迎来了跨国公司的再发展。与之形成鲜明对比的是，中国本土民营企业在拥抱改革开放政策、实现初步发展之后，在全球竞争压力之下，开始以高端知识获取为目的逆梯度（或逆向）跨区位迁移以实现有效地转型升级。两类企业均把企业的区位迁移视为企业再成长的重要战略。而有趣的是，两条迁移之路在目标区位选择方面交集于某一特定区位。例如全球电气跨国公司的五大巨头均把上海市作为跨国迁移的目的地，而中国本土民营电气企业集聚地——温州市乐清市的电气龙头企业也均把上海市作为跨区位迁移的目的地。那么，为什么会产生如此之巧合：外来跨国公司、本土民营企业纷纷迁往上海市，如烟花般集束绽放？即本书所要探讨的企业迁移区位选择烟花效应的形成机理，也就是同一区位选择的动因。探究这一原因不仅对提高企业区位迁移战略的有效性具有决策参考价值，还对区位政府有效引导企业迁移、建立区位知识密集型产业集群、引领区位经济再发展具有政策借鉴意义。

企业迁移区位选择的烟花效应的形成动因也引发了学术界的广泛关注，主要有三个不同的观点。其一，基于新经济地理视角的集聚优势获取动机。把以 Krugman 为代表的新经济地理理论，应用到迁移企业同一区位选择问题上，认为获取集聚优势是迁移企业同一区位选择的重要原因，并在实证研究方面也获取了支持（Head 等，1995；Mariotti，Piscitello，Elia，2010）。但是，新经济地理理论并不能解释在内生形成集聚优势之前，为什么少数企业会先发地共同选择某一特定区位。为此，基于寡头竞争的多市场竞争理论重新获得关注，认为在寡头垄断市场结构下，各个企业为了维持自身的市场地位，将会选择相同的竞争策略，即基于寡头竞争的多市场竞争动机。应用到迁移企业同一区位选择问题的理论和实证研究也表明，各个跨国公司为了确保自身在母国的市场地位，选择在相同的时间进入相同的东道国，进而形成各个寡头之间在多个市场上的同一区位选择（Gimeno 等 2005；Ghemawat，Thomas，2008；Alcacer 等，2013，2015）。其三，基于制度视角的合法性获取动机。集聚优势获取与多市场竞争均为经济理性，而忽视经济理性背后的制度影响；制度视角则认为在不确定性环境中，由于决策者的有限理性，制度合法性压力将会强化决策者的模仿动机，即模仿其他决策者的抉择（DiMaggio，Powell，1983）。基于合法性获取视角的实证研究也表明，迁移企业在目标区位选择方面，更倾向于选择那些多数人选择的区位，从而表现为同一区位选择下的烟花效应（Lu，2002；Gullen，2002；Belderbos 等，2011；Gaba，Terlaak，2013）。那么，这自然就带来一个问题，企业区位迁移烟花效应背后的关键动因到底是什么？是集聚优势逻辑占主导，还是制度合法性更符合现实？为此，本书以改革开放以来，五大跨国电气巨头顺梯度和温州市乐清市电气企业逆梯度共同迁入上海市发展电气业务所形成的烟花效应为案例，分析经济理性与制度合法性视角下，企业迁移区位选择烟花效应背后的关键动因，以推动企业群体迁移至同一区位理论研究的深入，同时也为现实中企业迁移决策和区位政府推进产业集聚发展提供理论借鉴。

6.2 企业迁移至同一区位机理文献回顾

6.2.1 理论背景

在企业迁移理论研究方面，基于 FDI 的跨国迁移由于其重要的现实意义，引发了学术界的关注；而一国之内的跨区位研究则处于相对边缘位置。这是由于在 1980 年，企业战略管理研究还处于发展初期，与企业区位战略紧密相关的新经济地理理论（Krugman，1991）、新组织制度理论（Meyer，Rowan，1977；DiMaggio，Powell，1983）也刚刚出现；一国之内的跨区位迁移还没有得到深入的研究，跨国公司和全球化已开始盛行，基于 FDI 的跨国迁移现象自然吸引了战略管理学者的目光。因此，自 1990 年，跨国 FDI 成为理论研究的重点，并取得了丰硕的研究成果；而一国之内的跨区位迁移研究则成为理论研究的边缘，并没有得到足够的关注。下文将主要梳理跨国迁移研究成果，理出迁移企业同一区位研究的理论脉络。

对于企业迁移问题，早期经典的理论框架是产业转移理论。产业转移理论以弗农的产品生命周期理论、赤松要的雁行理论和小岛清的边际产业扩张理论为典型代表（陈建军，2002），认为随着国内市场饱和，发达国家企业就会利用其积累的成熟技术，把生产转移到工资率更低的欠发达国家，即通常意义上以劳动工资率为标准的“顺梯度迁移”。这一系列理论从产业层面开展分析，缺乏对企业具体迁移决策，例如是否迁移、迁往何处等，缺乏具体的战略指引。于是，以企业跨国迁移为背景，国际商务（IB）研究者围绕跨区位发展所面临的“外来者劣势”（Hymer，1976），从企业层面分析了企业跨国迁移的内在机理。其中，Dunning（1988）提出了 OIL 模型，认为跨国公司所拥有的核心知识是跨国迁移的核心动力；而 Johanson，Vahlne（1977）也提出了国际化过程模型，强调在东道国的经验知识是跨国企业的主动动因。这两大经典模型均认为“内部知识利用”是企业顺梯度跨国迁移的动因，是对产业转移理论在微观企业层面的有效阐释。

20世纪80年代，随着日本制造企业的崛起，以日本企业为主要对象的跨国迁移研究引发了跨国迁移的两大独特趋势。一是，逆梯度迁移现象。与经典顺梯度转移逻辑不同，日本企业的跨国发展在转向劳动工资率更低的韩国、新加坡、中国台湾等国家和区位的同时，也开始指向了以美国为代表的知识高地的跨国迁移，即“外部知识获取”的核心逻辑，也可以称之为“逆梯度转移”。从制度视角出发，Cantwell(1989)指出，由于区位所特有的制度环境使得特定知识得以在特定区位中以路径依赖的形式发展，从而形成特有的知识基础和知识积累，成就其知识高地。当制度环境与集聚力量相互交缠，就会使得特定区位的知识积累路径强化、节奏加速，进而成为某一领域的知识高地，从而引发后发国家/区位(如日本)跨国公司以知识获取/知识追赶为目的的跨国逆向迁移(Chang,1995)。之后，随着亚洲四小龙的崛起，以及之后的新兴市场国家(金砖四国)企业的成长(Mudambi,2008;Awate等,2012)，以知识获取和知识追赶为目的的跨国逆向迁移受到了更多的关注，取得了丰硕的研究成果(Kumaraswamy等,2012;Lamin,Livanis,2013)。二是，同一区位选择及其所带来的烟花效应。以日本、韩国跨国公司为对象的实证研究发现，跨国迁移在目标区位选择方面表现出显著的同一区位选择现象，即迁移区位选择的烟花效应(Chang,1995;Lu,2002;Gullen,2002)。

6.2.2 企业迁移同一区位的三个基本解释

对于跨国公司FDI迁移至同一区位的选择，已有研究主要从新经济地理理论、新组织制度理论、多市场竞争理论提出了相应的解释，呈现三足鼎立的态势。

从新经济地理理论视角来看，已有研究主要强调了迁入地优势，认为为了获得目标区位的集聚优势，驱动迁移企业的同一区位选择；特别是对知识密集业务来说，知识高地就成为知识获取性跨国迁移共同的区位选择。迁入地集聚优势主要来自马歇尔所提出的集聚三要素，包括专业化的供应商、熟练的技术工人以及知识溢出。集聚优势因素经过Krugman(1991)的模型化之后，受到了更多的关注，成为解释跨国迁移同一区位选择的重要因素(Head 等,1995;Mariotti 等,2010)。Krugman(1991)提出了核心—边缘模型(C-P 模型),从而把集聚与迁移同时纳入分析框架,发现当交易成本降低到一个临界值之后,一个工人或一家企业迁移,例如迁往北方,最终导致制造企业迁往北方,制造业开始向北方集聚,并且这种集聚过程是自我强化过程,直至最终所有工业企业均会迁往北方(安虎森等,2009)。在 Krugman 的 C-P 模型中,集聚优势主要来自外部规模经济,集聚的过程就是企业进行群体性迁移的过程,而这种迁移过程本身就强化了迁入地的集聚优势,从而吸引更多企业的迁入。但是,迁入带来集聚优势扩张的同时,也会提高迁入地的拥挤效应。当拥挤效应大于集聚优势,企业的群体性迁入就会得到遏制,甚至企业会回迁原地,以获得在当地的垄断优势。

但是,Krugman 的 C-P 模型重点关注的还是来自外部规模经济的集聚优势。随着知识经济的兴起,知识成为企业迁移的主要动因。特别是对跨国公司来说,应对环境变动、获得不同区位多元化知识,实现跨国公司知识动态化,获得持续竞争优势,就成为企业 FDI 的重要动因(Dunning,1993,2000;Johanson,Vahlne,2003,2006)。例如,Kogut,Chang(1991)表明,日本在美国的 FDI 更倾向于选择双方研发密度差异更大的产业,以弥补自身知识之不足;基于美国专利局的证据,Cantwell(1993)发现跨国公司积极地在国外开发新能力,从而有效利用不同区位所具备的差异化的知识基础;Shan,Song(1995)发现美国具有更多专利的生物企业更容易成为国外企业接管的对象;Almeida(1996)发现在美国的外国投资企业主要是借鉴当地的知识,特别是来自欧洲和韩国的 FDI 通过学习当地知识以弥补自身的知识劣势(吴波,2012)。

对于以知识获取为目的的群体性迁移,FDI 理论强调了两种经典模式。一是,迁入地的知识优势将会驱动企业群体迁入。经典的研究是 Shaver,Flyer(2000),他们进行了理论和实证研究,发现跨国公司更倾向于选择知识密集区位/国家进行 FDI,旨在嵌入东道国知识网络,利用知识溢出效应来获取东道国专有知识。之后的学者进一步考虑了迁入地大量企业迁入所带来的竞争效应,例如 Alcácer(2006)以及 Mccann,Vroom(2010)指出,必须综合考虑迁入东道国的知识优势和同行企业的竞争效应,以知识获取最大化为标准才能解释跨国公司 FDI 区位选择的内生机理。二是，与直接的迁入地知识获取不同，一些学者综合考虑了外来者劣势的影响，认为企业之所以群体性迁入特定东道国，主要是为了利用在东道国所形成的外来者网络，特别是来自同一行业、同一母国企业所形成的网络。Head等(1995)考察了不同跨国公司群体性进入特定东道国的现象，结果发现日本跨国公司会模仿本国先行公司的区位选择，导致在美日本跨国公司集聚在特定区位，形成日本在美跨国公司自己的外来者网络。在群体迁入的背景下，外来者们会形成外来者网络；在外来者网络中，跨国公司的子公司不仅可以通过与其他外来者建立正式关系来获得东道国专有知识，还可以通过各种非正式关系接受其他外来者的知识溢出，如通过各种“捷径”，特别是雇用在其他外来者那里供过职、经验丰富的员工，来获取东道国专有知识(吴波，2012)。总之，可以认为跨国公司FDI群体迁入特定区位的主要目的是获得迁入地的知识优势，不论是该区位本身已经具备的外生知识优势(例如，日本企业群体性进入美国高端知识集聚区位)，还是群体迁移所带来的蕴含在外来者网络中的内生知识。

多市场竞争理论则主要强调了母国市场中的竞争性(具体表现为资源基础的相似性和市场定位的接近性企业之间的剧烈竞争)，驱动跨国公司迁入本国竞争对手所进入的区位，以确保彼此之间的竞争均势或者是为了实现更好的合谋。这种采取相同竞争战略的方法，在企业之间拥有类似的资源体系和市场位置时，会变得更为强烈(Peteraf，1993)。事实上，面对剧烈的竞争，企业本来也可以选择资源和市场的差异化，以实现双方更好的发展(Deephouse，1999)。但是，差异化在带来较大收益的同时，也往往会带来更大的经营风险。所以，当差异化战略不能确保为企业带来优势时，选择相同的战略无疑就是一个相对稳健的战略。这就意味着处于竞争均势的企业之间往往会通过相似的战略来保持进一步的竞争均势，即使企业知道同时进入新的市场可能会带来双输的结果。同时，采取相同战略的另外一个动因则是为了实现企业之间的隐性合谋(Lieberman，Asaba，2006)。

这一动因在多市场竞争场景下更为显著。当企业在不同市场进行竞争时，他们会更容易保持合谋的持续性，因为在一个市场中的偏离行为会使得企业在其他多个市场中被其竞争者惩罚。因此，多市场竞争理论指出企业之间可以通过以下两种方式实现模仿：一是，一家企业进入一个新的市场，将会引发其他企业进入其他的市场以响应；二是，一家企业进入一个新的市场，将会引发其他企业进入同样的市场以保持均势(Lieberman，Asaba，2006)。后一种行为在企业跨国迁移现象中更为显著，表现为跨国公司的群体性(bunching)FDI行为，即大量竞争性的跨国公司模仿竞争者进入东道国市场。Knickerbocker(1973)认为"这种跟随领导者"进入新市场的行为是一种低风险规避的行为。如果所有的竞争者都彼此模仿对方，就没有企业会因之而变得更好或者更坏，所以就可以维持一种竞争均势。这一论断也获得了之后一系列实证结果的支持(Lieberman，Asaba，2006)。值得说明的是，在母国处于寡头垄断的竞争格局之下，企业选择迁入同一区位的动机更为明显，这一结果也在大样本统计研究中和博弈模型中得到了证明(Gimeno 等，2005；Ghemawat，Thomas，2008；Alcacer 等，2013，2015)。当然，由于新市场的空间有限，这就使得群体性迁入动机就会随着迁入企业数量的增加而减少。例如，Martin，Swaminathan，Mitchell(1998)发现日本汽车供应商企业进入北美市场的可能性，会随着其他竞争性日本企业的进入数量，先增后减。

与以上两种基于经济理性的研究逻辑不同，新组织制度理论则强调了制度合法性对企业生存与发展的重要意义，认为构成制度体系的各个合法性授予主体决定了企业成长所需的各种资源，为此，只有获得各个合法性授予主体的认可，才能获得其所拥有的资源的支持(Meyer，Rowan，1977)。制度环境的复杂性和不确定性，以及决策主体的有限理性，使得企业难以独立获取完备信息以开展决策，因此企业更倾向于通过模仿那些已经获得合法性的行为，以确保符合合法性授予主体的预期，获得其所拥有资源的支持，即基于合法性获取的模仿策略(Meyer，Rowan，1977；DiMaggio，Powell，1983)。

对于这种模仿，DiMaggio，Powell(1983)认为由于认知上的不确定性，使得企业更倾向于模仿那些被认为更合法的组织行为。从认知心理学的角度来看，人们通过范式和原型对特定个体的意义进行归类(Markus，Zajonc，1985)。进一步来说，在有限理性条件下，人们对相同的事件的归类都会采取相同的认知性归类方法，即基于代表性的启发法(Tversky，Kahneman，1974)。

Abrahamson，Rosenkopf(1993)把这种群体行为定义为烟花效应：特定创新的传播过程，尽管企业采纳这一创新并非是为了其对个体效率或收益的评价，而是因为来自烟花效应的压力，即来自大量已经采纳这一创新的群体所带来的压力。事实上，这一定义就把理性效率逻辑排除在外，随之 Abrahamson，Rosenkopf(1993)进一步采用制度理论和扩散理论阐述了烟花效应产生的条件，提出了如图 6-1 所示的烟花效应扩散模型。在该模型中，创新收益分布仅仅是一个起点，对部分组织来说创新采纳的收益大于其成本，就会推动组织采纳行为，这构成了传播的早期阶段。但是之后，进入创新传播的后期，在这一阶段，采纳者数量增加，形成了对后续采纳者的群体压力，并且这种压力在模糊性的条件下得到放大，进而促进后续采纳者在群体压力和创新本身收益的综合考量下而采纳。在这里，具有相同特征的群体扩展，成为烟花效应群体压力的主要波及方式。模糊性主要体现在三个方面：目标或者目标的时间特征模糊；方法—结果模糊性，或者说对行动本身和相应的结果并不清晰；环境的模糊性，或者说对未来的环境状态不清晰。

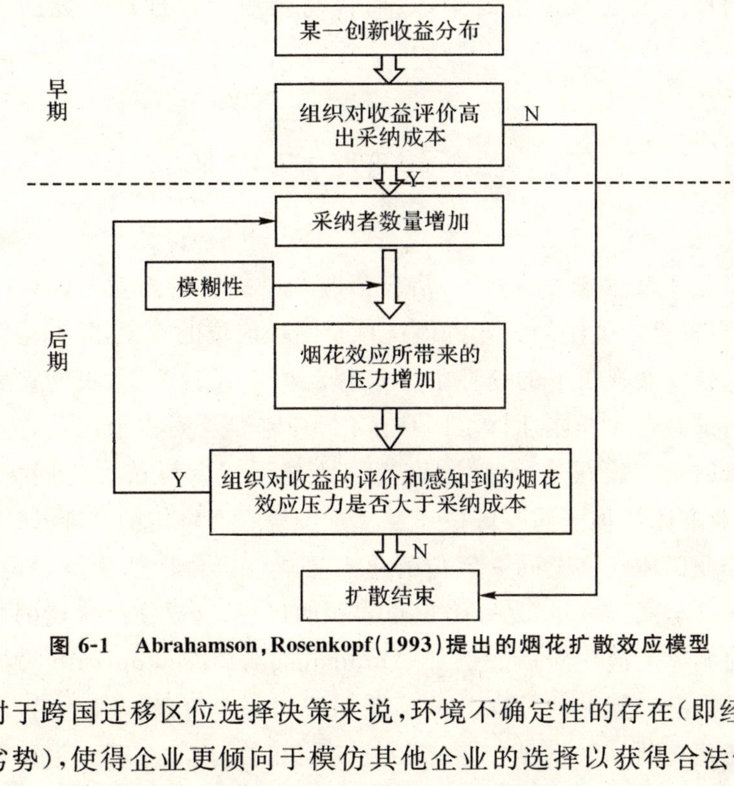

图 6-1　Abrahamson，Rosenkopf(1993)提出的烟花扩散效应模型

对于跨国迁移区位选择决策来说，环境不确定性的存在(即经典的外来者劣势)，使得企业更倾向于模仿其他企业的选择以获得合法性，从而使得跨国迁移区位选择集中于同一区位，表现出显著的烟花效应（Lu，2002；Gullen，2002；Belderbos 等，2011；Gaba，Terlaak，2013）。对此，本书在这里不做过多介绍，将在研究假设提出部分做进一步说明。

综上，已有研究分别梳理出跨国迁移同一区位选择的三大动因，但是在具体研究开展中，通常都重点分析某一动机，或者是强调经济理性逻辑，或者是关注制度合法性，而同时涵盖三大动机的实证研究还相对较少（Koçak，Özcan，2013）。本书将同时关注三大动机，并在此基础上提出各个动机凸显的情景，从而能够建立更有效的三大动机整合框架，推动企业迁移同一区位选择理论的发展。进一步来说，本书将以改革开放以来，五大跨国电气巨头顺梯度和温州市乐清市电气企业逆梯度共同迁入上海市发展电气业务的烟花效应为对象开展案例研究。中国地理空间辽阔，但区位经济发展不均衡现象比较明显，制度与文化多元性较为显著，既存在大量的跨国迁移，也存在大量一国之内的跨区位迁移。因此，在案例研究之中，我们把跨国迁移理论研究中所提出的三大动因理论同时应用到一国之内的跨区位迁移情景之中，从而提高企业迁移理论研究的理论一致性。

6.3 概念模型与研究假设

在以上文献回顾的基础上，结合第四章所提出的企业—区位共演框架，以及本章重点关注的企业群体迁移至同一区位的现象，我们构建了区位产业集聚发展视角下的企业群体迁移动机模式。首先，我们需要界定研究的情景。企业群体迁移至同一区位，必定涉及同一个区位，为此，我们把分析的重点放在目标区位选择上，当然最终区位选择为同一区位。其次，企业群体迁移至同一区位通常都是围绕一个特定的产业开展，为此我们把企业群体迁移至同一区位的重点聚焦在区位产业集群。再次，企业群体迁移至同一区位，是一个逐步累积的过程，这就使该区位的产业集群呈现出明显的演化阶段。例如 Abrahamson，Rosenkopf（1993）提出的创新扩散模型就把扩散过程分为早期和后期两个阶段。因此，我们把企业群体迁移至同一区位视为特定区位产业集群的演化过程。根据经典的产业周期模型，结合 Abrahamson，Rosenkopf(1993)，我们把区位产业集聚发展的阶段分为初始阶段、发展阶段和成熟阶段，然后分阶段提出企业群体迁移至同一区位的动因。最后，在每一阶段，我们主要从个体企业决策的角度进行分析，所以分析层次是个体企业层次，而不是群体层次。

中国腹地广阔、区位差异显著，在全球化力量下，既存在本土企业的自主迁移，也存在大量的跨国企业迁入。并且，本土企业迁移与跨国公司迁移并非完全隔离，往往是跨国公司的顺梯度跨国迁移与本土企业的逆梯度跨区位迁移交会于一地，形成企业迁移的烟花效应，这为我们探究解释企业群体迁移同一区位的不同理论提供了绝好的实证基础。我们认为，在新兴市场国家(如中国)之中，在发展初始阶段，区位集聚优势相对薄弱，将驱动跨国公司基于多市场竞争的考量，而共同进入特定区位，即基于多市场竞争的同一区位选择。随着跨国公司在新兴市场国家的共同迁入，该区位集聚效应初步形成，将驱动本土企业逆向迁入，即基于集聚优势获取的同一区位选择。随着本土企业迁移的增加，指向该区位的迁移行为获得制度合法性，将会驱动更多的企业出于合法性获取的考量而进入该区位，即基于合法性获取的同一区位选择。

基于已有文献研究，结合第四章所提出的企业—区位共演模型，得出如图 6-2 所示的企业群体迁移同一区位的内在机理。这一模型较好地契合企业—区位共演框架。从三个阶段的静态分析来看，在初始阶段，全球跨国公司主要是基于迁出地(我们可把非中国市场作为跨国公司的迁出地)之间的竞争结构，特别是寡头垄断的市场结构，及竞争对手在备择区位的布局，影响了企业对备择区位的评价，驱动企业选择与竞争对手采取同样的迁移区位选择。在发展阶段，企业迁移同一区位的主要原因在于备择区位的集聚优势，这一区位层面的总部集聚优势影响了企业对区位的评价，使得迁移企业最终选择同样的区位。在成熟阶段，企业迁移至同一区位的主要原因在于不论是在迁出地，还是在迁入地，均形成了“迁移同一区位”的制度合法性压力，影响了企业对区位的评价，进而影响迁移企业的选择。从企业—区位共演的动态分析来看，在初始阶段群体迁入的主要动因是迁移企业之间的竞争结构，经过初始阶段的群体迁入之后，迁入地的集聚优势就已经成形了，这就引发了发展阶段企业的群体迁入，即在发展阶段的基于集聚优势获取的本土企业群体迁入。初始阶段和发展阶段大量企业的涌入，对后来者形成了较强的合法性压力，这一合法性压力驱动更多的企业群体迁入。因此，如图 6-2 中的区位产业集聚发展视角下的企业群体迁移动机模式，静态分析和动态演化都很好地体现了企业—区位共演框架。下面具体提出三个研究假设。

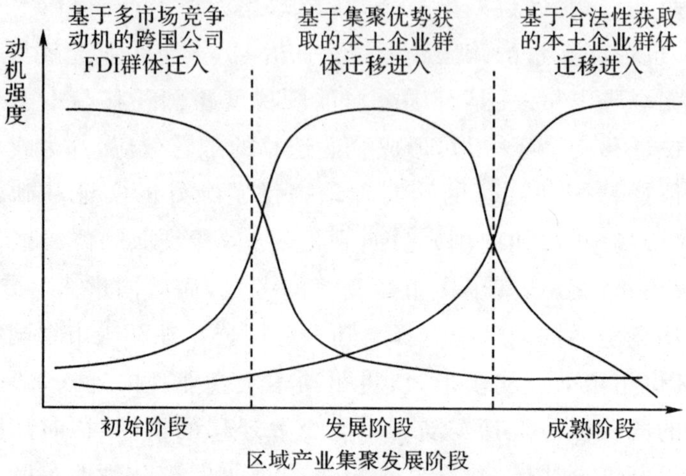

图 6-2　区位产业集聚发展视角下的企业群体迁移动机模式

6.3.1　跨国公司共同迁入：基于多市场竞争视角

20 世纪，作为新兴市场的中国市场开放，吸引了大量跨国公司的目光，跨国迁移在特定区位烟花般绽放。正如前文所述，集聚优势获取、多市场竞争以及合法性获取是企业群体迁移至同一区位的三大动因。具体来说，集聚优势获取和合法性获取逻辑的前提假设是竞争性或者垄断竞争性产业结构，即存在较大数量的同行企业；而事实上在全球范围内，很多产业多为寡头垄断格局（Alcacer 等，2013，2015），因此，多市场竞争理论就为我们分析发达国家跨国公司集中进入中国特定区位提供了合理的理论分析视角。

在多市场竞争理论下，寡头垄断的全球竞争格局是驱动跨国公司选择同一区位的关键原因。在寡头垄断市场结构下，少数竞争者的竞争战略存在相互依赖性，一家企业的战略决策将会带来竞争者的战略响应（Chen，Miller，1994）。在寡头竞争格局下，一家跨国公司进入某一东道国的战略决策，将会导致竞争者为了维持其竞争地位而进入同一东道国。

因为先进入者的战略行为将会影响该跨国公司在母国的市场位置，乃至在全球市场上的位置，从而引发其他竞争者为保持其市场位置而采取战略跟进，即使迁入特定区位并非一定盈利(Gimeno 等，2005)。在实证研究方面，Knickerbocker(1973)发现美国企业跨国迁移在区位选择方面具有明显的同一区位选择现象，并且在东道国区位选择的集中性与母国市场的寡头垄断性存在显著关联。Gimeno 等(2005)以美国电信业 1985—1995 年间跨国迁移区位选择为样本的实证研究表明，基于多市场竞争的考量是跨国迁移同一区位选择的主要原因，即只有当与之前进入者具有同样较大市场份额时，只有当在母国市场是寡头垄断市场时，才能够引发后续跨国公司的同步迁移。之后，Ghemawat，Thomas(2008)以全球水泥产业六大跨国公司跨国迁移区位选择为样本，实证研究表明六大企业在多个市场的战略互动是其同一区位选择的核心原因。Alcácer 等(2013，2015)则采用博弈论方法证明了即使不存在资源禀赋和集聚优势，寡头垄断市场结构依然可以解释跨国迁移的同一区位选择。特别是 Alcácer 等(2013)发现，当市场吸引力较大、知识可以跨国转移时，为保持其竞争位置而采取同一区位选择的动机更为强烈。结合本书的实证背景，可以认为，在全球寡头垄断的竞争格局下，特别是考虑到中国市场空间巨大，并且传统制造业的知识可以跨国转移的具体情境，全球最大的跨国公司会出于保持市场位置的考量而选择共同迁入东道国的同一区位，据此得出研究假设 1。

假设 1：在区位产业集聚的初始阶段，寡头垄断竞争格局驱动跨国公司共同迁入同一区位。

6.3.2 本土企业共同逆向迁入：基于集聚优势获取视角

在市场开放的条件下，随着跨国公司 FDI 的迁入，国内企业面临更大的市场竞争压力。但同时，跨国公司在中国特定区位的共同迁入，也为国内企业通过逆向迁移、实现知识追赶提供了绝佳的学习机会。但是，这种机会能否转化为现实的逆向迁移行动，还依赖于三个方面的条件。一是，原有区位不能满足企业发展的资源需求，即企业与原区位的不匹配凸显，这构成了企业逆向迁移的推力；二是，目标区位具有满足企业发展所需资源的潜在优势(吴波，2013)，这构成了企业逆向迁移的拉力；三是，企业具有了解目标区位的信息渠道(Hernandez,2014),这降低了企业逆向迁移的阻力。下面分别论述。

正如前文所提及,新兴市场国家企业在市场开放之前以及开放的初期阶段,在本国也会形成自发的产业集群,例如中国浙江省产业集群就是其中的典型。这种自发的企业集群在发展过程中形成了企业与区位的有效匹配。受制于知识积累,中国原生的制造性企业集群多从事低端制造环节,以劳动密集型业务为主,集聚所形成的区位也随之形成了匹配的制度环境。这种区位资源环境、制度环境与企业的匹配推动了早期企业的集群化发展。但是,随着跨国企业的共同迁入,中国制造企业所依赖的劳动成本优势大大削弱,在带来巨大竞争压力的同时,也强化了企业的转型升级动力,即从低端价值链环节进入相对高端的价值链环节(Mudambi,2008;Mudambi,Swift,2011)。这就凸显了服务于劳动密集业务的原有区位与企业高端知识需求之间的非匹配,从而形成了企业逆向迁移以实现知识追赶的推力。

那么进一步的问题就是逆向迁移的目标区位选择。按照IB理论,在全球范围内进行知识获取是一种合理的选择。进入全球范围的知识高地,直接进行知识追赶,诚然是不错的选择,但是这也面临较大的风险。这种风险不仅来自经典的“外来者劣势”,还来自发展中国家企业所具有的“知识基础相对薄弱”特征(吴波,2012),这就使得企业难以利用Dunning所指出的“所有权优势”来克服“外来者劣势”,也就很难在国外知识高地获得生存并获取高端知识。因此,对于区位差异明显的中国来说,进入中国知识高地实现知识获取就成为综合权衡自身知识基础、潜在集聚效应(主要是知识溢出效应)以及外来者劣势的现实选择。首先,知识基础相对薄弱是转型升级中的中国制造企业的典型特征,这就影响了企业的知识吸收能力,因此相对于全球知识高地而言,进入中国国内知识高地就成为企业迁移的可行选择。其次,全球跨国公司共同迁入区位成为中国国内知识高地,对中国本土企业产生逆向迁移引力。按照IB理论,跨国公司的核心竞争优势是企业所拥有的核心知识,FDI是企业有效利用其核心知识获取企业收益的重要方式。因此,对于中国本土企业而言,跨国公司共同迁入区位就是本国的知识高地,是新兴市场国家企业实施知识追赶的重要知识来源。同时高端知识的隐性特征,使得中国本土企业只有通过持续的面对面的交流才能够有效获取，从而对中国本土企业形成逆向迁移该区位的引力。最后，中国本土企业与全球跨国公司在中国的共同迁入区位存在的各种关系，降低了本土企业逆向迁移的阻力。由于全球跨国公司共同迁入区位与中国国内企业同处一国之内，文化差异相对较小，制度距离相对较低；同时转型升级的本土企业与跨国公司共同迁入区位的关系，有利于本土企业获得全球跨国公司共同迁入区位的相关信息，有利于其克服外来者劣势，使本土企业能够在全球跨国公司共同迁入区位快速从网外人转变为网内人（Johanson，Vahlne，2009），便于其高端知识获取，从而大大降低本土企业逆向迁移的阻力。综上，我们提出研究假设2。

假设2：在区位产业集聚的发展阶段，跨国公司共同迁入区位的集聚优势驱动中国本土企业的逆向共同迁入。

6.3.3 本地集群企业共同逆向迁入：基于合法性获取视角

从制度合法性角度来看，面对不确定性的决策环境，为有效获得合法性授予者的认可，进而获得其所拥有的资源，企业将会模仿其他企业的决策。应用到中国本土企业逆向迁移目标区位选择决策，可以认为在不确定性环境下，随着更多的本土企业逆向迁往跨国公司共同迁入区位，将会赋予该行为以更高的合法性，从而引发当地其他企业出于合法性获取动因而模仿先行者，继而共同逆向迁往跨国公司共同迁入区位，表现出显著的烟花效应。

首先，企业逆向迁移决策面对着高度复杂的决策环境。一是，企业与原有区位不匹配性是否足够大，以至于需要逆向外迁来实现知识追赶。这需要系统地评价企业自身的情况、原有区位的情况，以及两者的匹配性。特别是迁出地各个利益相关者及其利益诉求及其对企业迁移的期望，即来自迁出地的合法性诉求。二是，在目标区位选择方面，既存在国内知识高地，也存在全球知识高地。这就要求企业比较不同的目标区位，并分析其与自身的匹配性。三是，能否在目标区位获得迁入地高端知识。这就需要企业对迁入地高端知识进行识别，了解不同利益相关者的诉求及其满足标准，即迁入地的合法性诉求。总之，来自迁入地和潜在迁入地的众多利益相关者及其差异性，甚至矛盾性诉求，构成了企业逆向迁移决策的复杂环境。

其次，逆向迁移决策所面临的不确定性，使得企业倾向于通过模仿获得合法性。信息瀑布理论和间接学习理论认为，在不确定性环境中，每个主体都拥有其私有信息，当第一个主体做出行动之后，被后来者发现其行动，并由此得出第一个主体所拥有的私有信息；当揭示出来的私有信息足够多的时候，就会让后来者放弃其私人信息，从而采取模仿行为，即承认这一决策的合理性（Lieberman，Asaba，2006）。对于转型升级中的中国本土企业来说，他们在知识基础、潜在目标区位信息方面均存在较大差异。在高度不确定性环境中，当企业观察到一定数量的其他企业先行共同进入跨国公司共同迁入区位，这些企业会推断这一迁移行为当属合法行为，并最终放弃自身的私人信息，从而开始模仿迁移。

最后，企业更倾向于模仿本地集群企业的逆向迁移行为，从而使得本地企业共同迁入跨国公司共同迁入区位，表现出显著的烟花效应。模仿机制分为基于特征的模仿和基于频数的模仿（Haunschild，Miner，1997）。前者是指企业会模仿那些与之具有共同特征主体的决策行为；后者是指模仿那些被更多主体采纳的决策行为。根据基于特征的模仿，中国本土企业会模仿其本地集群中的同行，继而引发当地企业共同迁入跨国公司共同迁入区位。具体来说，当地集群企业之间存在正式与非正式的网络关系，使得集群企业之间的信息能够快速传递，这就为当地集群企业的间接学习提供了便利。同时，集群企业之间虽然存在差异性，但是其共性也较高，这就为企业之间的模仿性逆向迁移奠定了基础。根据基于频数模仿的机制，随着一定数量企业共同迁入，该行为将被视为理所当然，因而对其他企业形成更大的合法性压力，驱动更多企业的模仿行为。当然，这种模仿行为并不会一直持续下去，而是会因为目标区位竞争加剧而受到遏制（Baum，Haveman，1997；Chang，Xu，2008），即当目标区位迁入企业数量超过一定阈值之后，企业竞争各种资源所带来的成本提升将会冲抵集聚所带来的优势，从而使得模仿行为弱化。据此，我们提出研究假设 3。

假设 3：在区位产业集聚的成熟阶段，本土部分企业逆向迁移所形成的合法性压力将会驱动本土其他集群企业的逆向共同迁入。

6.4 电气企业共同迁移至上海市发展的案例研究

自改革开放以来，凭借广阔市场空间和低廉劳动力，中国引发了本土企业的创办与快速成长，同时也成为跨国公司全球拓展的重要目标区位。随着跨国公司的迁入，中国较为明显的区位差异也激发了本土企业区位再调整的战略思考，2000年以来掀起了企业迁移浪潮。这种迁移不仅仅体现为传统产业转移理论所强调的顺梯度转移现象，还出现了大量以高端知识获取为目的的逆梯度转移（即逆向迁移），并且这种逆向迁移还表现出同一区位选择的特点，展现出显著的烟花效应。这为我们探索企业群体迁移至同一区位的动机提供了绝佳的场景。

本章将主要以电气企业共同迁移至上海市发展为对象开展案例研究。1978年，中国改革开放政策确立，引发了跨国电气公司的关注。随着对中国电气市场认知的加深，跨国公司纷纷在中国加快投资步伐。合资公司、独资公司，以及中国区、亚太区总部和研发中心开始烟花式入驻，从而在上海市形成电气产业集聚发展的态势。另一方面，改革开放所带来的电气市场需求也引发了本土企业的关注，特别是来自浙江省温州市乐清市的一批企业的关注，它们纷纷在当地创办了民营企业，也形成了中国著名的低压电气产业集群。随着经济转型升级压力的增加，乐清市电气企业也开始从附加值较低的低压电气业务向附加值更高的业务拓展，这就引发了企业指向上海市的逆向迁移发展浪潮，从而为上海市电气产业注入新的力量。因此，本章重点关注改革开放初期电气跨国公司于1990年烟花式跨国迁入上海市，以及作为中国本土电气企业代表的温州市乐清市电气企业于2000年烟花式进入上海市，来检验本章所提出的三个假设。

6.4.1 多市场竞争与跨国公司 FDI 共同进入

1980年，在全球电气产业中形成了由少数电气巨头掌控的寡头垄断竞争格局，其中ABB、西门子、施耐德、通用电气、阿尔斯通就是五家重要企业。自1978年中国实施改革开放政策以来，中国经济开始持续增长，工业化、城镇化带来了电气产业的巨大需求，驱动电气跨国公司的密集进入，开始着手在中国这一重要新兴市场上的战略布局。

在具体策略上，五家跨国公司表现出明显的同一区位选择，即采取相同的跨国迁入区位和迁入时机。从表 6-1 可以看出，在迁入区位选择上，五家跨国公司均在上海市进行了大规模的 FDI 迁入行为，并且均经历了相似的三个阶段，即 FDI 大规模进入之前的初步接触、FDI 正式迁入、在华投资升级。第一阶段，在改革开放之初到 1990 年之前，通常是通过设立企业办事处以了解中国市场。事实上，在改革开放之初，这些跨国公司都已经在和中国开展多种形式的接触。例如，ABB 在 1907 年，向中国供应第一台蒸汽锅炉，并通过香港办事处持续关注中国发展；西门子在 1910 年就创建西门子中国电气工程公司，总部位于柏林市，分支机构设在上海市；通用电气在 1908 年就在沈阳市建立第一家灯泡厂。自从改革开放政策确立之后，对跨国公司来说，中国市场的庞大已经无可置疑，尚存疑虑的是中国市场所面临的政治风险，选择入驻北京市来获得中国的政治信息以化解 FDI 投资的政治风险，就成为跨国公司克服外来者劣势的战略选择(Ma 等，2013)。因此，除了施耐德之外的四家企业均在 1979 年在北京以设立办事处的形式与中国接触，通过具体项目或者贸易的形式来了解中国的市场环境，进而奏响正式 FDI 迁入的前奏。第二阶段，1990 年初至 2000 年初，通常跨国公司利用其技术优势，在中国进行 FDI 投资，以利用中国相对廉价的劳动力和巨大的新兴市场。从表 6-1 所示可以看出，五家跨国公司巨头均在中国通过合资、独资的形式进行 FDI 投资，虽然最初的 FDI 投资有可能不在上海市，但是均把上海市作为发展中国电气业务的核心基地。第三阶段，2000 年初至今，通常是把知识密集型部门迁往上海市，实现知识开发的本地化。这一阶段的跨国公司在华投资升级主要体现在把更多的知识密集型部门，包括企业总部、研发中心，迁往上海市。

五大跨国公司在上海市的同一区位选择的动机是基于寡头垄断的多市场竞争逻辑。原因在于以下三个方面。第一，由于中国本土电气产业在 1990 年尚处于起步阶段，不但其实力与跨国公司相比有很大的差距，而且本土电气企业分布相对分散，因此上海市还难以依托其产业集聚优势吸引五大跨国电气企业的入驻。在 1990 年，中国电气产业的发展主要依托国有企业，并且在区位布局方面还较为分散：除了上海市之外（例如，上海电气、上海人民电气厂），还有江苏省镇江市的大全集团、陕西省西安市的中国西电集团、湖南省湘潭市的湘电集团、河南许昌的许继集团等。因此，上海在电气产业的集聚优势并不明显，因此不足以驱动五大跨国电气公司的共同迁入。第二，基于个体独立信息的共同选择也难以解释五大电气跨国公司在上海市的同步迁入。虽然五大跨国电气公司在 FDI 正式迁入之前均通过各种渠道了解中国市场信息，但是不同企业所获得信息必然存在差异，在对市场潜力的评估、自身的市场定位以及市场的进入时机选择方面也会产生差异，其 FDI 迁移时机也应该存在差异。因此，基于个体信息的共同选择也就难以有效解释五大跨国公司在上海市 FDI 的共同迁入。这就必须考虑五大跨国公司的关系，特别是竞争关系。第三，五大跨国公司之间所形成的全球寡头垄断竞争格局是驱动跨国公司迁移同一区位的重要原因。事实上，五大跨国公司在 1980 年已经成为全球知名的电气企业，彼此之间形成了显著的寡头垄断竞争格局。在这一竞争格局之下，面对中国这一巨大的新兴市场，就会形成共同的战略选择以确保自己的竞争位置，在 FDI 迁入时机以及区位选择方面就会表现出相似性，即在相同的时间段，采取类似的节奏入驻上海市。据此，可以认为跨国公司的寡头垄断竞争格局驱动了其在上海市的同一区位选择，假设 1 得以验证。

表 6-1　五大电气跨国公司的电气业务在上海市的发展情况

跨国公司	S1：FDI 迁入之前的接触（改革开放至 1990 年初）	S2：FDI 正式迁入（1990 年初至 2000 年初）	S3：在华投资升级（2000 年初至今）
ABB	· 1907 年，向中国供应第一台蒸汽锅炉； · 1974 年，在香港设立首个中国地区办事处； · 1979 年，在北京设立永久性办事处	· 1992 年，第一家 ABB 合资企业在厦门成立； · 1994年，上海 ABB 变压器有限公司成立； · 1996 年，上海 ABB 电机有限公司成立	· 1999 年，上海 ABB 工程有限公司成立； · 2005 年，在北京和上海设立全球性研究中心； · 2006 年，ABB 高压电机有限公司成立（上海）

续 表

跨国公司	S1:FDI 迁入之前的接触（改革开放至 1990 年初）	S2:FDI 正式迁入（1990 年初至 2000 年初）	S3:在华投资升级（2000 年初至今）
施耐德	·1987 年,天津梅兰日兰有限公司(天津)成立,梅兰日兰在 1992 年为施耐德所并购	·1995 年,上海施耐德工业控制有限公司成立; ·1995 年,上海施耐德配电电器有限公司成立; ·1995 年,上海施耐德低压终端电器有限公司成立	·2000 年,在上海建立施耐德中国三大物流中心之一; ·2003 年,施耐德(上海)电器部件制造有限公司成立; ·2005 年,施耐德电气中国研发中心(上海)成立,该中心成为继法、美之后施耐德全球重要研发基地
西门子	·1910 年,西门子创建西门子中国电气工程公司,总部位于柏林,分支机构设在上海; ·1978 年,西门子首次在上海举行"电气电子技术博览会"; ·1984 年,西门子为中国建设了第一条高压直流输电线,从葛洲坝水电站输送到上海市; ·1985 年,作为第一家跨国公司,西门子在北京签署《西门子公司与中华人民共和国在机械工业、电气工程和电子工业等领域开展合作的备忘录》	·1988 年,西门子建立一家生产计算机断层扫描系统的合资厂(上海); ·1993 年,西门子电站自动化有限公司成立,总部设在南京,并在上海设有办事处; ·1995 年,上海西门子工业自动化有限公司成立; ·1995 年,西门子制造工程中心有限公司(上海)	·2005 年,西门子(上海)电气传动设备有限公司成立(并购美国罗宾康公司所得); ·2006 年,西门子中国研究院在北京成立,其中位于上海和南京的开发中心致力于为西门子各部门提供高效率、高性价比的产品开发和服务; ·2007 年,西门子产品管理软件(上海)有限公司成立(并购 UGS 公司所得,UGS 1992 年进入上海); ·2011 年,西门子华东地区总部西门子上海中心投入运营
通用电气	·1906 年,通用电气与中国正式开始贸易往来; ·1908 年,通用电气在沈阳建立第一家灯泡厂。 ·1979 年,通用电气与中华人民共和国重建贸易关系	·1994 年,通用电气照明(中国)联合灯泡厂和申华灯泡厂成立(上海); ·1997 年,通用电气在 GE 照明(中国)联合灯泡厂和申华灯泡厂增资(上海)	·2000 年,通用电气全球研发中心(上海)成立,为通用电气公司五个全球研发中心之一; ·2002 年,通用电气工业系统亚太总部迁往上海; ·2008 年,通用电气中国总部落户上海

续　表

跨国公司	S1：FDI 迁入之前的接触（改革开放至 1990 年初）	S2：FDI 正式迁入（1990 年初至 2000 年初）	S3：在华投资升级（2000 年初至今）
阿尔斯通	·1958 年，阿尔斯通向中国提供首批电力机车和电传动内燃机车； ·1979 年，在北京设立第一家代表处	·1999 年，阿尔斯通（中国）投资有限公司在北京成立； ·1999 年，上海阿尔斯通交通电气有限公司成立； ·1999 年，上海阿尔斯通交通设备有限公司成立	·2000 年，阿尔斯通技术服务（上海）有限公司成立； ·2001 年，与上海电气集团合资的上海电气阿尔斯通宝山变压器有限公司成立； ·2006 年，阿尔斯通互感器（上海）有限公司成立； ·2011 年，阿尔斯通电网业务中国技术中心在上海成立

注：资料来自五大跨国公司网站。

6.4.2　集聚优势获取与温州市乐清市企业早期共同迁入

在跨国电气公司大举进入中国的同时，中国本土电气企业也在蓬勃发展，浙江省温州市乐清市低压电气企业集群就是一个典型。改革开放以来，其发展分为起步期（1977—1984 年）、成长期（1985—1992 年）、结构调整期（1993—1996 年）和转型升级期（1997 至今）（吴波，2012）。在结构调整期，乐清市一些企业通过兼并、相互持股等形式打造了一批以正泰、德力西、人民等为代表的集团公司，增强了企业实力；之后为了规避低压电气行业的激烈竞争，各集团公司不断谋求指向价值链高端的转型升级，这种升级表现为从价格竞争严峻的低压电气，转向高压电气、智能电气、新能源发电等高端业务，这就形成了温州市乐清市企业外迁升级的推力。

正如前文所述，在 2000 年左右，跨国电气公司在上海市的大举 FDI 迁入，以及上海市本地国有企业的发展，使得上海市成为中国高端电气产业的集聚区位，从而成为乐清市低压电气企业逆向迁移发展的重要目的地。从表 6-2 可以看出，德力西 1998 年先行入驻上海之后，天正、人民、华通也开始行动，之后以正泰在 2004 年的高调进驻上海为标志，继而引发了随后的乐清市其他企业的积极跟进，和平、华仪、长城等纷纷迁入上海市谋求发展。之所以把正泰进入上海市视为标志，是因为(在乐清市企业之中)正泰在上海市的投入最大(例如，2005 年投入 35 亿元，建设了 1500 亩的园区)，之后的成就也最高。

表 6-2 温州市乐清市电气逆向迁往上海市发展的情况

企业名称	创办时间	迁移时间	具体发展情况
德力西	1984	1998	· 1998 年，上海德力西集团有限公司成立，建设 300 亩的工业园区
天正	1990	1999	· 1999 年，天正收购中美合资上海申美建桥电器有限公司； · 1999 年，上海天正机电集团有限公司、上海天正明日电力自动化公司相继成立，斥资 1.5 亿元在上海浦东征地 150 亩，建设工业园区
人民	1988	2000	· 1999 年，通过整合上海 34 家国有、集体企业的营销网络，以 OEM 贴牌加工和实行人民品牌专卖等双赢方式挺进上海； · 2000 年，成立上海有限公司； · 2001 年，上海人民工业园全面竣工投入使用
华通	1986	2000	· 2000 年，上海华通机电集团组建； · 2008 年，上海青浦华通工业园一期工程正式竣工
正泰	1984	2004	· 2004 年，在上海成立正泰电气股份有限公司； · 2005 年，动工建设总投资 35 亿元、占地 1500 亩的输配电设备生产基地； · 2006 年，开工建设投资 2.6 亿元人民币、占地约 206 亩的正泰技术研发中心及配套区； · 2007 年，注册成立上海云杉投资管理有限公司
和平	1979	2004	· 2004 年，与国际自动化巨头香港索肯企业集团有限公司签订合作协议，共投巨资成立索肯和平(上海)电气有限公司； · 2007 年，上海和平科技工业园投入使用
华仪	1986	2007	· 2007 年，成立上海华崛电气有限公司，后变更为上海华仪风能电气有限公司； · 2008 年，华仪驻上海联络处成立
长城	1988	2007	· 2007 年，创建长城电器集团上海有限公司 · 2011 年，上海亿思特电气股份有限公司(简称亿思特电气)成立，这是由长城电器集团控股的一家高新技术公司，总部位于上海市金山区。制造基地占地面积 200 亩

注：资料来自 8 家公司网站。

除了转型升级所形成的内在推力，我们认为集聚优势获取是早期乐清市企业（如德力西、天正、人民、华通、正泰，后文把这些企业简称为早期企业）逆向共同迁入上海市发展的重要原因。首先，2000年左右，上海市电气产业集聚优势构成了早期乐清市电气企业迁入的引力。五大跨国电气公司的共同迁入构成了集聚优势最为重要的来源。同时，上海市本地电气企业的发展也为集聚优势贡献了力量。另外，上海市所具有的电气相关的科研院所以及相对高端的人才优势也为上海市电气产业集聚优势的形成奠定了基础。因此，这种强大的电气产业集聚优势，对于亟待获取高端知识、实现高端价值链环节转型的乐清市低压电气企业来说，具有极大的吸引力；同时，由于高端知识的隐性，需要更多的面对面的交流，这就驱动温州市乐清市低压电器企业共同外迁上海市谋求发展。

其次，温州市与上海市之间存在多元的知识关系使得乐清市电气企业能够有效了解上海市电气产业动态，大大增强乐清市企业外迁上海市发展的拉力。在起步期、成长期、结构调整期，上海市一直是温州市乐清市低压电气企业知识获取的重要来源，为此，温州市与上海市之间建立了多种形式的知识关系，这使得温州市企业能够有效了解上海市高端知识的动态，大大增强了其外迁上海市发展的拉力。据我们实地访谈得知，早期乐清市低压电气的核心知识一方面来自企业家到上海市的学习观摩，另一方面也更多地获益于来自上海市的“星期天工程师”。

最后，温州市与上海市之间存在的广泛社会关系使得乐清市企业能够有效了解上海市的相关信息，并有效克服外来者劣势、嵌入上海市之中，大大减小乐清市企业外迁上海市发展的阻力。自改革开放以来，温州市与上海市之间形成了丰富的社会关系，上海市浙商商会资料显示，“上海市开埠160余年来，浙江省与上海市的经济发展一直紧密相连，在上海市外来人口中，浙江人比例最大；改革开放后，浙江省陆续有50万人来沪经商”[①]。温州市商人又是浙商群体的重要组成部分，上海市温州商会资料显示：“据不完全统计，目前生活在上海市的温州人有二十八万多，所办企业有三万多家，固定资产投资3000多亿元。其中参加商会的两千余家会员单位大部分是骨干企业，行业覆盖金融、投资、教育、房地产、服装、制鞋、电器、机械制造、印刷、市场、贸易等领域，在上海市乃至全国都有较高

① 资料来自上海市浙江商会：http://www.zccs.org/about.aspx。

声誉。上海市百强民营企业中，我会企业就占了十六席，年销售额十亿元以上的会员企业有两百多家，年销售额五十亿元以上的有十多家。"[①]与同一地区移民的联系将会通过当地化学习正向影响区位选择和成活率(Hernandez,2014)，因此，上海温州商人群体的扩张，就大大减小了乐清市企业外迁上海市发展的阻力。

因此，综合考虑温州市企业外迁上海市的推力、引力、拉力与阻力，我们可以认为正是集聚优势的获取驱动早期温州乐清电气企业共同逆向外迁上海发展，这就证实了研究假设 2。

6.4.3 合法性获取与温州市乐清市企业后期共同迁入

获取上海市高端电气产业集聚优势是驱动早期温州市乐清市电气企业逆向迁移至上海市的主要动因，这些早期企业的迁移行为影响了后期其他企业的迁移行为，使得合法性获取成为后期温州市乐清市电气企业迁移至上海市的主要动因。在这里，后期的迁移案例是指和平、华仪和长城三家企业(后文简称后期企业)。

第一，逆向迁移至上海市发展知识密集业务是一项高度不确定性的决策，使得基于合法性获取的模仿成为企业决策的重要原则。前文虽然指出，逆向迁往上海市发展能够获取上海市的电气产业集聚优势，但是在具体过程中，面临诸多不确定性。一是，来自迁出地温州市乐清市的各个合法性授予主体选择的不确定性。具体来说，温州市乐清市政府的态度、温州市乐清市本地员工的意愿、温州市乐清市本地其他利益相关者(包括供应商、分销商、客户、配套企业、银行等)的反应等，均会影响迁移至上海市战略的推进。其中，作为当地龙头企业，当地政府的态度更是重要因素。二是，来自迁入地上海市的各个合法性授予主体选择的不确定性。具体来说，上海市政府的态度决定了能否有效获得上海市的各项资源，特别是土地和税收资源；上海市当地上下游企业的态度，包括上海市当地供应商、分销商、客户、配套企业的合作意愿与合作投入；上海市当地人才市场的态度，这决定了迁移后企业能否获得上海市当地高端人才的支持。这两方面诸多的不确定性，使得企业逆向迁移决策面临高度的风险。为

---

① 资料来自上海温州商会网站：http://www.shwzsh.com/aboutus.htm。

此，通过模仿其他类似企业的决策以确保自身决策的合法性就成为企业逆向迁移战略决策的重要原则。

第二，温州市乐清市当地密集的社会与商业网络为后期企业了解早期企业的迁移决策提供了丰富的信息，为后期企业的模仿提供了信息基础。作为一个产业集群，温州市乐清市电气企业之间存在复杂的社会与商业网络，这使得当地企业可以快速而详尽地了解当地同行，特别是与之相似企业的决策。正如当地一位企业家说的，“我在乐清市柳市办厂20多年，当地的一些风吹草动都会传遍柳市，哪家企业在做什么，基本上很难瞒得过别人”。因此，通过当地复杂而丰富的本地网络，乐清市后期企业可以有效把握早期企业在迁移发展方面的实时动态，即开展有效的间接学习。这就为企业实施基于合法性获取的模仿战略提供了信息基础。

第三，早期企业，特别是德力西和正泰，逆向迁移至上海市发展的战略决策，强化了后期企业的基于合法性获取的模仿动机。基于制度合法性的模仿理论认为企业更倾向于模仿那些与之类似的企业、地位更高的企业、更成功的企业，以及大多数人选择的决策（Haunschild，Miner，1997）。早期企业均为温州市乐清市当地的龙头企业，其外迁上海市并获得初步成功的行为，逐步发展成为制度性认知，即迁移至上海市是一种当然的转型升级方式，不仅被本地各个合法性授予主体认可，而且也被迁入地上海市的各个合法性授予主体认可。这一制度性认知就引发了之后的同为当地龙头企业的后期企业的模仿，即基于类似企业和成功企业的模仿。同时，正泰和德力西作为乐清占据金字塔顶峰的两家企业，具有更高的地位，其鲜明而有力的外迁上海市成长战略，更是赋予“迁移上海升级战略”更高的合法性，从而进一步强化了后期企业的模仿动机，驱动后期企业共同逆向迁移上海市。正如一家后期企业的管理人员提到的：“大家都在往上海市发展，我们也得往上海发展，要不然在当地也没有面子。”

第四，后期企业只有三家企业的原因有两点。一方面，乐清市本地龙头企业数量相对有限。因为迁移至上海市的升级战略需要极大的投入，这是一般企业所难以负担的；另一方面，上海市在“十二五”阶段，土地资源更为稀缺，并明确了发展“国际经济、金融、贸易、航运中心”的发展战略，这就对传统制造业实施限制进入策略，从而限制了外地电气企业的进驻。

综上，可以认为基于合法性获取的模仿战略驱动了温州市乐清市后期企业共同逆向迁移至上海市，这就验证了研究假设 3。

6.4.4 结果与讨论

通过对跨国电气企业群体迁移至上海市和浙江省温州市电气企业群体迁移至上海市的案例研究，我们基本验证了企业群体迁移至同一区位的三个假设。在以下两个方面，我们做进一步讨论。

第一，三个逻辑在驱动企业群体迁移至同一区位的并存性。针对企业群体迁移至同一区位的已有理论，结合企业—区位共演框架，我们构建了如图 6-2 中的基于区位产业集聚发展视角下的企业群体迁移动机模式，并围绕这一模式提出了三个研究假设，认为在不同的区位产业集聚发展阶段，有一个逻辑占据主导地位，驱动了企业群体迁移至同一区位。在这里，我们需要进一步指出的是，三个逻辑在不同阶段都会对企业迁移至同一区位产生影响。例如，在初始阶段，跨国公司之所以群体选择上海市作为发展基地，除了这些企业之间存在寡头垄断竞争关系，上海市作为中国沿海重要的工业基地，已经具备了足够好的产业基地，也已经呈现了初步的电气产业集聚发展态势。并且上海市也是中国当初少数的开放城市，跨国公司在上海市的投资发展也获得了来自中国政府的合法性认可。与之同时，在企业层面，一些跨国公司在中国的改革开放之前，就已经与上海进行了早期的接触，这也会对这些跨国公司最终选择上海市产生影响。这些区位层面和企业层面的因素综合在一起，也会对电气跨国公司群体迁移至上海市产生影响。

在区位产业集聚发展的发展阶段，我们认为本土企业，主要是温州市乐清市电气企业，群体迁移至上海市主要是为了获得上海市的集聚优势。与之同时，我们也可以发现多市场竞争因素和合法性因素的影响。因为群体迁移的温州市乐清市电气企业都是国内著名的低压电器品牌，进军上海市体现了这些企业进军高端市场的共同意图，这就明显地体现了多市场竞争因素的作用。而之所以选择上海市，这也与上海市作为中国高端制造区位的传统地位（规范合法性）以及模仿全球电气跨国公司的区位选择（认知合法性）紧密相关。在区位产业发展的成熟阶段，温州市乐清市后续企业群体迁入上海市也同样体现了三种因素的作用。合法性因素自不必说，上海市电气产业的集聚优势已经相当明显，这对企业的驱动力也相当大，但是伴随集聚优势的是拥挤成本也在不断提高，特别是上海市土地资源在后期已经相对稀缺。基于多市场竞争的格局也同样对温州市乐清市电气企业的群体迁入具有影响。区位产业集聚发展的三个阶段中三种力量的并存性，并不是否定我们所提出的3个假设，而是如我们在图6-2中在三个不同阶段，将会随着区位产业中集聚企业的数量的差异，而会出现新的主导性力量。至于三种力量具体强度有多大，对企业迁移同一区位具体的影响，本书的分析还主要是定性分析，还有待进一步的统计分析。

第二，本章所提出的区位产业集聚发展视角下的企业群体迁移动机模型(图6-2)，在理论上呼应并推进了Krugman所提出的C-P模型，在实践中反映了后发国家/地区的产业集聚发展的特色。经典的C-P模型认为个体企业的迁移引发了群体性迁移，进而推动了产业在特定区位的集聚发展。C-P模型强调了集聚优势的内生性，但是并没有解释事前为什么会出现一个企业或一个工人的随机迁移，对于后续的迁移动机也主要从集聚优势与拥挤成本的权衡进行解释。本章所提出的模型则关注了初始阶段企业群体迁移的动因，认为跨国公司是基于多市场竞争的考量而群体进入，这就弥补了C-P模型对于初期随机迁移的假定。在区位产业集聚发展的第二阶段，我们认为集聚优势是驱动企业群体迁移至同一区位的主要原因。而在第三阶段，也就是成熟阶段，我们整合了新组织制度理论中的合法性逻辑，实现了对C-P的拓展。本章模型与经典C-P模型之间差别的本质原因是本研究是从有限理性假设来进行分析的，这就把制度合法性逻辑纳入进来。

另一方面，本章的案例是针对后发国家/区位的产业集聚发展，把跨国公司的跨国迁移和本土企业迁移整合在一个情景之下，从而为发展中国家/区位产业集聚发展提供了一种新的方式。传统的产业集聚发展理论和实践关注的多为发达国家和发展中国家自发的产业集聚，例如美国的硅谷、中国的温州市乐清市低压电气产业集群。但是随着全球一体化，发达国家向发展中国家的产业转移，为发展中国家，或者后发国家/区位，提供了新的发展机会。本章针对上海市电气产业集聚发展的案例研究结果，为后发国家/区位的集聚发展提供新的模式。

6.5 本章小结

在经济全球化的力量下，跨国公司顺梯度迁移与新兴市场国家本土企业逆梯度/逆向迁移均表现出明显的同一区位选择，并且两者交会于特定区位，使得企业迁移区位选择表现出更为显著的烟花效应。对于烟花效应的形成动因，已有研究基于经济理性和制度合法性分别提出了集聚优势获取、多市场竞争以及合法性获取等三大动机，但是对于三大动机理论之间关系的研究还相对较少。对此，本章综合三大动机理论，以企业—区位共演框架为基础，结合跨国电气企业和本土温州市乐清市电气企业共同迁入上海市发展的案例，实证揭示了三大动机理论之间的互补关系，推动了企业迁移研究的发展，并对指导企业迁移决策、对区位政府构筑集聚经济推动经济发展具有现实意义。本章所得研究结论主要为以下两个方面。

首先，基于企业—区位共演框架，理论和实证检验了企业群体迁移至同一区位的动机模型。根据企业迁移至同一区位的已有研究，从区位产业集聚演进的角度，本章构建了区位产业集聚发展的企业群体迁移动机模型。以全球和本土电气企业群体迁移至上海市为对象的案例研究也基本证实了所提出的三个假设。这就表明，企业群体迁移至同一区位的三大动机理论存在互补关系。具体来说，多市场竞争动机的前提是迁移之前企业所面临的寡头垄断竞争关系，为了维持其竞争均势而会共同迁入特定区位；集聚优势获取动机则强调了跨国公司共同迁入所形成的集聚优势驱动了本土企业的逆向共同迁入；合法性获取动机则强调了本地集群企业早期共同逆向迁移所形成的合法性压力驱动了本地其他集群企业后期的共同逆向迁入。集聚优势获取动机和合法性获取动机解释了迁移企业在后期同一区位选择的动因，但是无法有效解释早期少数企业群体迁移至同一区位的原因，而多市场竞争动机则做了较好的补充；多市场竞争动机、集聚优势获取动机解释了迁移企业同一区位选择的经济动机，合法性获取动机则解释了迁移企业同一区位选择背后的制度合法性压力的影响。所以，企业迁移区位选择的烟花效应同时反映了经济理性和制度合法性的共同作用，体现了三大动机的互补性。

其次，来源于跨国迁移同一区位选择的三大动机理论可以有效应用到一国之内的跨区位迁移之中。正如前文所述，由于区位迁移研究基础理论的完善和跨国迁移的重大现实意义，跨国迁移研究取得了丰硕的研究成果，表现为基于经济理性和制度合法性的跨国迁移同一区位的三大动机理论的提出。与之相比，一国之内的跨区位迁移由于情景问题而没有得到更多的理论关注。而这种跨区位迁移对于幅员辽阔、区位发展不均衡的新兴市场国家则具有重要现实意义。本章的理论和案例研究表明，来源于跨国迁移同一区位选择的三大动机理论可以有效应用到一国之内的跨区位迁移之中，特别是集聚优势获取和合法性获取动机理论。

以上两个结论也表明了本章研究的理论意义。理论意义表现为两个方面：一是，发现企业迁移同一区位的三大动机的互补性，推动了企业迁移同一区位动机理论研究的整合；二是，发现来源于跨国迁移同一区位理论可以有效地应用到一国之内的跨区位迁移之中，促进了企业迁移至同一区位理论框架的一致性。

现实意义主要表现为以下两个方面。对于迁移企业而言，管理者必须有效权衡多市场竞争、集聚优势获取以及合法性获取三大动机对企业目标区位选择的影响，才能做出合理地迁移决策。对于有志于以集聚促发展的区位政府来说，本书的研究结论更具价值。与以初创企业集聚为基础的产业集聚不同，本章探讨的是企业迁移所形成的产业集聚。区位政府必须把握集聚得以形成的三个关键节点，才能有效推动本地产业集聚的有效形成。一是，在初期应当引入关键企业以形成集聚发展的种子，以此吸引竞争对手同步进入，为此必须提供多家竞争者共同发展的足够空间。二是，在初中期应当以培育产业集聚优势为核心，以此吸引更多企业的共同入驻。三是，在中期应当通过多种形式舆论建立本地产业发展的合法性，从而以合法性为动机来吸引其他相关企业入驻。当然，对于本地已经形成产业集聚发展的区位来说，也必须充分意识到本地企业外迁的风险，简而言之，一旦出现一家企业的外迁，有较大可能也会引起本地企业的共同外迁。

本章也存在一些研究不足，这也构成了未来的研究方向。第一，本章主要采用案例研究方法，这限制了研究结论的外部效度，未来可以选择多案例，甚至大样本数据开展研究。第二，本章所选案例为电气产业，属于传统制造产业，在知识的可转移性、集聚发展方面具有典型性，未来可以选择非制造产业，例如服务业，特别是互联网产业，分析服务企业迁移的区位选择，可以对服务业集聚发展提出更具针对性的政策建议。第三，本章仅仅关注了企业群体迁移至同一区位的现象，而没有关注同一区位选择之后的绩效问题，未来研究可以深入探讨其绩效效应，从而对企业迁移决策提供更有针对性的建议。第四，本章重点关注了企业群体迁移至同一区位的动力机制，而没有关注约束机制，例如区位资源有限性、知识学习的路径依赖性、企业的战略创业等。未来研究可以同时关注动力机制和约束机制，分析烟花效应的消散机制，这将是很有意思的问题。

第7章　企业迁移后成长机理研究:以中国上市公司总部迁移为例

以上两章重点分析了企业迁移的目标区位选择机理,本章进一步分析企业迁移过程的第三个阶段,即迁移后成长。第一部分将会界定研究背景,并提出本章的研究问题,即总部的迁移后成长机理。随后在第二部分对总部迁移研究概述的基础上,重点梳理有关总部迁移绩效的已有研究成果。在第三、四部分将以企业—区位共演框架为基础提出企业总部迁移后成长机理模型和研究假设,并以中国上市公司总部迁移样本为对象进行实证研究。最后,总结本章的研究结论。

7.1　研究背景与问题提出[①]

经过30多年的发展,中国企业规模不断扩大,内部管理分工日益精细,专门的企业总部在企业运营中的核心地位和枢纽作用不断强化。并且随着信息沟通技术的发展,总部与分支机构之间的沟通成本大大降低,总部区位的选择与再调整成为大中型企业发展所面临的重大战略问题,一些企业总部开始迁往北京市、上海市、广州市、深圳市等大中型城市以实现企业成长。作为中国企业重要群体的沪深上市公司也在积极尝试通过总部迁移实现企业成长,根据我们调查,2000—2011年6月,共计发生183次迁移案例。响应这一发展趋势,大量城市纷纷提出了“总部经济”

① 本章7.1和7.2主要来自作者已经发表的论文并做适当调整.吴波,郝云宏.中国上市公司总部迁移绩效影响因素研究:迁入地优势及其分异获取机理[J].南开管理评论,2014,17(4):46-55.

的建设口号，在积极引进国际知名公司总部的同时，也开始意识到国内企业总部迁移的蓬勃力量，强调积极引入国内企业总部，从而为区位经济的绿色增长奠定基础。那么，对于总部迁移企业而言，迁移能否真正提升企业绩效、促进企业成长？立志发展总部经济的各大城市又应当如何构建自身的总部引力？

与蓬勃发展的总部迁移现象相比，总部迁移研究虽然得到了国内外学术界越来越多的关注，但是总部迁移研究依然处于企业区位研究相对边缘的地位（Tonts，Taylor，2010）。国外来自美国、欧洲、澳大利亚的研究深入探讨了企业总部的区位选择以及总部迁移绩效问题（Tonts，Taylor，2010）；而国内的研究还集中于“总部经济”的探讨，对于企业总部迁移的研究还不多，所研究的问题还仅仅涉及总部的区位选择，还没有涉及总部迁移绩效问题，而有关上市公司总部迁移的研究则更少（魏后凯，白玫，2008）。因此，本章将以中国总部迁移的沪深上市公司为对象，利用上市公司年报信息、中国城市年鉴数据以及 CCER 数据库数据实证分析中国上市公司总部迁移绩效的影响因素及其作用，为中国上市公司提升总部迁移绩效、实现企业成长提供决策参考，为区位政府打造“总部经济”提供政策建议。

7.2 相关文献综述

总部迁移研究主要探讨迁移动因、目标区位选择以及迁移绩效等三个方面。其理论基础主要是集聚理论，特别是以 Krugman 为代表的新经济地理学派。按照 C-P 模型，特定城市的总部集聚优势影响企业的总部迁移，并且随着总部迁移，该城市的集聚优势将会进一步强化，从而也会对其他企业的总部产生更强的迁移引力。这一循环累积效应进一步推动城市分工的差异，形成以总部以及相应商务服务企业集聚为特征的总部型城市以及以生产工厂集聚以及相应的产业专用中间品集聚为核心的制造型城市（Duranton，Puga，2001）。按照这一核心逻辑，总部迁移研究得到了以下三个方面的结论。

早期对总部迁移的描述性研究发现企业总部更倾向于迁往少数大中

型城市,形成总部集聚的中心城市和次中心城市。在1960年,随着企业规模的扩张、企业总部的独立以及信息沟通技术的发展,总部的区位选择就成为企业实践和学术研究的重要问题。大量研究重点探讨了企业总部迁移的区位选择,指出多数企业总部会集中于少数中心城市(Shilton, Stanley,1999;Horst,Koropeckyi,2000;Strauss－Kahn,Vives,2009)。在这一集中过程中,企业总部最初集中于极少数大型中心城市;但是随着时间推移,企业总部开始向周边城市迁移,形成了总部集聚的各个次中心。例如Ross(1987)以美国财富500强企业为对象研究发现,在1955年财富500强榜单刚推出之时,纽约大都市区就占据了31%的大企业总部,其中28%位于纽约市;但在1960年代中期,总部开始迁往周边城市,位于纽约大都市区的总部的比率在稳步下降,到1999年,这一比例开始下降到17%(Horst,Koropeckyi,2000)。Tonts,Taylor(2010)对澳大利亚的研究发现了类似的规律,总部集聚中心从早期的悉尼市和墨尔本市,逐步演化为涵盖Adelaide,Brisbane以及Perth等次中心城市的总部集聚体系。

那么,进一步的问题就是企业总部为什么选择迁往这些城市。除了复杂的政治历史原因之外,已有研究主要梳理出两类城市层面的关键因素,分别是总部集聚优势和信息沟通优势。首先,企业总部需要有效执行自身的各项管理职能,包括会计、法律、人力资源、广告等,因而需要依托专业化与多样化的商业服务以提升自身效率,所以会更倾向于选择更具总部集聚优势的城市(Tonts,Taylor,2010;Klier,2006)。与经典集聚优势内涵类似,城市的总部集聚优势也可以归纳为三个方面,一是大量企业总部集聚所带来的知识溢出效应,二是专业化、多元化的商务服务优势,三是大量与之相关的高端人才集聚优势。一系列的实证研究也进一步证实企业总部更倾向于迁往总部集聚优势更为显著的城市。例如,Davis, Henderson(2008)发现企业总部更倾向于迁往商务服务更加多元化以及总部更加集中的城市。以出口企业为对象,Lovely等(2005)发现出口企业总部倾向于迁往出口企业总部集聚地以获取知识溢出效应。以美国大型公众公司在1990年的总部区位选择为对象,Klier(2006)发现城市的宜人性影响了企业总部的区位选择,其中宜人性是指城市所具有的更高的全球化程度、更高比例的受过教育的员工、基于航空业的更高水平的全球可达性。利用美国 Census Bureau 的微观调查数据，Aarland 等(2007)发现企业总部往往会迁移到大城市，以获取迁入地的商业服务优势。以1977—1997 年美国微观数据为对象，Davis，Henderson(2008)发现城市商业服务的多元化以及其他总部集聚规模影响总部迁移的区位选择。其次，总部除了保证自身运营之外，还需要确保与分支机构之间有效的信息沟通以提升企业整体运营效率，因而企业总部更倾向于迁往更具信息沟通优势的城市。利用 1992—1997 年间美国制造企业第一次建立分立总部的数据，Henderson，Ono(2008)发现除了商务服务多元化与总部集聚规模之外，航空业和通信技术的发展水平决定了特定城市的吸引力。利用美国 1996—2001 年美国 1500 个迁移样本，Strauss-Kahn，Vives(2009)的实证研究也发现良好的空运设施是吸引总部迁入的重要原因。

最后，企业总部迁移能否提高企业绩效？如何提升企业绩效？这就涉及迁移绩效及其影响机理研究。所谓迁移绩效是指迁移所带来的绩效变动，通常采用基于股票市场反应的事件分析法以及总部迁移前后企业绩效差异等两种方法来表征。前者主要通过测度迁移公告发布前后一段时间内迁移企业的股票价格波动来测量(Ghosh 等，1995；Chan 等，1995；Manning 等，1999)；后者主要采用迁移企业的运营绩效差异来测量(Alli 等，1991；Gregory 等，2005)。采用事件分析法，Ghosh 等(1995)以1966—1992 年间 160 个迁移宣告样本，发现总部迁移绩效取决于迁移动因：当总部迁移动因为成本降低导向时，其股票价格反应是正向的；而当总部迁移动因是管理层自利以及获得奢华办公场所时，其股票价格反应则是负向的。Chan 等(1995)、Manning 等(1999)也得到了类似的结论。采用运营绩效差异法，Alli 等(1991)比较了迁移企业与同行企业迁移当年以及迁移后一年的净利润边际、运营利润边际以及 ROE 等三个指标，发现迁移企业的迁移绩效显著低于同行企业。Chan 等(1995)则采用前后共五年的财务数据比较发现，经过产业调整后的 ROE 和现金流资产比(CF/A)两个指标上，迁移企业和非迁移企业之间并不存在显著差异。Gregory 等(2005)以 167 家总部迁移宣告企业为样本，采取总收益率、资产收益率、净资产收益率、有效利税率以及销售与管理费用等五个财务指标的七年数据，分析了总部迁移上市公司与配对非迁移企业的绩效对比，结果表明总部迁移企业在迁移前后七年的绩效与对照企业之间并不存在显著差异。总之，已有研究表明总部迁移的迁移绩效并不理想，并且已有研究重点关注了迁移绩效，但对迁移绩效的影响因素及其作用机理的研究还较少。

国内对企业总部的研究主要集中于总部经济，而对微观层面的总部迁移研究还较少。魏后凯，白玫(2008)采用 2007 年 9 月之前的 86 家总部迁移企业的数据对中国上市公司总部迁移现状与特征进行了统计分析。杨菊萍(2010)以我国 A 股市场上的 163 家上市集群企业为对象探讨了上市公司的迁移绩效，但是该研究所选择样本不仅包括总部迁移，还包括其他部门以及整体迁移，并没有就总部迁移的行为与绩效进行深入研究。吴波，郝云宏(2014)则专门针对中国上市公司的迁移绩效进行了系统的实证研究。他们实证分析了总部集聚优势跨度对迁移绩效的影响，认为总部集聚优势对迁移绩效的主效应并不显著，而取决于企业规模的调节效应，即总部集聚优势的分异机制。

总之，总部迁移研究重点关注了迁移动向、迁移目标区位选择机理以及迁移绩效。研究表明，企业总部迁移表现出显著集聚性，形成了总部集聚中心与次中心；在迁移目标区位选择方面，总部集聚优势与信息沟通优势成为驱动企业总部迁移的两大城市层面要素；在迁移绩效方面，总部迁移绩效并不理想，不论是采用事件分析法，还是采用运营绩效差异法来测度。同时，最近的研究也充分表明，迁入地优势并不能自然而然的获取，而是依赖于一定的条件(吴波，郝云宏，2014)。但是已有研究对迁移绩效影响因素及其作用机理的关注还相对较少。为此，本书将以中国沪深上市公司 2003—2013 年间共 152 个总部迁移企业为样本，实证分析总部迁移绩效的影响因素及其作用机理，从而推动总部迁移绩效研究的深入。

7.3　概念模型和研究假设

已有研究表明，迁移后成长是企业迁移成果的关键一环，但是相关的研究还相对较少。为此，本章主要基于企业—区位共演框架来分析迁移后成长机理。按照企业—区位共演框架，企业在迁入地的成长依赖于企业与区位在知识效率和制度合法性方面的互动及其所带来的两者之间的匹配，以有效提高企业的迁移绩效。由于第四章所提出的框架更为全面，在这里本章将结合总部迁移后成长的特点提出相应的研究假设。其中，迁移绩效是指企业迁移所带来的绩效变动，以迁移前后的绩效差距来测量。

第一，总部集聚优势跨度对总部迁移绩效的影响。

区位层面因素主要表现为迁入地优势，是指迁入地相对迁出地而言所具有的更高的总部集聚优势，采用迁入地与迁出地在总部集聚优势的差距来测量，即总部集聚优势跨度。前文文献综述表明，企业总部更倾向于迁往更具总部集聚优势的城市以谋求发展，其中迁入地总部集聚优势更有利于促进总部运营效率的提升。与经典集聚优势的维度类似，迁入地总部集聚优势可以进一步分为总部数量增加所带来知识溢出优势、商务服务优势以及高端人才集聚优势。其中高端人才集聚优势又可以采用生活服务优势来测量，因为高端人才更倾向于生活在生活服务更为发达的城市（Klier，2006）。据此提出研究假设 1a。

假设 1a：迁入地总部集聚优势跨度与总部迁移绩效正相关。

但是，更大的总部集聚优势跨度，也会带来更大的知识落差和制度落差，这就给企业有效获得迁入地知识、提高知识效率，有效融入迁入地制度环境、获得制度合法性，带来了更大的难度。同时，在更具总部集聚优势的区位，也往往意味着更高的运营成本。简而言之，在更具总部集聚优势的区位中，企业诚然可以获得更为高端的人才、更为优质的商务服务，但这也同时伴随着更高的人力成本和商务成本，这就在一定程度上削弱了企业在迁入地的知识效率，从而对企业的迁移绩效并不产生显著影响。据此提出研究假设 1b。

假设 1b：迁入地总部集聚优势跨度与总部迁移绩效不相关。

第二，企业在迁入地的关系承诺与网络嵌入对总部迁移绩效的影响。

从企业—区位共演框架来看，企业在迁入地的制度合法性和知识效率状况，决定了企业能否实现企业与迁入地的匹配，进而决定了迁移企业能否利用迁入地优势以提升迁移绩效。按照第四章图 4-5 中的理论模型，我们认为企业在迁入地的关系承诺和网络嵌入反映了企业在迁入地的制度合法性和知识效率状况。因此，企业在迁入地的关系承诺和网络嵌入就决定了企业能否获得迁入地优势，进而决定了企业迁移绩效。所以，企业在迁入地的关系承诺和网络嵌入对迁入地优势（即总部优势跨度）与总部迁移绩效的关系起到正向调节作用。下面进一步提出具体的研究假设。

具体来说，本章以企业核心内部资源与迁入地的距离来测量企业在迁入地的关系承诺。如果企业的核心内部资源就位于迁入地，则意味着企业在迁入地的关系承诺最高，如果两者距离越远，则在迁入地的关系承诺越低。因为总部所在的迁入地与企业内部资源距离越近，迁入地的隐性知识越容易获取，企业在迁入地就越容易获得更高的制度合法性和知识效率。结合上市公司总部迁移的具体情况，考虑到数据的可得性，与第五章的研究类似，我们认为主营业务和控股股东是企业内部资源的主要载体，以迁入地与主营业务所在地距离和与控股股东所在地距离（后文分别简称与主营业务距离和与控股股东距离）来表示企业在迁入地的资源承诺。据此提出假设 2，以及相应的两个子假设。

假设 2：企业在迁入地的关系承诺与总部集聚优势跨度对总部迁移绩效具有正向交互效应。

假设 2a：与控股股东距离与总部集聚优势跨度对总部迁移绩效具有负向交互效应。

假设 2b：与主营业务距离与总部集聚优势跨度对总部迁移绩效具有负向交互效应。

与关系承诺类似，企业在迁入地的网络嵌入也反映了企业在迁入地制度合法性和知识效率状况。通过在迁入地的网络嵌入，企业可以有效了解迁入地的隐性信息，有效克服“外来者劣势”。结合上市公司总部迁移区位选择行为的具体情景，我们重点关注两种网络嵌入，以迁入地政治网络嵌入、迁入地商业网络嵌入来测量企业在备择目标区位的网络嵌入。其中前者是指企业高管在迁入地拥有政治头衔，后者是指企业高管在迁入地拥有商务履历。据此提出研究假设 3 以及相应的 2 个子假设。

假设 3：企业在迁入地的网络嵌入与总部集聚优势跨度对总部迁移绩效具有正向交互效应。

假设 3a：区位商业网络嵌入与总部集聚优势跨度对总部迁移绩效具有正向交互效应。

假设 3b：区位政治网络嵌入与总部集聚优势跨度对总部迁移绩效具有正向交互效应。

7.4 实证研究

7.4.1 变量定义与数据获取

因变量为总部迁移绩效①。总部迁移绩效采用迁移后一年与迁移前一年之间的资产收益率（后文简称 ROA）差距来测度。前文文献综述表明，总部迁移绩效通常采用运营绩效差异法和基于股价的事件分析法等两种方法测量。我们采用前者而不是后者的原因在于中国股市正处于发展阶段，投资者还有待进一步成熟，股价的理性含量还不高。之所以采用纵向绩效差异是由于采用配对企业绩效差异方法进行测量时会在配对企业选择方面存在较大的主观性，同时过于严格的选择标准会使得配对企业难以找到，而过宽的选择标准则会由于存在多种备选方案而难以唯一选择，因而本书采用纵向绩效差距来测度。这不仅有利于数据获取，同时还有利于研究的可继承性以推进研究的深入。选择 ROA 作为差距指标的原因在于该指标强调的是总资产的收益率，体现的是企业运营绩效，而其他指标，例如 ROE，则同时包含了负债的杠杆效应（即财务管理绩效），这就会因为行业和企业经营理念而产生较大波动。选择前后一年的绩效指标差距的原因不仅仅在于借鉴已有研究（Alli 等，1991），同时还因为中国正处于快速发展阶段，剧烈的竞争使得企业的运营节奏相对较快，而过大的时间差距会冲淡迁移所带来的绩效变动。因此，本书采用迁移后一年 ROA 减去迁移前一年 ROA 来测量总部迁移绩效，后文简称 VROA（$=ROA_{after\ 1\ year}-ROA_{before\ 1\ year}$）。

自变量包括迁入地总部集聚优势。借鉴已有研究，并充分考虑数据的可得性，本章以表 7-1 所示的指标来测量迁入地总部集聚优势的五个

---

① 变量定义部分主要参考作者已经发表的论文，并做适当调整。吴波，郝云宏. 中国上市公司总部迁移绩效影响因素研究：迁入地优势及其分异获取机理[J]. 南开管理评论，2014，17(4)：46-55.

子维度。

表 7-1 总部集聚优势因子分析

	一级指标	二级指标	因子载荷	
总部集聚优势跨度 KMO:0.777 α系数:0.940	商业服务优势跨度 KMO:0.910 α系数:0.969	迁入地与迁出地交通运输、仓储及邮政业从业人员数差异	0.965	0.935
		迁入地与迁出地信息传输、计算机服务和软件业从业人员数差异	0.930	
		迁入地与迁出地批发和零售业从业人员数差异	0.915	
		迁入地与迁出地住宿和餐饮业从业人员数差异	0.973	
		迁入地与迁出地房地产业从业人员数差异	0.989	
		迁入地与迁出地租赁和商业服务业从业人员数差异	0.958	
		迁入地与迁出地科学研究、技术服务和地质勘查从业人员数差异	0.981	
	金融服务优势跨度 KMO:0.737 α系数:0.769	迁入地与迁出地金融业从业人员数差异	0.988	0.973
		迁入地与迁出地年末金融机构贷款余额差异	0.959	
		迁入地与迁出地年末金融机构各项存款余额差异	0.937	
		迁入地与迁出地城乡居民储蓄年末余额差异	0.978	
	人才优势跨度 KMO:0.705 α系数:0.978	迁入地与迁出地普通高等学校数差异	0.871	0.854
		迁入地与迁出地普通高等学校专任教师数差异	0.956	
		迁入地与迁出地普通高等学校在校学生数差异	0.951	
	集聚规模跨度	迁入地与迁出地上市公司数差异	—	0.920

表 7.2 Pearson 相关性分析与描述性统计分析结构

	1	2	3	4	5	6	7	8
1 迁移绩效	1							
2 企业规模	−0.321***	1						
3 企业年龄	−0.006	0.093	1					
4 总部集聚优势跨度	−0.126	0.206***	0	1				
5 与控股股东距离	−0.041	−0.089	−0.040	0.131	1			
6 与主营业务距离	0.038	0.011	−0.036	0.217***	0.559***	1		
7 区位商务网络嵌入	0.078	0.037	0.072	−0.101	−0.181**	−0.192***	1	
8 区位政治网络嵌入	0.128	0.066	0.139	−0.057	−0.199***	−0.115	0.254***	1
均值	0	21.203	27.68	0	322.72	268.18	1.18	0.26
标准差	1	1.711	162.608	1	649.778	551.759	0.921	0.438

注：*** 为 sig. <0.01，** 为 sig. <0.05，* 为 sig. <0.1。

调节变量包括企业在迁入地的关系承诺和网络嵌入。企业在迁入地的关系承诺是指企业在迁入地所进行的针对性的投入。本书主要采用迁入地与主营业务(所在地)距离(简称与主营业务距离)和迁入地与控股股东(所在地)距离(简称与控股股东距离)来测度。与主营业务距离,以主营业务所在城市与迁入地之间的地理直线距离测量,其中主营业务所在地以上市公司年报中主营业务收入占比最多的城市代表。迁入地与主营业务距离越小,企业在该区位的关系承诺也就越强。与控股股东距离,以控股股东所在城市与迁入地之间的地理直线距离测量,其中控股股东所在地以控股股东总部所在城市代表。一般而言,地理距离越小,企业在该区位的关系承诺也就越强。

企业在迁入地的网络嵌入是指企业在迁入地各种网络的嵌入性。本书主要采用在迁入地的政治网络嵌入和在迁入地的商业网络嵌入来测量。在迁入地的政治网络嵌入的界定依赖于企业在该城市的政治关系。借鉴 Chen 等(2005),余明贵,潘洪波(2008)的定义,本书认为如果公司的董事长、总经理只要满足以下条件之一,就将其定义为企业在该地具有政治关系:现任或前任的政府官员、现任或前任的人大代表、现任或前任的政协委员。信息主要来源于新浪财经中有关上市公司高管的个人简历和巨潮资讯网中下载的公司年报。根据董事长或总经理,在总部迁移前是否担任过迁入地的人大代表、政协委员或在政府部门任职为标准,判断企业在迁入地是否具有政治关系。如果企业与迁入地具有政治关系,企业在迁入地的政治网络嵌入赋值为1;如果企业不具备政治关系,则企业在迁入地的政治网络嵌入赋值为0。企业在迁入地的商务网络嵌入的界定依赖于企业在该城市的商务关系。借鉴 Dubini,Aldrich(1991),Peng,Luo(2000)的定义,企业的董事长或总经理只要满足以下条件之一,就将其定义为在迁入地具有商务关联:现任或曾任其供应商企业的高层管理者、现任或曾任其客户企业的高层管理者、现任或曾任其竞争者企业的高层管理者、现任或曾任其营销合作者企业的高层管理者、现任或曾任其技术合作者企业的高层管理者。信息主要来源于新浪财经和迁移上市公司年报,根据新浪财经中有关上市公司高管个人简历,以公司董事长或总经理在总部迁移前是否在迁入地某公司中担任过高层管理者为判断标准,有任职经历的赋值为1,否则为0。

控制变量包括企业规模和企业年龄。企业规模以迁移后一年总资产的自然对数测量。企业年龄以企业上市年份到2014年的时间来测量。

在变量定义的基础上，本书以2001—2015年沪深两市A股上市公司中发生总部迁移的企业为研究样本，对其总部迁移的目标区位选择进行分析。数据收集过程可分为以下三个阶段。第一阶段，总部迁移上市公司筛选。根据企业总部迁移的概念，以2001—2015年为时间界限，通过巨潮资讯和新浪财经获取中国A股上市公司年报数据。如果年报公布公司办公地址前后两年不同，视为企业总部迁移案例。由于中小板和创业板上市公司与A股上市公司，在上市时间、企业规模、经营范围均有很大差异，因此选择A股上市公司，而没有涵盖中小板和创业板上市公司。通过筛选，从2001—2015年，共得到221个总部迁移案例。第二阶段，区位指标与公司指标的数据收集。根据《中国城市统计年鉴》，对迁移当年迁出城市的区位指标进行数据收集。此外，通过上市公司年报，对总部迁移企业的当年指标进行数据收集。经筛选，剔除区位层面数据不可得案例，则2003—2013年间样本为152个。

7.4.2 回归分析

自变量总部集聚优势跨度采用多指标数据进行综合测度，因而需要进行效度和信度分析。利用SPSS13.0软件，本书采用验证性因子分析来测度效度，采用内部一致性α系数来测度信度，其中α系数是各个指标标准化之后数据的内部一致性。从表7-1来看，总部集聚优势跨度的各个子维度均具有较好的内部一致性。

根据因子分析结果，利用SPSS13.0软件包自动生成总部集聚优势跨度。与其他变量进一步进行相关分析与描述性统计分析，结果如表7-2所示。利用分层进入方法，分批进入各类变量。为简化研究，本书把VROA与企业规模也进行数据标准化处理。模型1进入所有控制变量，模型2进一步加入自变量总部集聚优势跨度，模型3进一步加入企业在迁入地的关系承诺和网络嵌入，模型4则加入总部集聚优势跨度与企业在迁入地的关系承诺与网络嵌入的交互项，回归分析结果具体如表7-3所示。

表 7-3　回归结果

变　量	模型 1	模型 2	模型 3	模型 4
常量	0.000	0.000	0.000	0.000
企业规模	−0.323***	−0.310***	−0.330***	−0.334***
企业年龄	0.024	−0.023	0.004	0.015
总部集聚优势跨度		−0.062	−0.061	−0.123
关系承诺				
与控股股东距离			−0.104	−0.083
与主营业务距离			0.139	0.113
网络嵌入				
区位商务网络嵌入			0.060	0.046
区位政治网络嵌入			0.126	0.071
交互项				
总部集聚优势跨度×与控股股东距离				0.195*
总部集聚优势跨度×与主营业务距离				−0.222**
总部集聚优势跨度×区位商务网络嵌入				−0.283***
总部集聚优势跨度×区位政治网络嵌入				−0.061
N	152			
R^2	0.103	0.107	0.144	0.229
调整后的 R^2	0.91	0.089	0.102	0.168
F	8.591***	5.390***	3.101***	3.143***
R^2 变化	0.103***	0.004	0.037	0.085***

注:*** 为 sig.<0.01,** 为 sig.<0.05,* 为 sig.<0.1。

表 7-3 的回归分析结果表明,四个模型的 F 值检验均通过,表明四个模型均与截距模型具有显著差异。各个模型的 VIF 值均小于 5,表明整个模型并不存在显著的共线性问题。D-W 检验结果显示,D-W 值均在 2 附近,表明模型不存在显著的一阶自相关问题。模型 2 和模型 3 的 R^2 变化并不显著,表明与模型 1 相比,模型 2 和模型 3 新变量的加入并没有显

著提高模型对因变量方差的解释量。模型 4 的 R^2 变化显著，表明与模型 3 相比，模型 4 的四个交互项加入之后，显著提高了模型对因变量方差的解释量，调整后的 R^2 达到了 16.8%。

控制变量中，只有企业规模对迁移绩效产生显著负的影响，并且这一结果在四个模型中均显著，表明企业规模越大，总部迁移绩效越差；企业年龄对迁移绩效则不存在显著影响。在模型 2、模型 3 和模型 4 中，总部集聚优势跨度对迁移绩效的影响并不显著，这就表明更大的总部集聚优势跨度并不一定会带来更高的迁移绩效，因此假设 1b 得到证实。在模型 3 中，企业在迁入地的关系承诺和网络嵌入对迁移绩效影响并不显著。在模型 4 四个交互项中，总部集聚优势跨度×与控股股东距离对迁移绩效具有显著正的影响；总部集聚优势跨度×与主营业务距离对迁移绩效具有显著负的影响；总部集聚优势跨度×区位商务网络嵌入对迁移绩效具有显著负的影响；总部集聚优势跨度×区位政治网络嵌入对迁移绩效没有显著影响。这就表明假设 2a 没有得到证实，假设 2b 得到证实，而假设 3a 和假设 3b 没有得到证实。总而言之，总部集聚优势跨度对迁移绩效并没有显著影响；总部集聚优势跨度与四个企业—迁入地匹配度变量的交互项显著影响企业迁移绩效，但是作用方向只是部分验证了本书的研究假设。

7.4.3 讨论

基于 152 家上市公司总部迁移样本的实证研究结果表明，区位层面的总部集聚优势对迁移绩效并没有显著影响，而总部集聚优势跨度与四个企业—迁入地匹配度的交互项显著影响迁移绩效，其中总部集聚优势跨度×与控股股东距离对迁移绩效具有显著正的影响；总部集聚优势跨度×与主营业务距离对迁移绩效具有显著负的影响；总部集聚优势跨度×区位商务网络嵌入对迁移绩效具有显著负的影响；总部集聚优势跨度×区位政治网络嵌入对迁移绩效没有显著影响。这需要我们结合已有理论和总部迁移的具体情境进行更进一步的讨论。

第一，总部集聚优势跨度会通过知识收益和知识成本两种途径影响企业在迁入地的知识效率，从而使得总部集聚优势对迁移绩效的影响并不显著。在这里，企业迁移所带来的知识收益是指企业在迁入地获得了相对迁出地更多的匹配其需求的知识，从而提高了企业在新区位的知识效率。有关总部集聚优势跨度的研究，大多强调了这种知识收益，从而认为进入更具总部集聚优势的区位会获得更高的知识收益，从而影响了企业的目标区位选择，以及之后的迁移绩效。而事实上，在目标区位选择方面，不仅出现了指向更具总部集聚优势的趋势，还出现了显著的逆集聚优势的迁移。因此，仅仅考虑总部迁移所带来的知识收益并不全面，还必须考虑到知识成本，才能更有效地解释总部迁移行为和绩效。正如前文研究假设提出部分中所强调的，诚然进入更具总部集聚优势的区位能够获得更大的知识收益，但前提是必须付出更大的知识成本。

知识成本强调的是，企业在迁入地为获得更匹配其需求的知识，而必须付出的知识获取成本，知识成本越高，知识效率也就越低。简而言之，北上广深作为国内一线城市，诚然具有更为显著的总部集聚优势，但是在这些一线城市的运营成本也同样高昂，这不仅体现在更高的商务成本（例如商业用房租金），更加集中体现为当地更高的人力成本。这种较高的成本在一定程度上反映了当地总部集聚所带来的拥挤成本，即大量总部集聚也会强化当地资源的竞争而产生的更高的资源价格。所以，进入更具总部集聚优势的区位，同样也会带来更高的知识成本，这就会降低企业在这些区位的知识效率。这也是很多企业总部从北京市、上海市等地迁出的重要原因。所以，必须综合考虑在迁入地所获得的知识收益和知识成本，才能分析总部集聚优势跨度所带来的知识效率，以及相应的对迁移绩效的影响。

本章的实证研究结果表明总部集聚优势对迁移绩效的主效应并不显著，这反映了总部迁移所带来的知识收益与知识成本的平衡，具体原因在于以下两个方面。一是，进入总部集聚优势跨度更大的区位，诚然可以获得更大的知识收益，但也必须考虑到企业的知识吸收能力和知识吸收过程，这就使得总部集聚优势跨度对总部迁移绩效具有滞后效应，使得进入总部集聚优势跨度更大的迁入地所带来的知识收益效应不显著，至少在短期内不显著。本章对企业迁移绩效的测量采用迁移后一年的 ROA 减去前一年的 ROA，考虑了三年的时间落差。部分研究采用更大的时间落差，例如五年或者七年。对此，本书认为如果考虑了过长的时间间隔，将会冲淡企业迁移对迁移绩效的影响，所以选择了三年的时间落差。后续可以采用案例研究方法进行个案研究，以取得更为细致的结论。二是，正如前文所强调的知识成本效应使得总部集聚优势跨度与迁移绩效之间的关系变得不再显著。知识成本效应抵消了进入总部集聚优势跨度更大区位的知识收益，使得最终的知识效率提升并不显著。

第二，总部集聚优势跨度与企业在迁入地的关系承诺对企业迁移绩效存在差异化的交互效应，这体现了不同关系承诺方式对总部集聚优势跨度的差异化的杠杆效应。在分析总部集聚优势跨度对迁移绩效主效应的基础上，本章进一步分析了企业与迁入地匹配性对总部集聚优势跨度与迁移绩效关系的调节作用。企业与迁入地匹配性是指企业与迁入地在知识获取和制度合法性获取方面的状况。按照第四章图 4-5 所示的理论模型，本书以企业在迁入地的关系承诺和网络嵌入来测量企业在迁入地的知识效率和制度合法性。其中企业在迁入地的关系承诺以企业控股股东与迁入地距离(即变量与控股股东距离)和企业主营业务与迁入地距离(即变量与主营业务距离)来测量。实证结果显示，总部集聚优势跨度×与控股股东距离对迁移绩效具有显著正的影响；总部集聚优势跨度×与主营业务距离对迁移绩效具有显著负的影响。我们认为这一结果显示了不同类型的关系承诺所呈现出来的差异化的杠杆效应。

主营业务与迁入地距离越近，意味着企业在迁入地的关系承诺会越强，越容易获得迁入地的知识和制度合法性，从而提高在迁入地知识效率和制度合法性，在更高的总部集聚优势跨度之下，迁移绩效将会更高。与之不同，控股股东与迁入地距离越近，更高的总部集聚优势跨度之下，迁移绩效反而会更低。我们认为其可能的差异在于，在迁入地基于主营业务的关系承诺(极端情况下，主营业务所在地就是总部的迁入地)，不仅让企业总部能够更好地获得迁入地的知识和制度合法性，以提高总部在迁入地的知识效率；而且这种总部知识效率可以与主营业务因为更为接近而实现更好的化学作用，从而带来更为明显的企业绩效提升，进而提升迁移绩效。与之相比，在迁入地基于控股股东的关系承诺(极端情况下，控股股东所在地就是总部的迁入地)，诚然也能够借助控股股东的承诺来获得迁入地更高的知识效率。但是，一方面，这种总部的知识效率的提升最终转化为企业的业绩(ROA)可能存在较大的滞后期；另一方面，也许更为重要的是，接近控股股东的迁移，可能为控股股东的关联交易和大股东掏空行为奠定了基础，反而会提高在迁入地的知识成本，降低在迁入地的知识效率。因而在更大的总部集聚优势跨度条件下，这种危害将会因更大的知识落差，而对企业绩效产生更大的危害，从而对迁移绩效产生负向影响。总之，根据实证结果，我们可以进一步总结，跟随主营业务的总部迁移，将会更有效地利用具有更具总部集聚优势的迁入地优势，从而提升企业的迁移绩效；而跟随控股股东的总部迁移，将会因迁入地更高的总部集聚优势而令企业绩效大幅下滑，从而降低企业的迁移绩效。

第三，总部集聚优势跨度与企业在迁入地的网络嵌入对企业迁移绩效存在负向的交互效应，这体现了不同关系承诺方式对总部集聚优势跨度的差异化的杠杆效应。企业在迁入地的网络嵌入是企业与迁入地匹配度的一个方面，企业在迁入地的关系嵌入越强，意味着企业在迁入地的匹配度越高，企业就越能够获得更高的知识效率和制度合法性。因此，本书的研究假设是企业在区位的关系嵌入与总部集聚优势跨度对迁移绩效具有正向的交互效应。但是基于中国上市公司的实证研究结果表明：总部集聚优势跨度×区位商务网络嵌入对迁移绩效具有显著负的影响；总部集聚优势跨度×区位政治网络嵌入对迁移绩效具有负向影响，但是并不显著。这就意味着在迁入地更高的商务网络嵌入和政治网络嵌入与迁入地更高的总部集聚优势产生冲突，进而会降低企业迁移绩效。

对于理论与实践的冲突，本书认为主要原因在于实证研究中所提出的两种具体网络嵌入型与当地总部集聚优势的获取之间存在冲突，两者不是协同效应。简而言之，迁入地更高的总部集聚优势的获取依赖于市场交易规则，而不是依赖于当地的商业关联和政治关联；并且这两种嵌入性反而会给企业带来更高的成本，降低在迁入地的知识效率，进而对迁移绩效产生负向的交互效应。总之，根据实证结果，我们可以进一步总结，强化在迁入地的商务嵌入性（以商务关联为刻度），将会与迁入地更高的总部集聚优势发生冲突而使绩效下滑，从而降低企业的迁移绩效。

以上三个方面的讨论对本章的实证结果进行了说明，特别是本书研究假设与实证结果之间的冲突。总的来说，迁入地优势是一个更为复杂的概念，不单单指总部集聚优势，而企业与迁入地匹配性，也绝对不仅仅只有本章所提出的四个变量。迁入地优势、企业与迁入地匹配性之间对迁移绩效的正向交互效应的总体逻辑是正确的，但是具体迁入地优势的获取依赖于企业在迁入地相应的(甚至可以说是特定的)关系承诺与网络嵌入,否则反而会给迁移绩效带来负向交互效应。

7.5 本章小结

第五和第六章研究了企业迁移目标区位选择,本章重点关注了企业迁移过程中的第三个环节,企业迁移后成长。概而言之,已有研究重点关注了企业迁移意愿以及迁移目标区位选择,但是对迁移后成长的研究相对较少,少数的企业迁移绩效研究还停留在迁移绩效本身的测度方面。为此,结合企业—区位共演框架,本章以上市公司总部迁移为例,理论和实证研究企业总部迁移绩效的影响因素,得到了如下四个方面的结论。

第一,总部集聚优势跨度会通过知识收益和知识成本两种途径影响企业在迁入地的知识效率,从而使得总部集聚优势对迁移绩效的影响并不显著。具体原因在于,一方面,进入总部集聚优势跨度更大的区位,诚然可以获得更大的知识收益,但也必须考虑到企业的知识吸收能力和知识吸收过程,这就使得总部集聚优势跨度对总部迁移绩效具有滞后效应,使得进入总部集聚优势跨度更大的迁入地所带来的知识收益效应不显著。另一方面,知识成本效应使得总部集聚优势跨度与迁移绩效之间的变得不再显著,即知识成本效应抵消了进入总部集聚优势跨度更大区位的知识收益。

第二,总部集聚优势跨度与企业在迁入地的关系承诺对企业迁移绩效存在差异化的交互效应,这体现了不同关系承诺方式对总部集聚优势跨度的差异化的杠杆效应。跟随主营业务的总部迁移,将会更有效地利用更具总部集聚优势的迁入地优势,从而提升企业的迁移绩效;而跟随控股股东的总部迁移,将会因迁入地更高的总部集聚优势而令企业绩效大幅下滑,从而降低企业的迁移绩效。

第三,总部集聚优势跨度与企业在迁入地的网络嵌入对企业迁移绩效存在负向的交互效应,这体现了不同关系承诺方式对总部集聚优势跨度的差异化的杠杆效应。强化在迁入地的商务嵌入性(以商务关联为刻度),将会与迁入地更高的总部集聚优势的发生冲突而使绩效下滑,从而降低企业的迁移绩效。

第四,迁入地优势、企业与迁入地匹配性之间对迁移绩效的正向交互效应的总体逻辑是正确的,但是具体迁入地优势的获取依赖于企业在迁入地相应的(甚至可以说是特定的)关系承诺与网络嵌入,否则反而会给迁移绩效带来负向交互效应。具体来说,迁入地优势是一个更为复杂的概念,不单单指总部集聚优势,而企业与迁入地匹配性,也绝对不仅仅只有本章所提出的四个变量。这也就意味着迁移后成长的研究还有待对迁入地优势的分类以及相应的具体的企业—迁入地匹配性维度进行更为深入与细致的研究。

就本章而言,理论意义在于以下三个方面。第一,本章基于企业—区位共演框架,理论和实证研究了迁移后成长机理,推动了企业迁移研究的深入。前文曾经提到,企业迁移研究重点关注了迁移过程的前两个环节,而对迁移后成长机理的研究相对较少。本章对企业迁移后成长机理的理论与实证研究推动了企业迁移过程机理研究的深入。第二,本章以上市公司总部迁移为样本,实证研究迁移绩效的影响因素,推动了总部迁移研究的深入。总部迁移,特别是上市公司总部迁移,由于资料相对公开,数据相对容易获取,一直是企业迁移研究的重要领域。本章以中国上市公司为对象开展总部迁移绩效研究,这就推动了总部迁移研究的深入。第三,本章构建了迁入地优势(主要是指总部集聚优势跨度)及其与企业—迁入地匹配性对迁移绩效的共同作用机理模型,推动了总部迁移后成长研究的深入。本章的实证研究发现,特定的迁入地优势的有效获取,依赖于相应的企业—迁入地匹配维度,而选择错误的匹配方式(例如特定的关系承诺和网络嵌入方式)将会不利于迁移绩效的提升。这一研究推动了企业迁移后成长研究的深化。

对总部迁移企业来说,可以得到如下两个方面的政策建议。第一,不要盲目选择进入总部集聚优势跨度更大的区位。必须结合企业总部运营的需求,也必须考虑在迁入地的知识成本。事实上,对很多中小型企业来说,并没有必要一定迁往北上广深一线城市来获取成长所需的高端知识和高端人才,因为这些城市均意味着更高的知识成本。第二,迁移后成长的关键是界定迁入地优势,并进行相应的关系承诺与关系嵌入,才能有效提升迁移绩效。本章的实证研究表明特定的迁入地优势的有效获取,依赖于相应的企业—迁入地匹配维度，而选择错误的匹配方式（例如特定的关系承诺和网络嵌入方式）将会不利于迁移绩效的提升。这就需要企业根据迁入地优势的差异，选择不同的企业—迁入地匹配方式，以实现迁移绩效的提升。

第8章 基于企业—区位共演的企业迁移过程机理案例研究

以上三章围绕企业迁移的目标区位选择和迁移后成长进行了实证研究，验证了本书所提出的基于企业—区位共演框架的企业迁移过程机理模型。本章则主要通过案例研究，以进一步验证本书第四章所提出的理论模型。案例一方面来自作者之前所搜集的资料，另一方面来自其他作者的典型案例资料。总而言之，本章主要是依赖二手资料，进行理论的再演绎，以进一步证实基于企业—区位共演的企业迁移过程机理模型。

8.1 慈溪市家电企业迁移意愿研究

8.1.1 案例背景①

慈溪市家电产业集群起步于20世纪70年代中期，从塑料零配件加工起步，经历了从零配件加工到整机制造组装，从来料加工到贴牌生产再到自主创牌，从家电仿制到大家电制造，从单一品种到多品种系列化生产，从先发优势到机制优势再到产业链优势的一个渐进式的发展历程。到2008年慈溪有整机生产企业近2 000家，加上配套企业共近万家，实现工业总产值601亿元，占慈溪市工业总量近30%。虽然企业数量上万，总体产能较大，但与国内其他两大家电生产基地（青岛市和佛山市顺德区）相比，慈溪市家电集群企业的整体素质明显较差，面临着更为迫切的升级压力。

---

① 这一部分材料主要来自本人之前发表的文章。吴波.基于集聚优势耗散的集群企业外迁动因实证研究[J].科研管理，2012，33(11)：137-143.

本书作者以浙江省宁波市慈溪市家电产业集群为实证对象进行了调查问卷设计。2009 年 2 月，在慈溪市经济发展局的协助下，作者对慈溪市的家电产业集群中的企业迁移意愿进行了大规模的问卷调查，获得有效调查问卷 83 份。实证结果表明，在区位层面，对产业诚信环境以及对本地社会治安的不满导致集群企业更倾向于外迁，而劳动力的丰裕程度、融资便利性以及政府服务的其他维度对集群企业外迁意愿并不存在显著影响；在企业层面，企业规模越大，集群企业越倾向于留守在本地；而生产效率对集群企业外迁意愿的影响并不显著，即以“规模较大”为标志的集群企业更倾向于留守本地，而以“能力较强”为标志的集群企业并没有表现出显著的外迁意愿。进一步，这一实证研究得到以下四个方面的结论。

第一，在区位层面，不可替代的区位要素是决定集群企业外迁的关键动因。按照企业能否替代其不利影响，可以把区位层面因素分为不可替代区位层面因素和可替代区位层面因素。当区位层面因素可以通过其他渠道进行替代的时候，集群企业就不会轻易因之而选择外迁；反之则将会驱动集群企业外迁。本研究的实证研究表明，对产业诚信环境和本地社会治安的不满是驱动慈溪市家电集群企业外迁的重要因素，而对其他区位层面因素的不满则不会导致集群企业外迁。本研究认为，产业诚信环境和本地治安环境是慈溪市家电企业难以通过其他渠道进行替代的区位环境因素，而劳动力丰裕程度、融资便利性以及政府服务的其他维度则是企业可以通过其他渠道来弥补的因素。

具体而言，产业诚信环境的丧失必然驱动集群企业外迁，其原因就在于集聚效应的假设基础不在了，本地集聚就没有任何意义；而这种丧失又是难以通过其他要素来替代和弥补的。产业诚信环境意味着上下游企业的诚信度，意味着同行竞争的规范性。如果产业诚信环境恶劣，集群企业就难以有效利用本地的上游配套和下游客户资源（典型如三角债问题），难免会陷入与本地同行的恶性竞争。而这种产业诚信环境又是企业难以通过其他渠道来替代的。同样，本地治安环境也是难以通过其他渠道来替代的，因而也成为驱动集群企业外迁的关键要素。

与之不同，劳动力丰裕程度、融资便利性以及政府服务的其他维度则在一定程度上可以通过其他渠道来弥补。例如劳动力供给不足诚然会抵消掉一部分的集聚优势，但是家电企业可以通过多种渠道来规避这一问题。从短期来看，家电企业通过提高员工待遇，吸引优秀技工和普通劳动力加盟；从长远来看，通过技术改造和内部培训，提高企业自动化水平和员工素质，以降低对普通劳动力需求。再如本地融资不便并不意味着其他区位的融资就更为便利，特别是慈溪市家电企业也可以使用个人的社会关系来融资，即浙江省普遍存在的“地下钱庄”。总之，区位层面不可替代的产业诚信环境和本地社会治安是决定集群企业外迁的关键动因。

第二，在企业层面，能力较强的家电龙头企业并没有表现出显著的外迁意愿，这表明知识管理（即流入与溢出）还不能构成能力较强的集群企业外迁的显著力量，反映了慈溪市家电产业集群低技术的产业特征以及集群企业能力/知识基础薄弱的特点。在知识经济下，接受外部的知识流入，规避本地消极的知识溢出，是高品质集群企业外迁的重要动力，但是这一逻辑在慈溪市家电集群企业之中还没有明显的体现。具体来说，虽然外迁企业的内部能力较强，表现为具有明确外迁意愿的家电企业全员生产率（90.8349）高于不外迁的家电企业（62.1994），但是这一差距（28.63543）并不具备统计显著性（t 值为 0.895）。这表明高品质集群企业的外迁意愿并非显著高于低品质集群企业。

这一现象的原因在于：或者慈溪市家电企业之间的能力/知识差异并不大，知识外溢对溢出方虽有消极影响，但是影响并不大；或者慈溪市高品质家电企业的能力/知识基础仍然较为薄弱，即使外迁也难以获得外部的新知识。事实上，在慈溪市家电产业集群之中，这两个方面的因素同时存在，且后者尤为显著。一方面，家电产业是一个低技术行业，家电企业之间的能力/知识差距并不足够大，知识外溢对高品质家电企业的消极影响并不显著。例如，作者对慈溪市家电产业集群中的龙头企业先锋电器、公牛电器进行访谈的时候，两家企业都对本地一些企业模仿他们公司产品设计的行为感到十分愤慨，并且也都设立了打假办和打假基金，但是也指出，这种模仿虽然有害，但是对企业发展来说并不是关键的。另一方面，也是尤为重要的，慈溪市家电高品质企业的能力/知识基础依然薄弱。虽然家电行业的知识含量显著低于高科技产业，但是相对高端的家电仍然依赖较高的能力/知识基础，例如智能化家电、节能家电及其相关的核心零部件，以及家电产品的外观设计等。与国内其他两大家电生产基地相比，慈溪市家电产品相对低端，知识含量较低，企业的知识储备和知识积累相对不足。这就大大限制了慈溪市家电的研发活动,也就限制了慈溪市家电企业的知识获取动机与行为。正如一家规模以上的家电企业老板所说,虽然企业很大,但是他们宁愿购买成熟的技术,也不会对有“高度风险”的研发进行投资。诚然,这种“高度风险”不仅与当地较为恶劣的知识产权保护相关,更与自身能力/知识基础薄弱有关,并且两者也形成了一个恶性循环,使得企业不愿意也没有能力进行高档次的产品研发。总之,低技术的产业特征以及能力/知识基础薄弱导致了规避本地消极的知识外溢、获取外地新知识的动机不足,因而知识管理还不能构成慈溪市能力较强家电企业外迁的显著动机。

第三,在企业层面,规模较大的家电企业表现出显著的留守意愿,反映了与其他主体的谈判优势是慈溪规模较大的家电企业留守本地的重要原因。实证结果表明集群企业规模与企业外迁意愿呈显著负相关,表明集群企业规模越大企业越倾向于留守本地,集群企业可以凭规模大的优势来获得与本地三类利益相关者(上下游企业、合作机构以及当地政府)的谈判优势。那么,何种利益相关者所提供的优惠对集群企业的吸引力更大呢?这还有待进一步的理论和实证研究。

第四,慈溪市家电产业集群仍然存在高品质企业外迁的潜在风险。实证研究表明,慈溪家电产业集群中的高品质集群企业还没有呈现显著的外迁意愿,但是随着家电产业的发展,家电企业内部实力的不断增强,外迁依然是高品质集群企业的战略选择,慈溪市政府仍需不断调整政策以有效应对这一趋势。一方面,随着慈溪市家电企业知识/能力基础的提升,外迁必然会成为能力较强的家电企业的战略选择。知识/能力日益成为慈溪市家电企业持续竞争优势核心来源,慈溪市家电企业也在积极地提升自身的知识/能力基础,当超过一定的阈值,规避本地消极的知识外溢、获取外地新知识的动机将会强化,外迁将会成为企业的战略选择。另一方面,随着区位拥挤效应的凸显,规模较大的家电企业所带来的谈判优势日益缩小,也会驱使企业外迁。总之,如果慈溪市政府不调整相关扶持政策的话,慈溪市家电产业集群仍然存在高品质集群企业外迁的潜在风险。

8.1.2 基于企业—区位共演框架的再分析

以上针对慈溪市家电企业外迁意愿的研究，重点探讨了区位层面因素和企业层面的能力和规模因素对企业迁移意愿的影响。根据以上实证研究结果以及相应的理论分析，本章进一步采用企业—区位共演框架来分析企业迁移意愿形成的关键动因。

首先，这一实证研究表明，在区位层面，对产业诚信环境以及对本地社会治安的不满导致集群企业更倾向于外迁，而土地资源供给、劳动力的丰裕程度、融资便利性以及政府服务的其他维度对集群企业外迁意愿并不存在显著影响。由此，吴波(2012)认为不可替代的区位层面因素是强化企业迁移意愿的主要因素；而那些在一定程度上能够被企业影响的因素则不会带来显著影响。具体来说，对当地劳动力供给不足，企业可以通过机器换人的方式来解决，而当地的诚信环境和治安环境是企业所难以独立改进的，所以区位在这两个方面的不足将会显著强化企业的迁移意愿。

按照企业—区位共演框架，企业对区位的知识效率评价和制度合法性评价最终影响了企业迁移意愿。慈溪市家电企业的案例说明，区位因素中存在企业难以影响，或者至少在短期内难以影响，也难以适应的因素，而这些区位因素的变化将会直接提升或者拉低企业对区位的评价，进而弱化或者增强企业的迁移意愿。例如产业诚信环境作为当地的制度安排影响了企业对该区位的制度合法性评价，本地社会治安则影响了企业对该区位的知识效率评价，进而作用于企业的迁移意愿。

与以上因素相比，区位层面也存在企业在一定范围内能够做出适应性调整的因素，这就使得这些因素对企业迁移意愿的影响并不显著。区位层面的土地资源供给、劳动力丰裕程度、融资便利性也会直接影响企业对该区位的知识效率评价，但是企业在短期内通过自我调整来适应这种新的环境变动。例如通过各种方式来提高土地利用效率，减少对土地资源的需求；例如通过内部的工艺改进、通过机器换人的方式来减少企业对人工的需求；例如通过不同渠道来获得成长资金，包括正式金融机构和非正式金融机构。当然这只是在一定程度之内，如果超出其边界，这些因素也会成为强化企业迁移意愿的关键因素。例如 Pellenbarg, van Dijk

(2000)就指出土地短缺是驱动企业迁移的重要因素。在其他一些案例研究中,我们也可以看出获得各种要素资源是强化企业迁移意愿的重要因素。例如华为终端业务及其总部从深圳市迁往东莞市,其目的也是为了获得东莞市的土地资源。所以,对于这些区位层面要素,企业在一定程度上可以自行缓解其不利影响。

以上两类因素均为企业难以直接改变的因素,除此之外,还存在企业在一定程度上可以改变的区位层面的因素,例如本案例中提到的政府服务方面,除了治安环境之外的其他七个因素,包括工商服务、税务服务、金融服务、社保服务、法律服务、项目审批以及服务通关等。虽然依靠个体企业力量难以对政府服务质量进行全面和系统的改进,但是企业可以通过在当地的关系来影响与之相关的具体政府服务的服务效率。所以,这些因素是企业可以在一定程度上施加反作用的因素。

综上,在慈溪市家电企业迁移意愿研究中,我们可以按照能否被企业影响分为两类,分别是企业难以影响的区位因素和企业可以直接影响的因素。其中,前者按照企业能否进行适应性调整又可以分为两类,分别是企业难以进行适应性调整和企业可以进行适应性调整的区位因素。这样,我们就可以将区位因素分为三类,分别是:企业难以影响,也难以进行适应性调整的因素,例如区位的产业诚信环境、区位的治安环境;企业难以影响,但是可以进行适应性调整的因素,例如区位的土地资源供给、劳动力丰裕程度、融资便利性;企业可以进行直接影响的因素,例如区位政府服务的七个因素。

其次,企业层面的内部能力异质性对企业迁移意愿影响的实证研究表明,能力强的企业并没有表现出更高的迁移意愿。以生产率为企业能力的指代指标,生产率越高,其能力越强,越容易成为当地知识系统的知识净溢出者。为了防止这种净知识溢出(即从本地学习到的知识小于在本地溢出的知识),内部能力越强的企业越倾向于外迁;与之同时,也可以获得外部知识高地的新知识。所以,吴波(2012)的研究假设认为内部能力与企业迁移意愿呈正相关。而基于慈溪市家电企业的实证结果并没有证实这一观点,吴波(2012)认为这主要在于家电的低技术产业特点,慈溪市当地企业之间的知识落差相对较小,知识净溢出所带来的成本与风险相对较小。

从企业—区位共演框架来看，在产业集群背景下，生产率更高的集群企业之所以没有表现出更高的迁移意愿，主要在于企业知识效率评价方面的四个原因。一是，知识隔离机制的存在使得企业知识并不会随意溢出，甚至可以说，即使对手知道也很难应用。所以，对高知识企业来说，净知识溢出并不足以强化其迁移意愿。事实上，慈溪市家电企业的高生产率很大一部分来自规模经济，特别是在某一产品、某一环节上的规模优势。这种规模经济优势的知识基础是细致分工与大规模，因此即使当地竞争对手了解其分工和组织方面的核心知识，也依然难以有效应用。所以，对高效率企业来说，对知识在本地的净溢出的负面评价就相对较小，这就难以激发这些企业的迁移意愿。二是，高生产率企业对当地生产系统具有更大的依赖性，因而对当地的知识效率评价更高，从而弱化其迁移意愿。按照 Krugman(1991)的外部规模经济理论，在产业集群中，企业更高的生产率依赖于当地产业系统内生的更大的外部需求，这种外部需求能够让企业获得外部规模经济。虽然 Krugman 并没有区分企业之间的异质性，但是我们可以推理，产业集群中高效率的企业能更好地利用当地的外部规模经济优势。所以，这些高效率集群企业对当地产业系统具有更大的依赖性，对当地产业系统的知识效率评价也就越高。当然，这种外部规模经济优势，既可以来自更高的当地需求(例如当地贸易商对生产商带来更大的需求)，也可以来自集聚所带来的需求提升优势(即外部对当地产业的需求)。三是，高生产率企业可以在一定程度上影响当地的制度环境，防止恶性模仿行为。高生产率企业可以通过各种方式影响当地的制度环境，例如推动政府加大打击恶性模仿方面的执行力度，推进当地行业协会规范不正当竞争行为等。据此，高生产率企业就可以将恶性知识模仿行为压制到可接受的程度，从而弱化其外迁发展意愿。例如，在慈溪市，当地的龙头企业会要求当地政府加大打假的力度，以遏止当地的恶性模仿行为。同时，在当地，也形成了企业间模仿的一个基本规则，“可以模仿，但是至少要等首创企业获得足够的市场回报。”四是，正如吴波(2012)所提到的，高生产率企业与低生产率企业之间的知识落差相对较小，因而知识溢出所带来的负面影响较小，以至于不足以强化企业的迁移意愿。这一点上文已经提及，就不再赘述。

还必须强调的是，基于知识净溢出的迁移逻辑，其前提假设是区位之中的集群企业都处于类似的产业，处于相同的知识领域，彼此之间的知识具有可借鉴性。但是，如果部分企业的知识领域超出当地知识系统的供给能力，这就会驱动企业外迁。例如，正泰电气的低压业务依然布局在温州市柳市，而高压业务和太阳能业务则外迁发展。主要原因就不再是防止不利的知识溢出，而是获取知识。当然，这也符合知识净溢出逻辑，只不过是为了获得迁入地的知识溢出，即基于知识获取的迁移行为。

最后，除了能力强，基于慈溪市家电的实证研究表明，规模更大的企业具有更强的留守意愿，即规模与迁移意愿呈负相关。对此，吴波(2012)主要从集群企业的基于规模的谈判优势进行解释，认为集群企业可以凭规模大的优势来获得与本地三类利益相关者(上下游企业、合作机构以及当地政府)的谈判优势。特别是，规模大的企业可以获得来自政府的各种奖励和补贴，这是很多中小企业所难以享受的。

这一结果呼应了之前有关企业规模与企业迁移意愿的实证研究。利用荷兰在1994—1995年1338家企业的微观数据，van Dijk，Pellenbarg(2000)实证分析了企业迁移意愿的影响因素，结果表明在企业内部因素方面，规模更小的企业迁移意愿更强。利用1999年Cranet调查所获得的5568个样本，Brouwer等(2004)探讨了三类因素对企业迁移倾向的影响，实证研究发现迁移倾向随着企业规模和年龄的增加而下降，其原因在于规模更大的企业会发生更多的迁移沉没成本，年龄更大的企业会在迁出地有更高的嵌入性。这两个早期的研究，都从行为视角进行了解释，认为组织惰性、沉没成本所形成的区位锁定效应，弱化了更大规模企业的迁移意愿。在集群背景下，吴波(2012)则从大规模企业所带来的收益方面，进行了理论上的补充说明。诚然，大规模企业会带来更高迁移成本，也会获得更高的留守收益，但是这些更大规模的企业，也具有更大的实力开展迁移，特别是进行扩张式迁移。因此，我们可以通过企业—区位共演框架对更大规模企业的迁移意愿进行更为系统的解答。

从企业—区位共演框架来看，我们认为规模更大的集群企业可以更大限度地获取当地资源，以获得更大的留守收益，提高其对所在地的知识效率评价，从而强化其留守意愿；同时其迁移决策也会面临更大制度合法性阻力，提高其对所在地的制度合法性评价，也会强化其留守意愿。具体来说，较大规模的集群企业，往往是当地的明星企业，具有较大的影响力，也具有较高的关注度，这就影响了这些企业在当地所能够获得的优势和所承担的制度约束。一是，规模更大的集群企业可以凭借其规模优势获得更多的当地优质资源，从而提高其对所在地的知识效率评价，缓解其迁移意愿。规模更大的集群企业可以更容易地获得当地的熟练劳动力，以更低的价格获得当地供应商的优质产品供给，能够以更低廉的成本获得当地的土地供应，也更容易获得当地金融机构的金融支持。所以，规模更大的集群企业可以以更低的成本获得当地的优质资源供给，从而提高其对所在地的知识效率评价，强化其留守意愿。与之同时，规模更大企业也会在一定程度上影响所在地的资源体系，继而影响企业对所在地的知识效率评价。只不过，这一逻辑在慈溪市家电产业中并不显著，在此就不再赘述。

除了获得更大份额的所在地优势之外，规模更大的企业也会面临更大的合法性压力。合法性理论研究发现，制度场域中，处于中心位置或者声望更高的企业，往往承受更大的合法性压力。应用到区位产业集群背景之下，可以认为规模更大的企业往往是当地的明星企业，通常会承担更大的合法性压力。作为规制合法性的重要来源，区位政府往往会出于税收的考虑而挽留那些规模更大的企业，因为这些企业不仅是当地税收的主要来源，同时也是就业岗位的重要提供者，因此区位政府更倾向于让这些企业留守而不是外迁，除非这些产业明显不符合当地的产业规划。在慈溪市家电案例中，家电产业是慈溪市当地的支柱产业，符合当地的产业发展规划，具有较高的制度合法性，因此当地的龙头企业（多为较大规模企业）就成为当地政府重点关注的对象，所以一旦这些企业想要外迁发展，就必然面临当地政府更大的合法性压力。事实上，遵守这种合法性要求，也会给这些较大规模企业带来直接的收益，例如各种显性的政府奖励和隐性的税收优惠。利用已有数据，吴波(2012)对慈溪市家电集群企业的“企业规模—当地政府支持—迁移意愿”之间的关系进行了初步探索。在这里，当地政府支持包括显性的政府奖励和隐性的税收优惠。吴波(2012)利用当地政府对企业的奖励数据进行分析，结果表明，集群企业规模与政府奖励(2006—2008年)高度相关，但是政府奖励与集群企业迁移意愿不相关；初步表明当地政府主要为大规模的企业提供政府奖励，但是这种奖励对于能否留住企业并没有显著影响。同时，吴波(2012)对相关人员的访谈资料表明，可能隐性的税收优惠是留住规模较大的集群企业的重要因素，但由于缺乏客观数据而没有进行深入探讨。

除了来自政府的规制合法性压力之外，更大规模集群企业也面临更大的规范合法性压力。作为当地的龙头企业，其外迁的意图和行为将会作为标杆对当地其他企业的迁移决策产生重要影响。这种影响不仅限于与之有业务关联的合作企业，也包括横向的竞争性企业。所以，更大规模集群企业的迁移决策必然会更加慎重，这就会在一定程度上弱化其迁移意愿。

值得说明的是，慈溪市家电集群企业迁移意愿实证研究样本多为中小企业，以上的解释主要适用于制造性中小集群企业。如果企业规模更大，超出了单个区位资源所能够容纳的尺度，企业规模与迁移意愿之间的关系可能就会发生变化。例如当一家企业规模从区位性企业成长为全国性企业，甚至成长为全球性企业，企业的替代性迁移和扩张性迁移的发生概率就会大大提高。例如华为、阿里巴巴、“三通一达”等企业就是典型迁移案例。

8.1.3 案例小结

根据吴波(2012)对慈溪市家电集群企业迁移意愿的实证研究结果，本章以企业—区位共演框架进行了再演绎，得到如下三个方面的具体结论。

第一，影响迁移意愿的区位层面因素之间存在差异，按照能否以及如何为企业所影响，可以分为三类，分别是：企业难以影响，也难以进行适应性调整的因素，例如区位的产业诚信环境、区位的治安环境；企业难以影响，但是可以进行适应性调整的因素，例如区位的土地资源供给、劳动力丰裕程度、融资便利性；企业可以进行直接影响的因素，例如区位政府服务的七个因素。这一划分方法为对区位层面因素的进一步研究提供了基本分类方法。

第二，企业层面的知识差异能否影响企业迁移意愿取决于集群企业对区位知识效率的评价；这依赖于高生产率(即强能力)集群企业对知识隔离机制、知识落差、对当地知识依赖性以及对当地制度影响力的综合考量。知识隔离机制的存在、相对较小的知识落差、对当地知识的更加依赖以及对当地制度影响力，使得高生产率企业驱动企业外迁的意愿得到缓解。

第三，在企业层面，更大规模的企业表现出更强的留守意愿，其原因在于规模更大企业可以获得更多的本地资源，面临更大的合法性压力，从而强化企业的留守意愿。但是这一结论必须结合中小集群企业的特点来理解。对于那些全国性，乃至全球性企业，规模与迁移意愿之间可能会出现不同的关系。

8.2 泉州市知名民企总部群体迁移至厦门市的案例研究

8.2.1 案例背景①

泉州市地处福建省东南部，是福建省三大中心城市之一。泉州市经济以县域经济为主体，依托产业集群的方式实现快速发展，形成三个产值超千亿元、两个产值超 500 亿元的产业集群。2000 年以来，以民营经济为主体的泉州产业集群开始进入转型发展的关键期。但是，与福建省的厦门市、福州市，以及北京市、上海市、广州市、深圳市相比，泉州市的城市竞争力明显较弱。这也导致了发源于泉州市的一批知名民企把企业总部纷纷迁往其他城市，包括安踏、特步、匹克、361 度等。可以发现，泉州市大量知名鞋帽服装民企把总部迁往厦门市，主要集聚在观音山国际商务中心，以谋求发展。“特步、匹克、中宇等知名企业总部纷纷入驻观音山国际商务中心，同时七匹狼、安踏、鸿星尔克、九牧王、天守、虎都等企业的营运中心大楼也在火热建设中。”“厦门市观音山总部商务区就密布着 30 多栋企业总部大楼，来自泉州市的民企就达 28 栋。”那么，为什么大量泉州市知名企业纷纷将总部迁往厦门市？对此，本书主要以安踏、特步、匹克、361 度等为代表的泉州市知名鞋帽服装企业总部迁移为案例，深入探讨企业总部迁移目标区位选择的内在机理。

第一，企业战略变迁与企业总部迁移意愿形成。安踏、特步、匹克、

---

① 这一部分材料主要来自本人之前发表的文章。吴波. 中国制造企业总部迁移的目标区位选择[J]. 经济地理，2013，33(9)：80-86.

361 度等知名鞋帽服装民企都经历了从代工模式到自主品牌模式的转变，在这一转变过程中，企业总部的职能趋于复杂，企业分支机构趋于分散。20 世纪 80 年代，世界劳动密集型产业，特别是鞋帽服装产业，开始经由台湾、香港等地向大陆转移。充分借助侨乡的有利条件，泉州市企业家开始从事代工生产。在代工模式之下，企业总部有名无实，总部职能相对简单，仅涉及生产管理环节。同时，总部所需要协调的分支机构主要是位于泉州市的生产基地。所以，在代工模式下，企业总部对所在区位的总部集聚优势和信息沟通优势的要求很低，县域经济完全能够承载这些有名无实的“企业总部”的发展。

在 20 世纪 90 年代中后期，随着亚洲金融危机的出现，泉州市企业开始充分认识到代工模式的不足，并开始从代工模式走向自主品牌模式，经历了自主品牌初探、低端品牌、品牌国际化、品牌差异化等四个典型阶段。自主品牌初探阶段以匹克为典型代表，在 20 世纪 90 年代初，匹克依托国营百货商店销售自主品牌产品，获得了极大成功。而在 20 世纪 90 年代中后期，商贸流通产业发生重大变革，一枝独秀的国营百货商店开始让位于多元化的新兴渠道。紧抓这一契机，安踏成为泉州市鞋帽服装产业新的标杆，引领了第二阶段的低端品牌模式。一方面，安踏积极寻求运动员作为代言人，赞助篮球赛事，依托中央电视台，强势打造企业品牌；另一方面则迅速依托专卖店营销方式，拓展新的营销渠道。2001 年，安踏第一家专卖店在北京市开设；2004 年，安踏网点遍布全国省市；2007 年年底已经开设 4716 家品牌特许零售店。第三阶段的品牌国际化模式是对第二阶段的安踏模式的深化，以二次创业的匹克为代表。其特点主要在于开拓国际资源，实现赞助赛事资源差异化，赞助 NBA 就是典型代表。第四阶段的品牌差异化模式则进入了全面的品牌建设阶段，不仅强调外在品牌形象的差异化，同时还关注内在的产品研发设计，推动泉州市鞋帽服装企业稳步走向一线品牌。例如，在品牌形象方面，安踏的品牌理念是“Keep Moving!”；匹克的品牌理念是“I CAN PLAY! 斗志改变未知!”；特步的品牌理念是“非一般的感觉!”；361 度的品牌理念是“多一度热爱”。在研发设计方面，安踏 2005 年成立国内首家运动科学实验室，特步、匹克、361 度等企业也纷纷建立实质运作的研发部门。

经过四个阶段的自主品牌建设，泉州市知名鞋帽服装民企的总部也发生了实质性变化，企业总部职能趋于复杂，分支机构开始遍布全国，甚至全球，这就对区位的总部集聚优势和信息沟通优势提出了更高的实质性要求。在总部职能方面，企业总部需要承担产品研发设计、市场营销与品牌建设相关的复杂职能，因而对所在区位的总部集聚优势有了更高的需求；在协调分支机构方面，企业分支机构不仅包括大量的国内专卖店，同时还包括设置在国外部分分支机构，因而对所在区位的信息沟通优势有了更高的需求，其中以航空业为代表的快速信息沟通优势更是成为提升总部运营效率的关键。

与泉州市知名民企总部的快速发展相比，自2005年以来，泉州市的总部集聚优势和信息沟通优势方面虽有提升，但是总体发展相对缓慢，难以满足企业总部发展的需求。泉州市知名民企早期的总部主要集中于晋江、石狮等县级城市，县级城市在总部经济方面的成长空间本身就具有较大的局限性；而泉州市区虽然较之具有更高的总部经济发展空间，但是与国内一线城市相比，其发展还是相对滞后，还难以达到与泉州市知名民企的“国内一线品牌”定位相匹配的程度。总之，企业战略从代工向自主品牌的转变推动了企业总部定位的快速演进，而泉州市总部集聚优势和信息沟通优势的增长有限，这就凸显了企业总部与泉州市的结构性不匹配，强化了企业的外迁意愿。

第二，厦门市的资源优势与企业总部迁移目标区位选择。与泉州市相比，厦门市在总部集聚优势和信息沟通优势方面则更为明显。借鉴已有研究（吴波，郝云宏，魏立春，2012），我们选择总部集聚优势和信息沟通优势的相关统计指标，并收集了2005—2009年，两地在两类优势上的具体取值。在总部集聚优势的三个子维度上，厦门市在知识溢出优势和生产服务优势方面的主要指标方面更高，而生活服务优势受制于人口与区位面积的原因则相对较低；在信息沟通优势方面，厦门市在航空方面具有显著优势，而其他指标则同样受制于自身人口和区位面积的影响，在绝对值方面处于劣势。

除了以上统计指标之外，一些定性的要素也进一步证明了这一点。第一，厦门市是我国重要的特区城市和副省级城市，政治体制优势更为明显。第二，相对泉州市，厦门市的生产服务产业更为发达。例如，2010年，全球四大知名会计师事务所均已入驻厦门市。第三，相对泉州市，厦门市具有显著的人才优势。第四,厦门市作为东部沿海重要的港口城市,不仅航空业更为发达,同时在海运方面也具有较大的优势。总之,厦门市所具有的更为明显的总部集聚优势和信息沟通优势吸引了泉州市知名鞋帽服装民企总部的入驻。

第三,合法性获取与企业总部的模仿迁移。厦门市虽然比泉州市更具总部集聚优势和信息沟通优势,但是比厦门市更具优势的区位依然存在,例如深圳市、广州市、上海市、北京市等,那么为什么大量泉州市知名鞋帽服装民企总部均选择厦门市,而不是其他?这就与关系性匹配逻辑之下的合法性获取与模仿迁移紧密相关。

相对于一线大城市,泉州市民企总部选择厦门的重要原因在于能够在厦门市获得较高的合法性。首先,作为正式制度的重要主体,厦门市政府针对泉州市知名民企总部出台一系列的支持性措施,意味着泉州市民企总部入驻厦门市能够获得基于正式制度的合法性。一方面,厦门市利用其特区城市地位,对入驻厦门市的泉州市民企总部提供低于泉州市10%的税收优惠;另一方面,厦门市,特别是思明区政府专门针对泉州市知名民企进行招商,并提供总部经济建设用地的便利。这就使得“厦门市观音山总部商务区就密布着 30 多栋企业总部大楼,来自泉州市的民企就达 28 栋”。其次,厦门市与泉州市地理临近、文化相似、社会联系紧密,意味着泉州市知名民企入驻厦门市能够获得基于非正式制度的合法性,进而,合法性获取动机催化了泉州市知名民企总部指向厦门市的模仿迁移。从行为表现来看,泉州市知名鞋帽服装企业总部迁移表现出较高的一致性,体现了较为明显的模仿迁移特征。首先,从迁移时间来看,除品牌之外,标杆企业安踏在 2008 年总部外迁厦门市引发了之后两年大量鞋帽服装企业总部外迁厦门市,形成了显著的烟花效应或者群体迁移现象。其次,从迁移地点来看,除了个别企业总部迁往上海市和杭州市之外,其他大量企业总部均迁往厦门市,特别是集中于思明区观音山总部商务区,表现出高度的集中性。因此,如果说这些企业均采用完全独立的自主决策,那就很难解释这些如此相似的总部迁移行为。所以,从相似的迁移结果中,可以认为模仿机制发挥重要作用。

从决策机制来看,泉州市知名民企总部模仿迁移来自以下三个方面:第一,总部迁移本身所面临的不确定性以及较高的自主决策成本驱动企业的模仿迁移以获取合法性。是否迁移、迁往何处，如何获取迁出地和迁入地制度的认可，以确保在迁出地的顺利迁移以及在迁入地的资源获取，这对于缺乏迁移经验的泉州市企业而言，意味着大量的信息收集、高昂的决策成本和风险。为此，模仿迁移就成为企业的重要选择。第二，本地其他同行企业的总部迁移行为为企业提供了有效的模仿对象。泉州市知名鞋帽服装企业既在同一区位之中，又处于同一战略群体之中。其他企业，特别是本地行业中的标杆企业的总部迁移行为自然成为其他企业的模仿对象。事实上，泉州市知名鞋帽服装企业的战略也存在明显的模仿机制。例如，20世纪90年代早期，泉州市鞋帽服装企业之所以开始进行初步的自主匹配尝试，就是看到了匹克的成功；20世纪90年代中后期，安踏所实行的自主品牌战略，更是得到了泉州市其他企业的模仿，以至于中央五套被称为“晋江频道”。因此，在共同的企业战略模式之下，直接模仿本地标杆企业的总部迁移行为自然是可行的。第三，本地密集的商业、社会网络促进了企业间知识的转移，使得企业可以有效洞察到本地同行，特别是标杆企业总部迁移的相关信息，从而实施有效的模仿。例如，安踏与特步的创办人丁志忠、丁水波就是同乡、同学，同时也是泉州市鞋帽服装产业的龙头企业与竞争者，这种社会与商业关系使得两者之间的了解达到了很高的程度，彼此的战略选择表现出明显的共性。在总部迁移方面，两家企业相隔不久把各自总部迁往厦门市观音山。总之，泉州市知名鞋帽服装民企总部的模仿迁移使得大量企业迁往厦门市。

8.2.2 基于企业—区位共演框架的再分析

泉州市知名鞋帽民企总部群体迁移至厦门市，吴波（2013）从企业—区位匹配视角进行了分析，认为企业—区位的结构性非匹配强化了企业迁移意愿，而寻找结构性更匹配的区位就成为企业迁移目标区位选择的主要标准。与之同时，企业—区位的关系匹配，将会提高企业在特定区位的合法性，进而促使企业前往该区位。吴波（2013）以企业与区位之间的结构性和关系性关联来分析企业与区位之间的关系，做出了有益的探索。其中，企业—区位的结构性匹配强调的是企业成长的资源需求和所在区位资源供给之间匹配性，关系性匹配强调的是企业与区位在制度方面的匹配性，特别是合法性。所以，这种结构性和关系性匹配与本书所提出的企业—区位共演逻辑内在是一致的。更进一步，本书所构建的企业—区位共演框架，强调了企业与区位之间的相互影响，并认为企业对所在区位或者目标区位的知识效率评价和制度合法性评价决定了企业的迁移行为，这就使得区位层面因素、企业层面因素和迁移行为之间的关系更为清晰。下面本书进一步从企业—区位共演框架出发对泉州市知名民企的迁移行为进行系统分析。

第一，泉州市知名民企的快速成长与泉州市城市环境缓慢发展的对比，拉低了企业对所在地知识效率和制度合法性评价，从而强化了企业总部的外迁意愿。在1990年之后，泉州市鞋帽民企的发展呈现显著的加速趋势，从代工模式快速切换到品牌模式，从区位性品牌，快速发展到全国性品牌，这就使得企业的业务环节从原来的制造单中心模式，拓展到研发、营销和制造的多中心模式，特别是以研发和营销为重点任务的总部职能开始凸现出来，因而这些鞋帽企业就对当地的总部集聚性因素产生了更为迫切的需求。与这些企业快速发展不相匹配的是泉州市整体城市发展和定位相对滞后，这就拉低了鞋帽知名民企对泉州市的知识效率评价，这就强化了企业总部的迁移意愿。

除了知识效率评价，泉州市的制度环境同样是制造导向的，即制度环境强调了对制造环节的支持。例如，当地政府强化当地产业园区建设，以确保企业制造环节的扩大再生产。但是，对于知识密集的研发和营销环节来说，空间诚然重要，但是更重要的是高端人才以及相应的制度环境。而泉州市政府在这方面虽有考虑，但是效果并不明显，这就降低了鞋帽民企对泉州市制度合法性的评价。同时，从非正式的规范来看，制造环节强调严谨和成本，而知识密集业务的发展，则需要更为宽松和容忍失败的氛围。长久以来，泉州市的工业制造氛围的养成，在一定程度上，限制了宽松、容忍失败的创新氛围，这就降低了这些鞋帽民企总部对所在地的制度合法性评价。因此，泉州市鞋帽民企对所在地制度合法性评价的降低，也进一步强化了企业总部的外迁意愿。

对比7.1章节有关慈溪市家电企业迁移意愿实证研究的三个结论，结合泉州市知名民企外迁的情景，可以得到以下结论，以加深我们对企业迁移意愿形成机理的理解。一是，在区位层面，短期难以改善的本地制度环境和知识禀赋，强化了企业总部的迁移意愿。在7.1章节中，我们把区位层面因素分为企业难以影响，也难以进行适应性调整的因素；企业难以影响，但是可以进行适应性调整的因素；以及企业可以进行直接影响的因素。通过泉州鞋帽企业总部外迁意愿的研究，我们认为必须加上时间因素，才能对区位层面因素的实际影响做出更为精准的把握。部分区位性因素，对企业来说，在短期难以产生影响，但是在长期可以施加影响。但是由于时间的不匹配性，部分貌似看来可以改进的区位层面因素，也会驱动企业迁移。这对区位的各类主体来说，特别是区位政府而言，可以通过控制本地制度体系和资源体系的变革节奏，以影响企业的迁移行为。二是，能力强或者知识多的集群企业会出于知识获取的考量而外迁，即知识获取性迁移。在 7.1 部分，案例研究表明能力强或者知识多的集群企业会出于对本地知识溢出的考量而选择外迁，这具体涉及企业对知识隔离机制、知识落差、对当地知识依赖性以及对当地制度影响力的综合考量。而在本案例之中，泉州市开展总部迁移的企业多为当地的龙头企业，具有更高的生产率，在当地已经成为知识的净溢出者。虽然在当地已经占据知识高地，但是与国内一线企业的竞争则要求企业必须追求新的核心能力，这就需要获取新的知识，因而对当地的知识效率评价会更低，从而强化其迁移意愿。三是，规模更大的企业也表现出更强的迁移意愿。这一点与慈溪家电企业迁移案例结论不同。这主要是由于慈溪市家电企业多为中小企业，还没有成长为全国性企业。而泉州市的鞋帽企业正处于从区位性企业向全国性，乃至世界性企业的转变中，这就需要全国性，乃至全球性布局，因而具有更强的迁移意愿。综合第二点和第三点，可以发现，区位性企业向全国性企业的转变阶段，会表现出更强的迁移意愿。

第二，潜在区位的制度合法性和知识效率的综合权衡，决定了最终的目标区位选择。吴波（2013）认为泉州市鞋帽知名民企之所以选择厦门市，主要是考虑到结构性匹配，即潜在目标区位的总部集聚优势和信息沟通优势。通过厦门市与泉州市在这两个维度的对比，可以发现厦门市具有明显优势。进一步，吴波（2013）也从制度合法性的角度，回答了为什么泉州市企业总部选择厦门市而不是北上广深等国内一线城市，他认为厦门市政府部门的支持和两地文化的相似性起了重要作用。这一分析强调了对备选区位的知识效率评价和制度合法性评价，认为应该综合考虑这两个维度来确定最终的目标区位。

从企业—区位共演框架出发，我们可以对泉州市知名民企总部迁移选择厦门市的机理进行更为系统的分析。一是来自两地政府部门的合法性认可，提高了泉州市鞋帽知名企业对总部迁移至厦门市的规制合法性评价。在案例中提及，厦门市思明区政府进行了针对性的招商，这就为泉州市知名鞋帽民企总部迁移至厦门市赋予了来自厦门市的合法性认可。但是迁移不仅仅涉及迁入地的合法性认可，也涉及迁出地，即泉州市政府的合法性认可。出于当地产业发展、财政税收和区位形象的考虑，泉州市政府并不愿意当地企业总部迁出。但是由于两地在总部集聚优势上确实存在显著差异，而这又是泉州市知名鞋帽民企发展的关键，并且泉州市的总部集聚优势无法在短期内形成。如果强力阻止，必然会对这些企业的发展产生不利影响，也对厦门市泉州市两地产生双输的结果。所以，泉州市政府在当时的情景下也只能默许，但前提是这些泉州企业的生产基地、制造总部，甚至行政总部，依然放在当地。事实上，这些迁移的泉州市鞋帽知名民企也都把自身的制造中心，甚至行政总部留在当地，以此获得来自泉州市政府的合法性认可。另外，厦门市、泉州市两地毕竟都在福建一省之内，这种迁移至少不会引来福建省政府的反对。而如果选择跨省迁移，这就可能会招致来自福建省政府的合法性障碍，这可能也是泉州民企选择厦门市而不是北上广深的一个原因。二是厦门市与泉州市共同的社会与文化背景，提升了泉州市鞋帽知名民企对总部迁移厦门市的规范合法性评价。两地社会与文化背景相似，使得泉州市鞋帽知名民企总部更容易了解当地的社会与文化规范，从而有效融入厦门，提升了企业对总部迁移厦门市的规范合法性评价。三是厦门市更优的总部集聚优势和信息沟通优势，提高了泉州市鞋帽知名企业对总部迁移的知识效率评价。对此，吴波(2013)已经通过定性和定量的方式进行了证明，在此不再赘述。因此，综合考虑以上三个评价，厦门市就成为泉州市鞋帽知名民企总部的首选之地。

三是，泉州市鞋帽知名民企群体迁移至厦门市反映了多种因素的综合考量。前文指出企业对各个备择区位的知识效率评价和制度合法性评价决定了企业最终的目标区位选择。对于泉州市鞋帽知名民企总部迁移案例来说，几乎所有企业的总部均迁往厦门市，这就是典型的企业群体迁移至同一区位的案例。对此吴波(2013)主要从集聚优势获取和基于合法性获取的模仿策略来解释这一案例，特别是出于合法性获取逻辑驱动了企业总部群体迁移至厦门市的行为。

在第六章中，在文献研究的基础上，我们梳理出了三种企业群体迁移至同一区位的动机模式，分别是基于集聚优势获取的同一区位选择、基于多市场竞争的同一区位选择以及基于合法性获取的同一区位选择，并以跨国电气公司、浙江省温州市电气企业群体迁移至上海市为对象的案例研究，发现三种逻辑在区位产业发展的不同阶段起到差异化的作用。对此，我们认为这三种逻辑也是解释泉州市鞋帽知名民企群体迁移至厦门市的必要观点。只不过对于不同阶段企业来说，其影响的比重有差异。对于较早开展总部迁移的安踏来说，总部集聚优势获取的动机会更加强烈些，而之后的企业则会出于多市场竞争的动机而迁移至厦门市，驱动随后的企业出于合法性获取的动机，而群体迁移至厦门市。具体来说，在初期部分企业的迁移，会主要考虑厦门市总部集聚优势的价值，正如案例所提到的与泉州市相比，厦门市具有更为明显的总部集聚优势。同时厦门市与泉州市的地理距离和制度距离相对较小，这就有效降低了迁移之后的再嵌入风险，所以对厦门市的知识效率评价和制度合法性评价会更高。之后，这些先行者在泉州市的竞争对手，会主要出于维持竞争均势的目的，而采取相似的迁移战略。随着更多企业总部外迁厦门市，这一行为就具有了来自迁入地和迁出地的多方合法性认可，从而驱动更多企业通过模仿的方式把总部迁移至厦门市。所以，三种力量均影响了泉州市鞋帽知名民企总部迁移至厦门市的动机。

8.2.3 案例小结

根据吴波(2013)对泉州市知名名企总部群体迁移至厦门市的案例分析，在这一节我们将企业—区位共演框架进行了再演绎，得到如下三个方面的具体结论。

第一，泉州市知名民企的快速成长与泉州市城市环境的缓慢发展的对比，拉低了企业对所在地知识效率和制度合法性评价，从而强化了企业总部的外迁意愿。结合7.1章节对慈溪市家电企业迁移意愿研究的阶段，考虑到泉州市知名民企总部迁移至厦门市的具体情景，我们认为，在区位层面，短期难以改善的本地制度环境和知识体系，强化了泉州市知名民企总部的迁移意愿；能力强或者知识多的集群企业会出于知识获取的考量而外迁，即知识获取性迁移；规模更大的企业也表现出更强的迁移意愿。

第二，从企业—区位共演框架出发，对泉州市知名民企总部迁移目标区位选择的机理研究发现，来自两地政府部门的合法性认可，提高了泉州市鞋帽知名企业对总部迁移至厦门市的规制合法性评价；厦门市与泉州市共同的社会与文化背景，提升了泉州市鞋帽知名民企对总部迁移至厦门市的规范合法性评价；厦门市更优的总部集聚优势和信息沟通优势，提高了泉州市鞋帽知名企业对总部迁移的知识效率评价。

第三，泉州市鞋帽知名民企群体迁移至厦门市反映了多种因素的综合考量。对于较早开展总部迁移的企业来说，总部集聚优势获取的动机会更强烈些，而之后的企业则会出于多市场竞争的动机而迁移至厦门市，驱动随后的企业出于合法性获取的动机，而群体迁移至厦门市。

8.3 制造企业群体迁移案例研究

8.3.1 家电企业制造基地群体迁移至合肥市的案例背景①

中国家电产业是一个包含很广的概念，本书仅仅从产业集群的视角来看待我国家电产业的发展，而不是涵盖所有家电企业。经过30多年的发展，我国家电产业集群主要集中在四大区位，分别是山东省青岛市、广东省佛山市顺德区、浙江省慈溪市以及安徽省合肥市家电产业集群。前三者主要是由创业于当地的家电企业自发集聚（或初集聚）形成的产业集群，其中青岛是国有经济主导型的家电产业集群，其龙头企业包括海尔、海信、澳柯玛等；顺德则是乡镇集体经济主导型家电产业集群，其龙头企业包括美的、海信科龙、格兰仕、万家乐等；慈溪则是民营经济主导型家电产业集群，其龙头企业包括方太、惠康、先锋等。与以上三大家电产业集

---

① 这一部分材料主要来自本人之前发表的文章。张学华，吴波. 集群企业跨区域迁移的动因与区位选择——对中国家电产业集群的案例研究[J]. 科技管理研究，2012，32(22)：202-206.

群不同，合肥市家电产业集群则主要是依赖于家电集群企业迁移而再集聚所形成的产业集群。

经过近20年的发展，到2000年之后，三大自发性家电产业集群在培育了一批实力强大的家电企业的同时，也遭遇了区位产业集群发展的两大瓶颈。依托价格优势，我国家电企业积极参与国内和国际两个市场的竞争。通过代工和自创品牌的形式，在与国际知名企业的竞争中，培育出了一些制造能力强大的家电企业，特别是在青岛市和佛山市顺德区。在国内市场的竞争中，我国家电企业逐步确立了价廉质优的声誉，在三大集聚区逐步形成了众多的家电知名品牌。例如，上文提到的众多家电龙头企业在制造能力方面均值得称道。

在制造能力稳步提升的同时，三大家电产业集群的两大瓶颈也开始出现。一是，当地日益短缺的资源供给。随着企业规模扩张以及企业数量增加，当地资源供给的拥挤效应开始显现，特别是土地资源与劳动力资源短缺。2000年以后，在长三角和珠三角凸显的“民工荒”就是典型代表。虽然区位政府和企业通过各种渠道获取本地的土地资源，吸引农民工，但是土地短缺和“民工荒”作为一个不可逆的趋势要求家电集群企业必须拿出积极的对策。二是，研发能力与品牌能力作为家电集群企业实力提升的短板效应。虽然三大区位已经拥有了一些国内知名品牌，但是与国际知名企业尚存在较大差距；而众多中小型家电在代工模式下生存空间日益狭窄。这使得众多家电集群企业的战略重心开始从制造环节走向两端的研发和品牌环节，确立提升研发能力、打造企业品牌的战略目标。

为了利用已有的强大的制造能力，也为了克服当地各项资源的匮乏，龙头性的家电集群企业开始通过利用性外迁来实现企业成长。在区位选择上，他们不约而同地选择了安徽省合肥市，这也造就了合肥市家电产业集群的崛起。合肥市家电产业的发展可以分为两个阶段。第一阶段是2000—2005年，合肥市对本地家电企业进行改制重组，通过资产优化吸引国内家电巨头加盟，海尔、美的、长虹、华凌、三洋等国内外大企业投资落户，使得行业产值年均增长超过20%，洗衣机、冰箱、彩电、空调的产品产量，2005年比2000年成倍增长。第二阶段是2006年至今，相对完备的产业基础和高端品牌集聚的区位形象，吸引了格力、欧力、尊贵、晶弘等企业入驻合肥市，合肥市本土品牌美菱、荣事达与长虹、美的强强联合增资建园，并带动冰箱及空调的核心配套件知名生产企业入驻。至此，家电集群企业的利用性迁移实现了合肥市家电产业集群的迅速崛起。那么，为什么是合肥市？

首先，合肥市具有优越的区位优势，包括得天独厚的地理区位和人力资源等。①在地理区位方面，合肥市是我国中部重镇，具有贯通南北、连接东西的独特区位地理优势。以合肥市为中心，以 500 公里为半径，其市场圈覆盖人口 4 亿—5 亿，这部分市场在中国消费市场中占有重要的地位。特别是自 2000 年以来，随着东部市场的相对饱和，中西部地区以及三、四级市场开始进入快速增长时期，成为国内外家电知名品牌再次成长所必然要占领的核心市场。例如对青岛市家电企业来说，合肥市是企业进驻华南市场的据点；而对佛山市顺德区家电而言，合肥市则成为企业占领华东和华北市场的跳板。②在人力资源方面，合肥市不仅具备坚实的教育基础，还拥有专业的人才储备和丰富廉价的劳动力。合肥市是我国唯一的科技创新试点城市，拥有中国科技大学、合肥工业大学等各类高等院校 59 所，中科院物质研究所、电子 16 所、38 所、43 所等各类研究所 200 多个，拥有 20 多万科技人才，是除北京市以外国家重大科学布局最密集的城市。同时，合肥市的家电产业曾经辉煌过，20 世纪 80 年代中后期到 90 年代中期，合肥市涌现了荣事达、美菱、黄山、万燕、天鹅等多个知名家电品牌。虽然中道衰落，但是经过 30 年发展，这些家电企业也培养了一批专业的熟练工人、技术人才和管理人才。另外，合肥市的劳动力成本低廉，仅相当于北京的 50%。

其次，高品质家电制造企业集聚的区位形象锦上添花，吸引了大量高端品牌的迁入，形成了高端家电制造企业集聚的良性循环，进而确立了合肥市产业集群的高端制造形象。最初，合肥市自身所拥有的高端制造品牌引发了（第一阶段）知名家电制造企业的迁入。如上文所述，合肥市曾经拥有国内诸多知名制造品牌，虽中道衰落，但吸引力依然巨大。合肥市对本地家电企业进行改制重组，通过资产优化吸引国内家电制造巨头的加盟，例如美菱与长虹的合资、荣事达与美的合资。早期进入的高品质家电企业进一步带动了其他高品质企业的进入。在第一阶段，随着海尔、美的、长虹、华凌、三洋等巨头的进入，进一步吸引了其他高品质企业的进入，格力、欧力、尊贵、晶弘也开始进入合肥市发展。总之，合肥市家电产业集群引入高品质企业实现产业发展的案例进一步表明，高品质的区位资源和高品质的企业资源是吸引外部高品质集群企业进入的关键。

以上表明，三大家电集群企业所具备的强大的制造能力，以及当地各项资源的匮乏驱动了集群企业的利用性外迁；而合肥市凭借其优越的区位优势和高端品牌集聚的区位形象吸引力大量高品质家电集群企业的进入，实现了合肥市家电产业集群落寞之后的再腾飞。当然，迁入合肥市的家电企业还主要把合肥市视为制造基地，迁入的业务主要为制造环节。

8.3.2 温州市灯具企业群体迁移至古镇的案例背景①

浙江省温州市灯具企业的群体迁移至广东省古镇又是另外一个典型案例。朱华晟等(2009)通过系统的实地调查，特别是在古镇开展演进的案例分析，获得了翔实的一手资料。并据此从迁出地推力、迁入地拉力分析了温州市灯具企业群体迁移的动力机制。下面将简要介绍朱华晟等(2009)对温州市灯具企业群体迁移至广东省古镇的案例背景。

1990年，温州曾经是国内著名的灯具产业基地。“1998年，仅温州市东方灯具大市场的销售企业就达600多家，全市灯具产业年产值为50多亿元，占当时国内市场的1/4左右。”(朱华晟等，2009)。但是在2000年之后，温州市灯具产业开始外迁，其中迁往中山市的灯具企业1200多家。这就使得温州市和中山市古镇的灯具产业规模发生了重大变动。据朱华晟等(2009)的资料显示，在2003年，温州灯具企业仅剩500家，产值25亿元，而古镇的灯具企业数量达到2016家，产值为61.4亿元；到2005年，古镇灯具企业数量攀升到4700家，产值达到140.8亿元，而到2007年，温州市灯具企业仅剩200家。温州市与古镇在灯具产业的反转式发展的一个重要原因就是温州市灯具企业群体迁移至古镇。

对于温州灯具企业群体迁移至古镇，朱华晟等(2009)从企业内部、迁出地和迁入地进行了分析。在企业内部层面，朱华晟等(2009)提出内在

① 朱华晟，王缉慈，李鹏飞等. 基于多重动力机制的集群企业迁移及区域影响——以温州灯具企业迁移中山古镇为例[J]. 地理科学进展，2009，28(3)：329-336.

动力在于维持或扩张市场规模、弥补关键性技术差距、内部沉没成本较低（这一点具体体现为温州市灯具企业所采用的高流动性的外来劳动力和生产空间价值的可补偿性）。在迁出地层面的推力主要分为三个方面，一是地方商务环境恶化，这集中体现在当地的恶性竞争和模仿盛行；二是政府治理不当，这集中体现为当时政府产业政策的不给力，例如乱收税费，国营背景的东方灯具市场垄断高价；三是网络组织降低迁移成本，这集中体现在迁移企业对当地其他企业的榜样作用，成立于2004年的中山市温州商会的中介作用。特别是这一商会“引领众多温州商人开辟了规模庞大的古镇‘十里灯饰长街’，还积极组织各地温州市籍商人来中山投资考察，2006年有40多家温州市企业到中山投资发展，涉及投资额高达3亿多元。”（朱华晟等，2009）。

迁入地的拉力主要体现在两个方面。一是，更优的区位空间因素和政府政策因素。古镇为灯具产业提供了更为优惠的土地政策，并提供了更为优惠的税收政策。二是，更优的集聚优势。这包括来自港澳的有关技术与产品信息优势，来自周边的产业集聚优势，来自本地的产业基础设计和产业配套、区位产业品牌优势。朱华晟等（2009）做出总结：“如果空间资源和区位生产成本是吸引温州市企业迁移的充分条件，那么集群技术创新的外溢效应和政府治理下的产业环境优势则是真正留住这些企业的必要条件。从事灯饰生产多年的L公司从温州市迁入古镇的决策过程正佐证了此点。1999年该公司总经理参加了古镇首届灯博会之后决定来此地投资，‘开始只是抱着试试看的心理来到古镇，租下厂房开始生产，后来发现这里产业配套非常成熟，政府对外地来的企业也非常关心，于是买地建厂，并关闭温州市的厂’。”

8.3.3 基于企业—区位共演框架的再分析

March（1991）提出了经典的知识获取和知识利用两大知识战略。这一分类法成为企业战略理论的经典框架。借鉴到企业迁移战略研究之中，我们就可以把企业迁移行为分为知识获取型迁移和知识利用型迁移。前者主要是以利用自身核心知识/能力为目的的企业区位迁移，例如为利用自身的核心制造知识，把生产环节迁往后发国家和区位的；后者是以知识获取为目的的企业区位迁移，在这里知识获取特指获取那些具有战略价值的关键知识，例如为获得高端技术人才和知识，企业会把研发中心迁往知识高地所在国家和区位。所以，知识利用型迁移又可以被称为顺梯度迁移、顺势迁移；而知识获取型迁移也可以被称为逆梯度迁移、逆势迁移。

之所以把以上两个案例放在一起，是因为家电企业群体迁移至合肥市主要表现为知识利用型迁移，而温州市灯具企业群体迁移至古镇则主要表现为知识获取型迁移。下面我们将进一步采取企业—区位共演框架对这两个典型案例，针对企业迁移意愿与目标区位选择进行再分析。

第一，对于迁移意愿，对所在区位知识效率的不满是强化企业迁移意愿的主要动因。在家电企业群体迁移至合肥的案例中，中国三大家电产业集聚区已经培育了制造能力更为强大的全国知名龙头企业。但在2000年之后，这三个集聚区在实现企业的扩大再生产中出现了较大的瓶颈，特别是土地资源和劳动力资源的相对短缺。为有效利用自身制造方面的核心知识（即制造能力），也为了突破所在地的配套性的土地和劳动力资源约束，这些知名家电企业纷纷实施其迁移战略。在这里，虽然企业可以通过各种替代性方法来解除当地的资源约束，例如通过机器换人、通过流程变革提高单位土地面积的效率，但是当地的这种劳动力供给和土地供给将会持续紧张，这是长期不能变革的趋势。这就使得这些企业对所在地知识效率，特别是利用其核心制造能力的知识利用效率评价大大降低，从而强化了其迁移意愿。与之同时，这些全国知名家电企业，包括海尔、格力、美的等企业，已经具备了更强的制造能力和更大的企业规模，这就为企业迁移提供了稳健的内部保障。所以，以知识利用为目的的迁移意愿就会不断强化。在这一案例中，家电企业迁移更多地表现扩张性的部分迁移。

在温州市灯具企业群体迁移至古镇的案例中，朱华晟等（2009）从企业内部因素和所在地推力因素，提出了温州市灯具企业迁移意愿的形成机制，认为温州市企业为了获得企业发展所需的关键技术，企业自身在当地的沉没成本相对较低，这就激发了企业迁移意愿；更重要的是所在地的推力因素，这主要体现为温州市当地不良的商务环境和政府政策环境，提高了企业在当地的运营成本，强化了企业迁移意愿。这一观点与企业—区位共演框架的逻辑大致符合，在此我们进一步采用该框架对温州灯具企业群体迁移至古镇的案例进行再演绎。

按照企业—区位共演框架，可以发现温州市灯具企业对所在地知识获取效率评价和制度合法性评价的降低，强化了企业的迁移意愿。在知识维度，温州市灯具企业对所在地知识效率评价可以分为知识利用效率评价和知识获取效率评价。由于当地产业集群内部企业之间的恶性竞争和恶性模仿，当地企业的知识研发动机被极大的压制，从而使得当地的知识创造行为弱化，当地灯具产业的知识池日渐干涸，这就大大降低灯具企业对当地知识获取效率的评价。同时，当时温州市不利的制度环境使得企业在当地发展的制度合法性评价大大降低。例如，温州市当时具有国营背景的东方灯具市场所营造的环境，温州市政府的土地政策等均不利于当时中小灯具企业的发展，导致企业对所在地制度合法性的评价较低。与之同时，由于温州市民营经济发达，对中小灯具企业的依赖性不高，这就使得这些中小灯具企业难以获得针对政府的谈判优势，这也就意味着温州市中小灯具企业难以反作用于当地的制度体系和资源环境。所以，较低的知识获取效率评价和制度合法性评价，共同强化了企业的外迁意愿。

第二，潜在目标区位期望更高的知识效率评价，匹配以合理的制度环境，决定了企业迁移的最终目标区位选择。在中国家电企业群体迁移至合肥市的案例中，来自其他三大集聚区的家电企业均把生产基地设置在合肥市，其主要原因是，家电企业在合肥市可以获得更高的知识利用效率。其原因有三。其一，合肥市所拥有的独特地理位置，可以在500公里半径内涵盖4亿—5亿的消费群体，为这些制造企业强大制造能力的有效利用提供了足够的新的市场空间，即基于市场的知识利用效率。通过选择合肥市，这些来自东部沿海地区的家电企业就可以更有效地接近市场，提高与中西部市场的地理距离，提高其与市场的互动效率。其二，合肥市拥有较好的产业基础，这是很多中西部地区，甚至是东部地区所不具备的，提高了外来家电企业的基于产业配套的知识利用效率。在家电产业方面，合肥市在改革开放初期，就涌现了一批知名家电品牌。由于诸多原因，这些企业中道衰落，但是依然为当地培养了一批优秀的专业家电人才和较为完备的家电产业体系。这种相对完善的人才储备和家电产业体系为外来家电企业有效利用自身核心制造能力提供了产业配套体系，从而提高了这些家电企业的知识利用效率，即基于产业配套的知识利用效率。其三，合肥市所拥有的大量、高素质的科研院所，为外来家电企业的高端制造能力提供了更好的高端人才和科研成果，提高了这些企业的基于人才体系的知识利用效率。正如案例所指出的，合肥市拥有众多的高校和科研机构，这为当地提供了足够的高素质人才和科研成果，这就为当地有效吸收和消化来自这些中国家电企业的核心制造能力奠定了坚实的人才基础，提高了企业对该区位的知识利用效率预期。所以，合肥市可以接近的庞大市场空间、可资利用的坚实产业基础和庞大而相对高端的人才体系，提高了这些中国家电企业对合肥市的知识利用效率评价，进而驱动企业指向合肥市的知识利用型迁移。当然，也不得不提的是，合肥市政府也把家电产业作为当地的支柱产业，市长带头到各地招商，这就为当地家电产业发展奠定了规制合法性基础；合肥市所拥有的家电产业发展历史和氛围，也为当地的家电产业发展奠定了规范合法性基础。因此，众多中国家电企业对合肥市的知识利用效率评价和制度合法性评价均较高，这就驱动了最终的企业迁入。

与家电企业指向合肥市的知识利用型迁移不同，温州市灯具企业指向古镇的知识获取型迁移则依赖于企业对古镇更高的知识获取效率评价以及相应的制度合法性评价。朱华晟等(2013)指出，古镇对温州市灯具企业吸引力主要来自三个方面，分别是更优的区位空间因素和政府政策因素、更优的集聚优势。对此，本书进一步从企业—区位共演框架进行解释。我们认为温州市灯具企业对古镇的知识获取效率评价以及相应的制度合法性评价，决定了这些企业最终迁往古镇。其原因有三。其一，古镇更接近来自港澳的产品设计相关信息。获取这些信息是灯具企业获得竞争优势的重要来源，这就提高了温州市灯具企业对古镇的研发知识获取效率评价。作为承接发达国家与地区劳动密集产业的首选之地，广东省具有其无可置疑的地理优势。其中，古镇作为承接灯具产业的重要区位，成为国内灯具设计的重要来源地之一，这对于想要提升自身竞争力的温州市企业无疑更具吸引力。其二，古镇是承接港澳灯具产业的重要区位，形成了较为完备的生产系统，成为当时重要的灯具产业集聚区位，这就为温州市灯具企业提供了学习相对高端制造知识的产业氛围，因而提升了其对古镇制造知识获取效率的评价。其三，古镇通过区位品牌的营建，提高古镇的灯具区位品牌影响力，引来了全国的灯具采购商，这就为温州企业提供了获得顾客需求方面的知识，提高了其对古镇市场知识获取效率的评价。总而言之，古镇对温州市灯具企业来说，是具备相对高端的产业设计知识、产品制造知识和市场需求知识的高端灯具集聚区位，因而提高了温州灯具企业的知识获取效率评价，驱动企业最终选择迁往古镇。与之同时，古镇也具备了相对温州市更为优良的制度合法性环境。古镇为灯具产业提供了更为优惠的土地政策和税收政策，这直接显示了来自当地政府的规制合法性标准，并且古镇具有相对温州市更为优良的规范环境，这都提高了温州市企业对古镇的制度合法性评价。并且这种评价随着更多温州市灯具企业的迁入，得到了持续的提升。综上，可以看出，温州市灯具企业对古镇更高的知识获取效率评价以及相应的制度合法性评价，最终使得企业选择这一区位。

第三，企业群体迁移至同一区位体现了三种逻辑的并存。之前在第六章研究中指出企业群体迁移至同一区位体现了三种典型的动机，分别是集聚优势获取、多市场竞争和合法性获取三种逻辑。中国家电企业制造基地群体迁移至合肥市、温州市灯具企业群体迁移至古镇，两个典型案例都说明了三种逻辑在驱动企业群体迁移至同一区位的解释力，虽然其影响程度有差异。

案例显示，中国家电企业制造基地迁移至合肥市分为两个阶段。我们认为这两个典型阶段，展现了显著的企业群体迁移至同一区位的三种典型动机。首先，集聚优势获取逻辑。合肥市本身就是中国中部家电产业的著名基地，产生了诸多著名的家电品牌，虽然中道衰落，但是其品牌影响力、产业集群和人才体系都相对完整；同时合肥具备潜力巨大的市场空间和研发能力强大的科研院所。这相对其他中部城市来说，其家电产业的集聚优势更为显著，这就吸引了大量家电企业制造基地的迁入。并且随着外来家电企业的进入，合肥市的家电产业集聚优势变得更为显著，这就引发了随后的其他企业的进入。所以，集聚优势获取就成为中国家电企业制造基地群体迁移至合肥市的重要原因。当然，随着更多企业生产基地的涌入，合肥的拥挤成本将会超过其集聚优势，从而弱化了进一步的迁入。其次，多市场竞争逻辑。中国家电企业已经形成了相对稳定的竞争格局，这一格局限使得企业眼中的竞争者及其行为被放大和关注，从而驱动企业为了获得竞争均势而采取相同的战略，即生产基地迁移至合肥市这一战略决策。最后，合法性获取逻辑。随着众多中国家电企业制造基地群体迁移至合肥市，这就形成了更强有力的制度合法性，即生产基地迁移至合肥，布局中西部市场，在整个知名家电企业之间就会形成“理所当然”的认知。这就驱动随后其他家电企业入驻合肥市。所以，这三种力量最终推动了企业群体进入合肥市。

温州市灯具企业群体迁移至古镇的案例，并没有对迁移阶段进行划分，但是从案例描述中，我们也可以看出三种力量的存在，特别是集聚优势获取逻辑和合法性获取逻辑。前文已经指出，获取古镇的集聚优势，具体包括高端的产业设计知识、产品制造知识和市场需求知识，这是驱动温州市灯具企业嵌入古镇的关键因素。与之同时，随着更多温州市灯具企业的进入，迁入古镇就成为温州市灯具企业的“共识”，这一“共识”驱动了随后其他企业的进入。在这里值得说明的是，中山市温州商会在其中扮演的重要中介作用：“引领众多温州市商人开辟了规模庞大的古镇‘十里灯饰长街’，还积极组织各地温州市籍商人来中山投资考察”（朱华晟等，2009）。中山市温州市商会作为沟通两个区位的结构洞，促进了知识和信息在两地的传播，加速了温州市灯具企业指向古镇的迁移。“2006 年有 40 多家温州市企业到中山投资发展，涉及投资额高达 3 亿多元。”（朱华晟等，2009）。与以上两大动机不同，由于温州市灯具企业多为中小企业，在当地，市场竞争结构主要是垄断竞争市场，甚至是类似完全竞争市场。但是，为了获得竞争优势，或者说是防止竞争劣势，依然是驱动这些中小企业迁移至古镇的重要原因。

8.3.4　案例小结

中国家电企业制造基地群体迁移至合肥市是一个典型的知识利用型群体迁移，温州市灯具企业群体迁移至古镇则是一个典型的知识获取型群体迁移。通过对比两个典型案例，以企业—区位共演为基本分析框架，我们主要得到以下三个方面的结论。

一是，对于迁移意愿，对所在区位知识效率的不满是强化企业迁移意愿的主要动因。在 2000 年之后，中国三大家电产业集聚区的知名企业在扩大再生产的过程中，面临着土地资源和劳动力资源的相对短缺；为有效利用自身制造方面的核心知识(即制造能力),也为了突破所在地的配套性的土地和劳动力资源约束,这些知名家电企业开始纷纷实施其迁移战略,即对所在地知识利用效率评价的低下,凸现了企业的迁移意愿。而在温州市灯具企业群体迁移案例中,由于当地产业集群内部企业之间的恶性竞争和恶性模仿,当地企业的知识研发动机被极大地压制,从而使得当地的知识创造行为弱化,当地灯具产业的知识池日渐干涸,这就大大降低灯具企业对当地知识获取效率的评价。再加上当地不利的制度非法性环境,两者共同强化了企业的迁移意愿。

二是,潜在目标区位期望更高的知识效率评价,匹配以合理的制度环境,决定了企业迁移的最终目标区位选择。在第一个案例中,合肥市可以接近的庞大市场空间、可资利用的坚实产业基础和庞大而相对高端的人才体系,提高了这些家电企业对合肥的知识利用效率评价,进而驱动企业指向合肥的知识利用型迁移。在第二个案例中,古镇所具备的相对高端的产业设计知识、产品制造知识和市场需求知识,提高了温州市灯具企业的知识获取效率评价,驱动企业最终选择迁往古镇。当然,两个案例中,也都提出这样的观点:更高的知识效率评价与更高的制度合法性评价共同影响了企业的目标区位选择。

三是,企业群体迁移至同一区位体现了三种逻辑的并存。在第一个案例中,中国家电企业制造基地迁移至合肥市分为两个阶段。在第一阶段,集聚优势获取和多市场竞争逻辑是驱动家电企业制造基地迁移至合肥市的重要动力,在第二阶段,三种力量均发生作用,而制度合法性也发挥同样的驱动力。在第二个案例中,温州市灯具企业群体迁移至古镇显示出明显的集聚优势获取和合法性获取逻辑,虽然多市场竞争逻辑相对不明显,但是依然显示了竞争优势获取逻辑。

8.4 本章小结

为进一步验证企业—区位共演框架,本章主要采用二手案例对企业迁移过程机理开展研究。在案例选择方面,主要选择作者本人之前所收集的案例资料以及其他学者所进行的迁移案例研究,以此为基础,基于企业—区位共演框架进行了再分析。第一部分是对慈溪市家电企业迁移意愿为对象，重点对企业迁移意愿形成机制进行了再分析。在第二部分，我们以泉州市知名鞋帽民企总部迁移至厦门市案例为对象，重点就企业总部迁移目标区位选择机理进行了再分析。在第三部分，我们选择对中国家电企业制造基地群体迁移至合肥市、温州市灯具企业群体迁移至古镇这两个典型案例进行分析，其中前者是典型的知识利用型群体迁移，后者则是典型的知识获取型群体迁移。通过对以上案例的再分析，得到如下结论。

第一，按照企业的可影响程度，区位层面因素可以分为：企业难以影响，也难以进行适应性调整的因素，例如区位的产业诚信环境、区位的治安环境；企业难以影响，但是可以进行适应性调整的因素，例如区位的土地资源供给、劳动力丰裕程度、融资便利性；企业可以进行直接影响的因素，例如区位政府服务的七个因素。这一划分方法为区位层面因素的进一步研究提供了基本分类方法。对于第一类对区位因素的不满将会强化企业的迁移意愿，因为这些因素是对企业发展产生直接影响，但是又难以为企业所影响和掌控，例如对区位诚信环境的不满，将会强化慈溪市家电企业的迁移意愿。对第二类因素的不满则不一定会强化企业的迁移意愿，这些因素虽然可以为企业所影响，但是如果短期内难以做出明显的改善，也会强化企业的迁移意愿，特别是在一定的竞争压力之下，例如泉州市知名鞋帽民企总部群体迁移就是在竞争压力之下开展迁移的典型案例。对第三类因素的不满，并不会直接强化企业的迁移意愿，因为企业可以通过直接交互而影响这些区位层面因素，进而实现这些区位层面因素的优化，例如慈溪市家电企业可以通过机器换人来扭转当地不利的劳动力供给因素。

第二，在企业层面，企业的知识差异能否影响企业迁移意愿取决于集群企业对区位知识效率的评价；这依赖于“能力强”的集群企业对知识隔离机制、知识落差、对当地知识依赖性以及对当地制度影响力的综合考量。知识隔离机制、相对较小的知识落差、对当地知识的更加依赖以及对当地制度影响力，使得高生产率企业驱动企业外迁的意愿得到缓解。但是如果所在地缺乏企业转型发展所需要的关键知识，也会促使那些能力更强企业的迁移意愿得到强化，例如泉州知名民企总部指向厦门的群体迁移。同时,在企业层面,企业的规模差异能否强化企业的迁移意愿,取决于企业可以获得的更多的本地资源与支付较大的迁移成本之间的权衡。在慈溪市家电企业的案例研究中,较大规模的电气企业表现出显著的留守意愿,而在泉州市民企总部迁移案例中,那些知名企业(通常更大规模)表现出更为显著的迁移倾向。

第三,从知识效率的角度,对所在区位知识效率的不满强化了企业的迁移意愿。在2000年之后,中国三大家电产业集聚区的知名企业在扩大再生产的过程中,面临着土地资源和劳动力资源的相对短缺;为有效利用自身制造方面的核心知识(即制造能力),也为了突破所在地配套性的土地和劳动力资源约束,这些知名家电企业开始纷纷实施其迁移战略,即对所在地知识利用效率评价的低下,凸现了企业的迁移意愿。而在温州市灯具企业群体迁移至古镇案例中,由于当地产业集群内部企业之间的恶性竞争和恶性模仿,当地企业的知识研发动机被极大地压制,从而使得当地的知识创造行为弱化,当地灯具产业的知识池日渐干涸,这就大大降低灯具企业对当地知识获取效率的评价。再加上当地不利的制度合法性环境,两者共同强化了企业的迁移意愿。

第四,潜在目标区位更高的知识效率期望,匹配以合理的制度环境,决定了企业迁移的最终目标区位选择。在泉州市知名民企总部群体迁移至厦门的案例中,来自两地政府部门的合法性认可,提高了泉州市鞋帽知名企业对总部迁移至厦门市的规制合法性评价;厦门市与泉州市共同的社会与文化背景,提升了泉州市鞋帽知名民企对总部迁移至厦门市的规范合法性评价;厦门市更优的总部集聚优势和信息沟通优势,提高了泉州市鞋帽知名企业对总部迁移的知识效率评价。在中国家电企业制造基地迁移至合肥市的案例中,合肥市可以接近的庞大市场空间、可资利用的坚实产业基础和庞大而相对高端的人才体系,提高了这些中国家电企业对合肥市的知识利用效率评价,进而驱动企业的指向合肥市的知识利用型迁移。在温州市灯具企业群体迁移至古镇的案例中,古镇所具备的相对高端的产业设计知识、产品制造知识和市场需求知识,提高了温州市灯具企业的知识获取效率评价,驱动企业最终选择迁往古镇。当然,两个案例中,也都提出这样的观点:更高的知识效率评价与更高的制度合法性评价共同影响了企业的目标区位选择。

第五，企业群体迁移至同一区位体现了三种逻辑的并存。对于较早开展总部迁移的企业来说，总部集聚优势获取的动机更为强烈些，而之后的企业则出于多市场竞争的动机而迁移至厦门市，驱动随后的企业出于合法性获取的动机，而群体迁移至厦门市。在中国家电企业制造基地迁移至合肥市的案例中，中国家电企业制造基地迁移至合肥市分为两个阶段。在第一阶段，集聚优势获取和多市场竞争逻辑是驱动家电企业制造基地迁移至合肥市的重要动力；在第二阶段，三种力量均发生作用，而制度合法性也起到同样的驱动力作用。在温州市灯具企业群体迁移至古镇的案例中，温州市灯具企业群体迁移至古镇显示出明显的集聚优势获取逻辑和合法性获取逻辑，虽然多市场竞争逻辑则相对不明显，但是依然显示了竞争优势获取逻辑。

第9章 研究结论与展望

区位经济发展的不平衡，以及企业的差异化成长速度与模式，区位迁移成为企业持续竞争优势获取的重要战略。在中国，这种区位之间的差异性不仅体现在东部、中部与西部之间的传统梯度差异，也体现在东部、中部、西部内部的差异。从中国上市公司总部迁移活跃度来看，在2000—2011年6月期间，有146家企业总部进行了跨省、市迁移，区内迁移最活跃的三大区位分别是，东部沿海地区（18例）、南部沿海地区（16例）以及长江中游地区（15例）；区际迁移最活跃的三大区位是北部沿海地区（48例）、东部沿海地区（38例）以及南部沿海地区（29例）；区位迁移最活跃的三大区位是，北部沿海地区（61例）、东部沿海地区（54例）以及南部沿海地区（45例），即环渤海、长三角、珠三角三大区位；北京市、上海市两地成为总部迁移最为活跃的两个城市（吴波等，2012）。

区位的差异加上企业之间的差异，促进了企业迁移行为的活跃发展。特别是在2000年之后，中国经济进入转型发展期，掀起了企业迁移成长的浪潮。这种浪潮一方面体现为中国企业转型发展的内在驱动力：企业通过区位调整和再布局，以有效利用自身已有的核心知识，或者获取新的核心知识，以获得持续竞争优势，即知识获取型迁移和知识利用型迁移。另一方面也体现为不同区位（主要是城市）政府的差异化定位：区位政府通过形象定位和产业定位，以谋求更具前景的发展空间。很多区位的政府部门通过积极地招商引资来吸引高端企业及其高附加值价值链环节，通过营建新的产业生态、培育新的产业集聚，以形成新的城市发展突破口。例如，总部经济凭借其较高的税收贡献、绿色环保的发展模式，成为很多区位招商的重点，这也在一定程度上促进了企业总部的迁移浪潮。

当然，企业迁移之路并非一帆风顺。如果企业迁移行为经历时间较长、涉及范围较广，则也会对其他企业带来各种影响，并且企业迁移决策中也面临诸多的障碍和诱惑，这就使得企业迁移决策呈现出很高的复杂性和不确定性。事实上，很多企业的迁移决策不仅没有给企业带来新的发展空间，反而给企业带来沉重的负担，甚至出现企业死亡的问题。这就要求我们深入解构企业迁移行为，探究企业迁移所呈现的规律，并在此基础上提出企业成功迁移的决策借鉴。同时，也能够为区位政府有效引导企业迁移、防止本地产业空心化、提高腾笼换鸟效率，提供可借鉴的政策建议。

9.1 研究结论

本书对企业迁移的已有研究进行了系统梳理，总结出已有研究的结论和不足。现有企业迁移研究的最大价值在于从微观层面探讨企业的迁移决策，这就从经济学范式下的区位理论中脱颖而出，并借鉴组织行为理论、新组织制度理论、资源基础理论所提供的有关组织行为、组织制度、组织资源的核心概念和核心理论，以开展跨学科研究、推动企业迁移研究的深化。而已有研究的最大不足则在于迁移研究的大杂烩问题，即缺乏一个系统的整合不同领域概念和理论的研究框架。为此，本书在对有关企业迁移的最新研究进展梳理的同时，尝试构建一个系统整合组织行为、组织制度、组织资源的研究框架，即本书第三章所提出的企业—区位共演框架。围绕这一框架，本书进一步开展理论研究，从企业迁移过程的三个关键阶段，提出基于企业—区位共演框架的企业迁移三阶段过程机理模型。在理论分析的基础上，本书进一步通过实证研究以验证所提出的企业—区位共演框架下的企业迁移过程机理模型。根据已有研究进展，本书重点实证研究了企业迁移过程的后两个关键环节，即迁移目标区位选择和迁移后成长。并最后以企业—区位共演框架对已有的典型企业迁移案例进行了理论再分析。通过以上理论和实证研究，本书得到如下的研究结论。

第一，企业迁移最新研究成果回顾表明，企业迁移已经形成基于过程视角的研究框架，但是还缺乏一个整合性的分析框架来推进企业迁移过程研究。

以 Pellenbarg，van Willem，van Dijk(2000)为分界线，本书首先对之前企业迁移研究成果进行了简要评价，在此基础上对 2000 年以来企业迁移研究的最新进展进行了综述，明确了企业迁移研究新的理论基础，并基于过程视角对企业迁移成果进行了系统梳理，主要结论有以下五个方面。一是，梳理了企业迁移三大新的理论基础，分别是新古典经经济学学派下的集聚优势理论、具有行为学派传统的企业成长理论(主要是资源基础理论)、制度视角下的网络理论和新组织制度理论。二是，明确了企业迁移研究的过程框架，把企业迁移研究的核心问题界定为企业迁移意愿形成、企业迁移目标区位选择以及迁移后成长等三个方面。三是，企业迁移意愿形成研究提出了成长驱动论和网络锁定论，其中前者是指企业成长导致企业与区位的非匹配，从而驱动企业迁移；后者是指企业所嵌入区位网络和关系网络限制了企业迁移。四是，根据迁移距离长短，把企业迁移分为长距离迁移和短距离迁移。企业的长距离迁移研究提出了集聚优势拉动论，认为企业的长距离迁移主要是受到 Marshall，Jocob 集聚优势的拉动；企业的短距离迁移研究则提出了社区环境吸引论，认为优良的三类社区环境要素吸引了企业的迁入。五是，迁移后成长研究提出了企业迁移的震荡式成长论，迁移通过影响企业的组织嵌入和区位嵌入而影响企业绩效，短期会对两类嵌入性产生震荡，但在长期会由于企业与区位的再匹配而带来更高的绩效。

虽然企业迁移已经取得重要进展，但是还存在较多的研究缺口，这也指出了未来的研究方向。一是，从理论基础来看，已有研究重点关注了新古典经济学派的集聚优势理论、行为学派的企业成长理论(主要是资源基础理论)、制度学派的网络理论，本书认为未来可以重点借鉴新组织制度理论和 FDI 理论开展企业迁移研究。在具体应用过程中，拓展的资源基础理论(ERBV)涵盖了传统资源基础理论、网络理论和集聚优势理论，认为企业迁移是通过区位调整以获得新区位特有资源，从而实现企业与区位的再匹配，推动了企业迁移研究的发展。二是，从迁移过程来看，迁移动因和目标区位选择还有待深入研究，迁移后成长机理亟待拓展研究。已有研究重点关注了迁移动因和目标区位选择，得出了丰富的结论，具体如表 2-1 所示，但是也依然有待深化。一是，企业和区位层面的各个因素对企业迁移的影响机理研究，具体包括企业内部因素、网络因素、区位集聚因素、区位制度因素等。二是,企业和区位层面各个因素对企业迁移的共同作用机理,还有待系统的理论研究,以构建能够涵盖不同因素的整合框架。三是,从迁移现象上看,部分迁移和群体迁移值得进一步关注。本书综述所涉及文献主要为整体迁移,而较少关注部分迁移。但是随着全球化和ICT技术的迅猛发展,价值链环节分割和生产模块化的快速推进,部分迁移已经成为企业迁移的重要现象,典型的如总部迁移和研发中心迁移。除了部分迁移之外,群体迁移由于其重要的现实影响引起了越来越多的关注(朱华晟等,2009;吴波,2013)。四是,引导企业迁移的政策研究。van Dijk, Pellenbarg(2000)在提出企业迁移的成长驱动论时,就指出区位政府政策在引导企业迁移方面可能效果不会明显。之后,随着长距离迁移的集聚优势拉动论提出,一些学者又开始重新关注基于企业迁移的政策分析。Baldwin,Okubo(2006)从理论角度研究了迁移补贴政策最终导致更低生产率的企业被吸引到边缘区位的现象,发现背后的原因在于更高生产率的企业在离开集聚区位的时候会因为更大的机会成本而选择留守。但是Baldwin和Okubo(2006)的研究结论与其假设紧密相关,其假设政府政策将会给每一个迁移企业提供固定的补贴。与之不同,Okubo(2012)则假设政府针对利润率进行补贴,认为这将会引导高生产率企业进入边缘区位,从而缩小核心与边缘的生产率差异,来自日本的经验也证明了这一点。未来可以开展更为系统的政策研究,以实现区位经济发展和跨区位的协同发展,从而提升企业迁移研究的现实指导价值。

第二,企业—区位共演框架有效整合企业与区位层面的知识/资源与制度因素及其互动机理,为企业迁移研究提供了整合性分析框架。

本书第三章主要采用理论分析方法,在界定区位和企业本质的基础上,提出了企业—区位共演框架。主要观点有以下三个方面。一是,区位的异质性是企业区位选择的基础,主要体现在制度体系和资源体系以及两者之间的基于合法性的互动。结合经典区位理论对区位的阐述和新组织制度理论对制度场域和制度合法性的界定,本书把区位界定为一个由资源体系和制度体系共同构成的互动系统(具体见图3-1)。其中资源体系包括资源禀赋、产业体系和知识体系,是一个区位价值创造的硬条件;制度体系主要包括当地所形成规制性、规范性和认知性力量所形成的制度场域,是一个区位价值创造的软约束。区位的资源体系和制度体系以合法性为主要相互影响机制，区位资源体系通过合法性机制影响了当地的制度体系，而区位制度体系则以合法性评价约束了当地的资源体系。

二是，企业的异质性是企业区位选择的关键，主要体现在制度层和知识层以及两者之间的互动。企业异质性一直是企业理论研究的核心问题。以 Coase 为代表的交易成本经济学从交易成本视角研究了企业的本质，认为企业的本质是以内部权威来有效替代外部市场交易治理机制，特别是钱德勒提出了科层制以有形的手来替代市场无形的手这一概念。以巴纳德为起点，以 Simon，Cyert，March 为代表的学者提出了组织行为分析，以有限理性为基本假设，认为组织可以通过权威机制、内部沟通、效率原则、组织忠诚等方式实现群体理性。这就把研究目光集中在组织内部。以 Penrose 为起点，在 1980 年，资源基础理论开始兴起，进而成为战略管理理论的主流。资源基础理论按照研究学派分为资源基础学派、能力基础学派和知识基础学派，其核心都认为企业的本质是企业所拥有的资源。在综合对比交易成本、组织行为和资源基础三大流派的基础上，本书进一步借鉴了与区位有关的企业定义，包括 Porter 对集群企业的界定、Dunning 对跨国公司的界定。最终，本书从知识维度、制度维度和区位维度界定了企业，把企业定义为以知识为基础，以制度为协调、以区位为背景的价值创造体系，具体见图 3-3。

三是，企业—区位共演框架是企业层面的知识与制度维度与区位层面的资源体系与制度体系两个维度的互动。演化是生物学的基本概念。达尔文提出的“变异、遗传和选择”这一生物演化框架，成为经济演化分析的主要思想来源。Nelson，Winter(1982)提出的演化经济学分析框架已经成为经典经济演化理论。借鉴生物学中的演化概念，结合 Simon 有限理性原则和熊彼特的创新理论，Nelson，Winer 把组织惯例视为组织演化分析的基本单元，认为企业在变化环境中通过搜寻和选择新的惯例，以有效适应和影响环境。共演则强调了持续变化发生在两个或多个相互依赖、单一的物种上，它们的演化轨迹相互交织，并且相互适应。以共演为基本框架，本书分别构建了基于单区位和双区位的企业—区位共演框架。这一框架关注了四个方面的互动，包括企业内部制度层与知识层之间的互动、区位层面的制度体系与资源体系之间的互动、区位层面的制度体系与企业层面的制度层之间的互动、区位层面的资源体系与企业知识层之间的互动。而基于双区位的企业—区位共演框架则强调了区位之间的差异性与企业知识区位部门化分工之间的关联。

第三,基于企业—区位共演框架,企业迁移过程中的三个关键决策点,取决于企业对区位的知识效率和制度合法性评价,而这一评价又进一步取决于企业层面因素与区位层面因素的互动。

在第三章所提出的企业—区位共演框架基础上,第四章重点分析了企业迁移的三阶段过程机理。从过程视角把企业迁移分为三个阶段,分别是迁移意愿形成、迁移目标区位选择以及迁移后成长。其中,按照动机理论,迁移意愿形成主要关注迁移的内在推力,是企业所感知到的持续增强的紧张所致;迁移目标区位选择则重点关注外部其他区位的拉力,是企业最终迁移行为能够产生的外在诱因;迁移之后,企业在迁入地的成长并非自然而言,而是一个在新区位的企业—区位再匹配的过程。本书以企业—区位共演框架为基础,对企业迁移三个阶段的系统理论进行分析,得到如下结论。

一是,企业迁移意愿的强化取决于企业对所在地知识效率和制度合法性的悲观评价,而这又在很大程度上依赖于企业与所在地的资源体系和制度体系的互动(具体见图 4-1)。企业迁移意愿的强化是引致迁移行为的内在条件,这又取决于企业与所在地不匹配性的增强。按照企业—区位共演框架,企业和区位都可以从制度和知识/资源两个基本维度进行分解,所以这种非匹配性就体现在企业—区位在知识体系和制度体系上的不匹配性。在成长过程中,企业所需要的核心知识在不断发生变化;在动荡的环境中,企业需要做到知识利用与知识开发的动态平衡,这使得企业对所在地的知识供给和制度环境的评价不断发生变化。与之同时,区位的资源体系和制度体系也在不断发生变化,或者是由于区位发展的路径依赖性,或者是考虑到区位发展的战略设计,这就对当地企业形成了显著的制度合法性约束和资源供给约束。因此,所在地的制度体系和资源体系作为限制条件影响了企业对所在地知识效率和制度合法性评价,进而影响了迁移意愿;与之同时,部分企业也能够通过所在地评价来反作用于所在地资源体系和制度合法性体系,从而增强或缓解企业的迁移意愿。

二是,各个备择目标区位的比较取决于企业对各个备择区位知识效率和制度合法性的评价,而这又在很大程度上依赖于企业与各个备择区位的资源体系和制度体系的互动(具体见图 4-2)。备择目标区位的引力是引致迁移行为的外在条件。内在强烈的意愿和外在足够的诱因,共同驱动企业的迁移行为。按照企业—区位共演框架,企业与备择区位的契合程度决定了企业迁移的最终区位选择。这种契合体现为企业与各个备择区位在制度合法性和知识效率的契合。为此,企业往往会通过在各个备择区位的"关系承诺—网络位置—制度合法性和知识效率评价"的方式实现有效的知识获取和备择目标区位评价(具体见图 4-3)。企业对备择区位的知识效率和制度合法性评价越高,则该区位对迁移企业的吸引力也就越大。而在区位层面各个备择区位的制度体系和资源基础,一方面作为约束条件,限制了企业对该区位的制度合法性和知识效率评价,继而影响迁移企业的目标区位选择,另一方面,企业对各个备择区位的制度合法性和知识效率评价也会反作用于该区位的制度体系和资源体系,进而提升或者压抑企业对其评价以及随后的目标区位选择。

三是,迁移企业在迁入地的成长取决于迁入企业在迁入地的知识效率和制度合法性提升,而这又在很大程度上依赖于企业与迁入地资源体系和制度体系的互动(具体见图 4-4)。迁移后成长是强化企业迁移行为的必要条件,也是迁移的根本目的。迁移之后,企业成长并非理所当然,倒是依然会存在所谓的"外来者劣势"。按照企业—区位共演框架,迁入企业与迁入地的有效契合决定了最终的迁移后成长。因此,企业在迁入地获得更高的知识效率和制度合法性就成为决定性因素。而在迁入地知识效率提升和制度合法性提高往往通过"关系承诺—网络位置—在迁入地的知识效率和制度合法性"的逻辑获得(具体见图 4-5)。在区位层面,迁入地的制度体系和资源体系,一方面作为约束条件,限制了企业对在迁入地的制度合法性获取和知识效率提升,继而影响企业迁移后成长;另一方面,企业在迁入地的制度合法性获取和知识效率提升的过程中,也会反作用于该区位的制度体系和资源体系,从而影响企业与迁入地在制度合法性和知识效率的契合,进而影响企业迁移后成长。

第四,对于总部迁移目标区位选择,企业层面的区位关系承诺和网络嵌入是企业总部迁移目标区位选择的直接因素;区位层面的总部集聚优势跨度和制度距离则通过企业层面因素间接影响企业总部目标区位选择,从而在一定程度上解释了总部迁移的多指向现象。

对于总部迁移区位选择，已有研究主要从新经济地理理论提出了集聚优势拉动观，但是不能解释总部的多指向迁移，特别是逆集聚迁移现象。本书以企业—区位共演框架为基础，结合总部迁移的特殊情境，理论分析了区位层面的总部集聚优势跨度和制度距离、企业层面的区位关系承诺和网络嵌入，对总部迁移目标区位选择的影响。以中国上市公司总部迁移为对象的实证研究基本证明了所提出的概念模型和研究假设，得到的研究结论具体包括以下四个方面。

一是，企业—区位共演框架是分析企业总部迁移目标区位选择的有效框架。基于企业—区位共演框架，我们在第四章构建了基于该框架的企业迁移过程模型。在第五章，本书以企业总部迁移目标区位选择为研究问题，以企业—区位共演框架为基础，提炼出区位层面的总部集聚优势跨度和制度距离、企业层面的区位关系承诺和网络嵌入等关键影响因素，并构建了区位层面因素通过企业层面因素的中介作用影响总部迁移目标区位选择的概念模型和研究假设。以上市公司总部迁移为对象的实证研究也基本证实了所提出的研究假设，这就表明企业—区位共演框架是分析企业总部迁移目标区位选择的有效框架。

二是，区位层面的总部集聚优势跨度和制度距离是企业总部迁移目标区位选择的重要激发因素。已有的总部迁移研究主要基于新经济地理理论，提出了总部集聚优势获取逻辑，即企业在总部迁移目标区位选择上，更倾向于选择更具总部集聚优势的区位，这也符合企业总部迁往少数中心城市集聚发展的现象。但是系统的迁移案例和统计分析却表明，总部迁移在去向上存在典型的多指向现象，不仅存在指向总部集聚优势高地的迁移，也存在大量指向中等城市的迁移，甚至还存在大量逆集聚的迁移案例。本书基于第三章所提出的区位在制度和资源两个维度的界定，并借鉴企业国际化的 U 模型，提出制度距离也同样是影响总部迁移目标区位选择的关键因素。实证研究结果显示，总部集聚优势跨度和制度距离对总部迁移目标区位选择具有显著影响，意味着企业在总部迁移目标区位选择方面，会关注区位层面的资源和制度方面的差异。但是，随着企业层面因素的引入，区位层面变量的影响变得不再显著，表明区位层面的资源和制度性因素主要是激发企业总部迁移目标区位选择的重要标准，而不是直接决定因素，这就可以解释现实中总部迁移所存在的多指向和远近并存的现象。

三是，企业层面的区位关系承诺和网络嵌入是企业总部迁移目标区位选择的直接因素。在企业—区位共演框架下，企业层面对备择区位的制度合法性和知识效率评价对企业迁移行为存在直接影响。结合企业国际化过程理论的N模型，我们以区位关系承诺和网络嵌入为企业对备择区位评价的指代变量，认为区位关系承诺和网络嵌入作为区位层面因素的中介变量直接决定企业总部迁移目标区位选择。基于中国上市公司总部迁移的实证研究表明，企业层面的区位关系承诺和网络嵌入对总部迁移目标区位选择具有显著的直接效应，并且对区位层面因素起到中介效应。而关系承诺和网络嵌入具有明显的路径依赖特征，这就使得实际的企业总部目标区位选择可能出现偏离所谓“最优区位”的情况，从而也就会出现迁移的多指向现象。因此，企业在备择目标区位的关系承诺和网络嵌入对于总部迁移的区位选择就起到直接的决定性作用。

四是，企业层面的各个具体维度在影响总部迁移目标区位选择方面，还存在复杂的内在关系。对于区位关系承诺，我们以备择区位与控股股东距离、与主营业务距离来测量；对于区位网络嵌入，我们以区位政治网络嵌入和商务网络嵌入来测量。实证研究结果表明，四个变量与因变量均显著相关，单独进入的条件下，均具有显著影响；但是随着四个变量整体进入，与主营业务距离、商务网络嵌入对因变量的影响保持稳健，但是与控股股东距离、政治网络嵌入的影响变得不再显著。这就表明，四个变量之间具有更为复杂的作用机制。

第五，在群体迁移背景下，企业群体迁移至同一区位是集聚优势获取、多市场竞争以及制度合法性获取共同作用的结果。

对于迁移目标区位选择，本书进一步分析了企业群体迁移至同一区位的典型现象。在经济全球化的力量下，跨国公司顺梯度迁移与新兴市场国家本土企业逆梯度/逆向迁移均表现出明显的同一区位选择，并且两者通过交会于特定区位，使得企业迁移区位选择表现出更为显著的烟花效应。对于烟花效应的形成动因，已有研究基于经济理性和制度合法性分别提出了集聚优势获取、多市场竞争以及合法性获取等三大动机，但是对于三大动机理论之间关系的研究还相对较少。对此，本书综合三大动机理论，以企业—区位共演框架为基础，结合跨国电气企业和本土温州市乐清市电气企业共同迁入上海市发展的案例，实证揭示了三大动机理论之间的互补关系，推动了企业迁移研究的发展，并对指导企业迁移决策、对区位政府构筑集聚经济推动经济发展具有现实意义。具体结论主要表现为以下两个方面。

一是，基于企业—区位共演框架，理论和实证检验了企业群体迁移至同一区位的动机模型。根据企业迁移至同一区位的已有研究，从区位产业集聚演进的角度，本书构建了区位产业集聚发展的企业群体迁移至同一区位的动机模型。以全球和本土电气企业群体迁移至上海市为对象的案例研究也基本证实了所提出的三个假设。这就表明，企业群体迁移至同一区位的三大动机理论存在互补关系。具体来说，多市场竞争动机的前提是迁移之前企业所面临的寡头垄断竞争关系，为了维持其竞争均势而会共同迁入特定区位；集聚优势获取动机则强调了跨国公司共同迁入所形成的集聚优势驱动了本土企业的逆向共同迁入；合法性获取动机则强调了本地集群企业早期共同逆向迁移所形成的合法性压力驱动了本地其他集群企业后期的共同逆向迁移。集聚优势获取动机和合法性获取动机解释了迁移企业在后期同一区位选择的动因，但是无法有效解释早期少数企业群体迁移同一区位的原因，而多市场竞争动机则做了较好的补充；多市场竞争动机、集聚优势获取动机解释了迁移企业同一区位选择的经济动机，合法性获取动机则解释了迁移企业同一区位选择背后的制度合法性压力的影响。所以，企业迁移区位选择的烟花效应展现了经济理性和制度合法性的共同作用，体现了三大动机的互补性。

二是，来源于跨国迁移同一区位选择的三大动机理论可以有效应用到一国之内的跨区位迁移之中。正如前文所述，由于区位迁移研究基础理论的完善和跨国迁移的重大现实意义，跨国迁移研究取得了丰富的研究成果，表现为基于经济理性和制度合法性的跨国迁移同一区位选择的三大动机理论的提出。与之相比，一国之内的跨区位迁移却没有得到更多的理论关注。而这种跨区位迁移对于地理辽阔、区位发展不均衡的新兴市场国家则具有重要现实意义。本书的理论和案例研究表明，来源于跨国迁移同一区位的三大动机理论可以有效应用到一国之内的跨区位迁移之中，特别是集聚优势获取和合法性获取动机理论。

第六，迁入地优势、企业与迁入地匹配性对迁移绩效存在显著的交互效应,但是具体迁入地优势的获取依赖于企业在迁入地相应的(甚至可以说是特定的)关系承诺与网络嵌入,否则反而会对迁移绩效带来负向交互效应。

已有研究重点关注了企业迁移意愿以及迁移目标区位选择,但是对迁移后成长的研究相对较少,少数的企业迁移绩效研究还停留在迁移绩效本身的测度方面。为此,结合企业—区位共演框架,本章以上市公司总部迁移为例,理论和实证研究企业总部迁移绩效的影响因素,迁入地优势、企业与迁入地匹配性之间对迁移绩效的正向交互效应的总体逻辑是正确的,但是具体迁入地优势的获取依赖于企业在迁入地相应的(甚至可以说是特定的)关系承诺与网络嵌入,否则反而会给迁移绩效带来负向交互效应。具体表现为以下三个方面。

一是,总部集聚优势跨度会通过知识收益和知识成本两种途径影响企业在迁入地的知识效率,从而使得总部集聚优势对迁移绩效的影响并不显著。具体原因在于,一方面,进入总部集聚优势跨度更大的区位,诚然可以获得更大的知识收益,但也必须考虑到企业的知识吸收能力和知识吸收过程,这就使得总部集聚优势跨度对总部迁移绩效具有滞后效应,使得进入总部集聚优势跨度更大的迁入地所带来的知识收益效应不显著。另一方面,知识成本效应使得总部集聚优势跨度与迁移绩效之间的关系变得不再显著,即知识成本效应抵消了进入总部集聚优势跨度更大区位的知识收益。

二是,总部集聚优势跨度与企业在迁入地的关系承诺对企业迁移绩效存在差异化的交互效应,这体现了不同关系承诺方式对总部集聚优势跨度的差异化的杠杆效应。跟随主营业务的总部迁移,将会更有效地利用更具总部集聚优势的迁入地优势,从而提升企业的迁移绩效;而跟随控股股东的总部迁移,将会因迁入地更高的总部集聚优势而令企业绩效大幅下滑,从而降低企业的迁移绩效。

三是,总部集聚优势跨度与企业在迁入地的网络嵌入对企业迁移绩效存在负向的交互效应,这体现了不同关系承诺方式对总部集聚优势跨度的差异化的杠杆效应。强化在迁入地的商务嵌入性(以商务关联为刻度),将会与迁入地更高的总部集聚优势发生冲突而令绩效下滑,从而降低企业的迁移绩效。

四是，迁入地优势、企业与迁入地匹配性对迁移绩效存在显著的交互效应，但是具体迁入地优势的获取依赖于企业在迁入地相应的（甚至可以说是特定的）关系承诺与网络嵌入，否则反而给迁移绩效带来负向交互效应。具体来说，迁入地优势是一个更为复杂的概念，不单单指总部集聚优势，而企业与迁入地匹配性，也绝对不仅仅是本章所提出的四个变量。这也就意味着迁移后成长的研究还有待对迁入地优势的分类以及相应的具体的企业—迁入地匹配性维度。

第七，在企业—区位共演框架下，影响企业迁移的区位层面因素和企业层面因素存在复杂的互动关系。

为进一步验证企业—区位共演框架，本书进一步采用二手案例对企业迁移过程机理开展研究。在案例选择方面，主要选择作者本人之前所收集的案例资料以及其他学者所进行的迁移案例研究，以此为基础，基于企业—区位共演框架进行了再分析。具体案例包括慈溪市家电企业迁移意愿研究案例、泉州市知名鞋帽民企总部迁移至厦门市案例、中国家电企业制造基地群体迁移至合肥市、温州市灯具企业群体迁移至古镇。通过对以上案例的再分析，得到如下具体结论。

一是，按照企业的可影响程度，区位层面因素可以分为：企业难以影响，也难以进行适应性调整的因素，例如区位的产业诚信环境、区位的治安环境；企业难以影响，但是可以进行适应性调整的因素，例如区位的土地资源供给、劳动力丰裕程度、融资便利性；企业可以进行直接影响的因素，例如区位政府服务的七个因素。这一划分方法对区位层面因素的进一步研究提供了基本分类方法。对于第一类对区位因素的不满将会强化企业的迁移意愿，因为这些因素是对企业发展产生直接影响，但是又难以为企业所影响和掌控，例如对区位诚信环境的不满，将会强化慈溪市家电企业的迁移意愿。对第二类因素的不满则不一定会强化企业的迁移意愿，这些因素虽然可以为企业所影响，但是如果短期内难以做出明显的改善，也将会强化企业的迁移意愿，特别是在一定的竞争压力之下，例如泉州市知名鞋帽民企总部群体迁移就是在竞争压力之下开展迁移的典型案例。对第三类因素的不满，则并不会直接强化企业的迁移意愿，因为企业可以通过直接交互而影响这些区位层面因素，进而实现这些区位层面因素的优化，例如慈溪市家电企业可以通过机器换人来扭转当地不利的劳动力供给因素。

二是，在企业层面，企业的知识差异能否影响企业迁移意愿取决于集群企业对区位知识效率的评价；这依赖于“能力强”的集群企业对知识隔离机制、知识落差、对当地知识依赖性以及对当地制度影响力的综合考量。知识隔离机制、相对较小的知识落差、对当地知识的更加依赖以及对当地制度影响力，使得高生产率企业驱动企业外迁的意愿得到缓解。但是如果所在地缺乏企业转型发展所需要的关键知识，也会促使那些能力更强企业的迁移意愿得到强化，例如泉州市知名民企总部指向厦门市的群体迁移。同时，在企业层面，企业的规模差异能否强化企业的迁移意愿，取决于企业可以获得的更多的本地资源与支付较大的迁移成本之间的权衡。在慈溪市家电企业的案例研究中，较大规模的电气企业表现出显著的留守意愿，而在泉州市民企总部迁移案例中，那些知名企业（通常更大规模）表现出更为显著的迁移倾向。

三是，从知识效率的角度来看，对所在区位知识效率的不满是强化企业迁移意愿的主要动因。在2000年之后，中国三大家电产业集聚区的知名企业在扩大再生产的过程中，面临着土地资源和劳动力资源的相对短缺；为有效利用自身制造方面的核心知识（即制造能力），也为了突破所在地的配套性的土地和劳动力资源约束，这些知名家电企业开始纷纷实施其迁移战略，即对所在地知识利用效率评价的低下，凸现了企业的迁移意愿。而在温州市灯具企业群体迁移至古镇的案例中，由于当地产业集群内部企业之间的恶性竞争和恶性模仿，当地企业的知识研发动机被极大地压制，从而使得当地的知识创造行为弱化，当地灯具产业的知识池日渐干涸，这就大大降低灯具企业对当地知识获取效率的评价。再加上当地不利的制度合法性环境，两者共同强化了企业的迁移意愿。

四是，潜在目标区位更高的知识效率期望，匹配以合理的制度环境，决定了企业迁移的最终目标区位选择。在泉州市知名民企总部群体迁移至厦门市的案例中，来自两地政府部门的合法性认可，提高了泉州市鞋帽知名企业对总部迁移至厦门市的规制合法性评价；厦门市与泉州市共同的社会与文化背景，提升了泉州市鞋帽知名民企对总部迁移至厦门市的规范合法性评价；厦门市更优的总部集聚优势和信息沟通优势，提高了泉州市鞋帽知名企业对总部迁移的知识效率评价。在中国家电企业制造基地迁移至合肥市的案例中,合肥市可以接近的庞大市场空间、可资利用的坚实产业基础和庞大而相对高端的人才体系,提高了这些中国家电企业对合肥市的知识利用效率评价,进而驱动企业的指向合肥市的知识利用型迁移。在温州市灯具企业群体迁移至古镇的案例中,古镇所具备的相对高端的产业设计知识、产品制造知识和市场需求知识,提高了温州市灯具企业的知识获取效率评价,驱动企业最终选择迁往古镇。当然,两个案例中,也都提出这样的观点:更高的知识效率评价与更高的制度合法性评价共同影响了企业的目标区位选择。

五是,企业群体迁移至同一区位体现了三种逻辑的并存。对于较早开展总部迁移的企业来说,总部集聚优势获取的动机会更强烈些,而之后的企业则会出于多市场竞争的动机而迁移至厦门市,之后驱动随后的企业出于合法性获取的动机,而群体迁移至厦门市。在中国家电企业制造基地迁移至合肥市的案例中,中国家电企业制造基地迁移至合肥市分为两个阶段。在第一阶段,集聚优势获取和多市场竞争逻辑是驱动家电企业制造基地迁移至合肥市的重要动力;在第二阶段,三种力量均发生作用,而制度合法性也是驱动力之一。在温州市灯具企业群体迁移至古镇的案例中,温州市灯具企业群体迁移至古镇显示出明显的集聚优势获取逻辑和合法性获取逻辑,虽然多市场竞争逻辑相对较不明显,但是依然显示了竞争优势获取逻辑。

9.2　理论意义

企业迁移研究是经济学视野下的区位理论与管理学视野下的战略管理理论的交叉领域。区位理论强调了区位的差异性,而视企业为具有完备信息的利润最大化的理性决策者。而企业战略管理,特别是资源基础理论,强调了企业的异质性,认为企业是有限理性和有限信息条件下,追求持续竞争优势的决策者。因此,作为交叉领域的企业迁移研究就必须考虑企业的异质性和区位的差异性。

传统的企业迁移研究有三大流派,分别是新古典经济学派、行为学派和制度学派。这一划分方法主要来自企业区位研究,把企业区位研究进一步演绎到企业迁移研究，就形成了传统的三大学派划分方法(Pellenbarg,van Dijk,2000)。虽然不同的学派对企业迁移的理解有差异，但是其核心的研究思路依然是以新古典经济学派为核心，而行为学派和制度学派往往还处于补不足的地位。这就使得传统的企业迁移研究的着力点依然在区位层面上，重点分析区位层面的差异性对企业迁移的影响，进而针对区位政府提出政策建议。所以，传统的企业迁移研究难以真正切入到微观层面的企业迁移决策与迁移过程。

以 Pellenbarg,van Dijk(2000)为分界，企业迁移开始切入微观层面，关注企业的人口统计变量，包括企业规模和企业年龄对企业迁移的影响；关注企业的网络嵌入对企业迁移的影响；关注企业的迁移距离，以及相应的长距离迁移和短距离迁移的差异。在理论基础方面，2000 年之后的企业迁移研究主要涉及新古典经济学派的集聚优势理论、行为学派的企业成长理论（主要是资源基础理论）和制度学派的网络理论。其研究核心逻辑，往往是以集聚优势理论为逻辑起点，综合考虑行为学派的资源基础理论和制度学派的网络理论开展分析，从而有效切入微观企业层面，推动了企业迁移研究的纵深发展，从而能够为企业提供迁移决策建议。

正如前文所指出的，现有企业迁移研究的最大价值在于从微观层面探讨企业的迁移决策，这就让它从经济学范式下的区位理论中脱颖而出，并借鉴组织行为理论、组织制度理论、资源基础理论所提供的有关组织行为、组织制度、组织资源的核心概念和核心理论，以开展跨学科研究、推动企业迁移研究的深化。与之同时，已有研究的最大不足则在于迁移研究的大杂烩问题，缺乏一个系统的整合不同领域概念和理论的研究框架，以真正实现区位差异性和企业异质性的有效交叉。为此，本书通过理论研究提出了融合区位差异性和企业异质性的“企业—区位共演框架”，并以此为基础对企业迁移的三个阶段进行系统分析，演绎出了相应的理论模型。在理论研究的基础上，进一步通过大样本统计分析和案例分析方法，对所提出的理论模型进行了实证研究。基于企业—区位共演框架，本书对企业迁移过程的理论和实证研究推动了企业迁移研究的理论发展，具体表现在以下五个方面。

第一，整合已有理论，构建了企业—区位共演框架，为企业迁移研究奠定了系统的研究框架。已有研究虽然已经从企业和区位两个层面来分析区位迁移行为，但是多为零散的研究，在理论基础和概念框架上缺乏有效的契合。本书结合区位理论与企业理论的研究成果，均从资源/知识和制度两个维度来界定区位和企业，这就实现了企业与区位的有效对接，并以这两个维度界定了企业和区位的互动机制，这就实现了对三大学派企业迁移研究理论的有效整合，进而为企业迁移研究设定了坚实的分析框架。

第二，基于企业—区位共演框架，从过程视角构建了企业迁移三阶段过程机理概念模型，促进了企业迁移理论模型的系统建构。在微观企业层面，企业迁移表现为一个过程。在已有研究的基础上，本书把企业迁移视为一个由迁移意愿形成、目标区位选择以及迁移后成长等三个关键环节所构成的过程。已有研究主要集中在企业迁移意愿形成和迁移目标区位选择，所构建的企业迁移概念模型之间也缺乏有效的对话。其根本原因在于缺乏一个整合的企业迁移过程机理模型。以企业—区位共演框架为基础，本书通过理论演绎构建了企业迁移的三阶段过程机理模型。具体来说，区位层面的制度体系和资源体系直接作用于企业对区位的知识效率评价和制度合法性评价，而这一评价又反过来作用于区位层面的制度体系和资源体系，两者的互动最终形成了企业对区位的知识效率和制度合法性评价，进而决定了企业的区位迁移行为。这一企业迁移过程机理概念模型的提出为企业迁移研究提供了整合性框架，也为不同研究之间的对话提供了基础。

三是，基于企业—区位共演框架，揭示了区位层面因素与企业层面因素对总部迁移目标区位选择的影响机理，有效解释了企业总部迁移的多指向现象，推动了企业总部迁移目标区位选择研究的深入。这具体表现在三个方面。首先，本书把已有的总部集聚优势获取逻辑置于企业—区位共演的基本框架之下，揭示了区位层面的总部集聚优势跨度对迁移目标区位选择的影响机制，特别是其作为激发因素，而不是直接决定因素的发现，使得我们对总部集聚优势获取逻辑的认识更为深入。其次，本书把区位层面因素界定为制度和资源两个维度，识别了制度距离（本书以区位之间的物理距离）对总部迁移目标区位选择的影响，推动了区位层面研究的深入。最后，本书以企业层面的区位关系承诺和网络嵌入作为企业层面因素的指代指标，发现企业层面因素是区位层面因素影响总部迁移目标区位选择的中介因素，这就推动了总部迁移研究的深入。

四是，基于企业—区位共演框架，归纳了企业群体迁移至同一区位的集聚优势获取、多市场竞争以及制度合法性获取等三种动机，并从区位产业集聚发展演化的角度提出了三种动机具体作用机理，推动了企业群体迁移至同一区位研究的深入。具体来说，一方面，发现企业群体迁移至同一区位的三大动机的互补性，构建了企业群体迁移至同一区位的三大动机的具体作用机理，推动了企业群体迁移至同一区位动机理论研究的整合。另一方面，发现来源于跨国迁移同一区位理论可以有效地应用到一国之内的跨区位迁移之中，促进了企业迁移至同一区位理论框架的一致性。

五是，基于企业—区位共演框架，以中国上市公司为对象，分析了迁入地优势、企业—迁入地匹配性对总部迁移绩效的影响，推动了企业迁移后成长机理研究的深入。具体来说，首先，基于企业—区位共演框架，理论和实证研究了迁移后成长机理，推动了企业迁移研究的深化。前文曾经提到，企业迁移研究重点关注了迁移过程的前两个环节，而对迁移后成长机理的研究相对较少。而本书对企业迁移后成长机理的理论与实证研究推动了企业迁移过程机理研究的深入。其次，本书以上市公司总部迁移为样本，实证研究迁移绩效的影响因素，推动了总部迁移研究的深入。总部迁移，特别是上市公司总部迁移，由于资料相对公开，数据相对容易获取，一直是企业迁移研究的重要领域。本章以中国上市公司为对象开展总部迁移绩效研究，这就推动了总部迁移研究的深入。最后，本书构建了迁入地优势（主要是指总部集聚优势跨度）及其与企业—迁入地匹配性对迁移绩效的共同作用机理模型，推动了总部迁移后成长研究的深入。本书的实证研究发现，特定的迁入地优势的有效获取，依赖于相应的企业—迁入地匹配维度，而选择错误的匹配方式（例如特定的关系承诺和网络嵌入方式）将会不利于迁移绩效的提升。这一研究，推动了企业迁移后成长研究的深入。

9.3 政策建议

管理理论研究的最终目的是指导实践。本书根据理论研究成果提出了指导实践的对策。对策分为两类，分别是针对迁移企业和区位政府。

9.3.1 对迁移企业的决策借鉴

对于迁移企业来说，迁移行为多样，既可以是整体迁移也可以是部分迁移，既可以是生产基地迁移也可以是知识密集的研发中心迁移，既可以是知识获取型迁移也可以是知识利用型迁移，既可以是替代性迁移也可以是扩张性迁移，既可以是长距离迁移也可以是短距离迁移。与之同时，迁移企业也是差异化的，既可以是大企业也可以是中小企业，既可以是制造企业也可以是服务企业。迁移行为的多样性和迁移企业的差异化，使得我们难以提出符合所有迁移行为和迁移企业的针对性对策。因此，在这里我们仅仅提出可供迁移企业借鉴的五个原则，以指导企业的迁移决策实践。

一是，充分重视区位对企业竞争优势的核心作用。不同理论对于区位的认识存在差异，并且很多理论都在弱化区位对企业竞争优势和持续成长的重要价值。特别是随着交通设施和通信技术的快速发展，实践中也存在一些弱化地理空间价值的观点。但是现实中，很多企业是由于正确地选择成长区位，才获得了企业的快速成长。例如阿里巴巴最初选择在北京市创办电子商务，并没有获得成功，后来返回浙江省杭州市，才获得了快速成长。腾讯选择深圳市、百度选择北京市都可以说是有效地选择了最合适的成长区位。而很多企业则由于没有选择合适的成长区位，丧失了新的成长机会。例如微软的比尔·盖茨就说，由于微软总部在东海岸，而不是在西海岸，所以没能有效把握互联网这一发展机会。在这里西海岸主要是指硅谷。当然，本书强调区位对企业成长的重要作用，并不是把区位的作用夸大，而是认为现在很多企业还没有充分认识到区位对企业成长的重要作用。

二是，动态评价企业与所在区位在知识效率和制度合法性的匹配性。

承认区位对企业成长的重要作用是第一步，随后企业就需要客观评价企业与所在区位的匹配性。从评价标准来看，企业与区位的匹配同时体现在知识效率和制度合法性两个方面。知识效率容易理解，是指当地的知识供给与企业的知识需求之间的匹配性。按照知识利用和知识获取的二分法，那么企业需要评价企业在当地的知识获取效率和知识利用效率。其中，知识获取效率是指，企业能否在所在区位有效获得关键的知识，以有效培育未来的核心能力，这就依赖于所在地的高端人才供给、行业顶端企业集聚程度、科研院所的知识供给能力等。知识利用效率是指，企业能否在所在区位有效利用其已经形成的核心知识，这依赖于所在区位配套的人力资源体系、配套产业完备程度等。例如对于制造企业来说，为有效利用长期发展所形成的核心制造知识，当地最好是能够具备充分而相对廉价的劳动力资源，最好能够具备供应链上下游的合作企业。知识效率评价是企业—区位匹配性的决定性因素。

与知识效率评价相对，企业与区位的制度合法性评价同样重要。所谓的制度合法性评价，是指企业需要评价所在地制度体系中的规制性、规范性和认识性标准与内部合法性体系之间的契合性。其中，规制性制度合法性主要来自当地强制性制度安排及其所带来的期望，包括法律法规、当地政府的政策导向、产业规划等。例如，高污染产业在“青山绿水也是GDP”的政策环境下，明显就不具备合法性。规范性制度合法性主要来自所在地各种规范性制度安排及其所带来的期望，包括行业协会的规范、所在社区的期望等。例如，随着居民收入水平的提高，社区对周边企业环保要求会更高，这就形成了来自社区的合法性期望。那些高污染性企业就难以获得来自当地社区的合法性认可，这也就使得这些企业难以获得来自社区的支持。认知性制度合法性主要来自所在地各种团体所形成的群体认知，这种群体认知会对当地企业是否合法做出判断。例如，在深圳市，高科技企业更容易获得各种金融机构的青睐，而在其他区位这种高科技可能会因为较高的不确定性而难以获得融资。在杭州市，电子商务企业更容易获得金融机构的投资，也更容易获得各种人才的青睐。因为，在杭州市投资电子商务是理所当然的事情，从事电子商务工作也是理所当然的事情。这种理所当然，就来自当地各种团体的群体认知和集体共识。当然，由于现实中，制度场域之中也存在各种制度期望之间的冲突，例如政府的产业导向和行业协会的产业发展认知之间就可能存在冲突，这就加大了企业评估其制度合法性的难度。

另外，必须强调的是，区位的资源体系和制度体系在不断变化；与之同时，企业的知识层和制度层也在不断演化，这就要求企业对所在区位的知识效率评价和制度合法性评价做动态调整。当然，这就进一步加大了企业与区位匹配性评价的难度。

三是，在目标区位选择方面，迁移企业要综合权衡路径依赖的陷阱和路径突破的风险。一旦企业与所在区位的不匹配超过一定的阈值，企业就会开始向外扫描各个区位以寻找新的成长区位。在筛选新的成长区位时，企业将会同样从（期望的）知识效率和制度合法性来评价各个备择区位，进而做出选择。这是一个融合了理性选择与路径依赖的决策过程。按照本书的研究成果，企业需要对各个区位进行知识效率和制度合法性评价，以做出初步筛选，然后通过在各个备择区位进行适当的资源承诺和关系嵌入行为，以进一步获得该区位的各种信息，特别是各个区位的隐性信息，从而做出进一步的知识效率和制度合法性评价。这就会形成一个自我强化的循环：在各个潜在区位的资源承诺和关系嵌入越高，企业对该区位的评价也就越好，这又进一步推动了企业在该区位的资源承诺和关系嵌入。当企业对某一区位的评价明显超出其他区位时，最终的目标区位就明确了。

在这一过程中，迁移企业就同时表现出理性选择与路径依赖的特征。路径依赖意味着企业在特定区位的投入越多，评价就会越好，直到最终的目标区位选择。从极端情况来看，看似最初差别不大的区位，却可能因为企业初始在某一区位的投入，而使得该区位获得更好的评价。所以，路径依赖的风险在于一叶障目而不见森林，丧失理性选择所要求的足够大范围的信息收集。当然，如果时刻都想着路径突破，总想着找到新的最优区位，这虽然能够克服目标区位选择中的路径依赖问题，但是也会带来更高的决策成本，甚至说永远都难以做出最终的决策。所以，对于目标区位选择，迁移企业需要有效权衡选择过程中的路径依赖的陷阱和路径突破的成本。

四是，面对周边企业的迁移行为，迁移企业要综合权衡跟风的收益与成本。除了独立决策之外，企业的迁移决策也会受到其他同类企业的影响，即本书第六章所重点研究的群体迁移问题。在这一研究中，我们指出存在三种群体迁移同一区位的动机，分别是集聚优势获取、多市场竞争以及制度合法性获取等。事实上，不论何种动机，采取与其他同类企业相同战略的做法，都会在一定程度上忽略企业之间的差异性。以集聚优势获取为例，进入相同的区位，并不一定能够为所有企业都带来竞争优势。因为集聚优势的获取并非一蹴而就，而是依赖于企业在该区位的网络嵌入性，依赖于企业自身已有的知识基础。如果企业与新区位的知识落差很大，这可能会给企业带来不利的影响，具体见第七章的研究结果。同样，多市场竞争逻辑和制度合法性获取逻辑，都存在同样的问题，即没有考虑到企业之间的差异性。因此，跟风进入同一区位就存在忽略个体差异性而带来的潜在风险。

但是，不可否认，选择与同类企业进入同一区位的做法也有收益。这种收益集中体现在决策成本的降低。事实上，企业迁移是一个具有高度不确定性和高度复杂性的战略决策，需要企业付出较多的资源以确保决策的合理性。而模仿则可以降低企业在决策成本上的巨额投入，并且也能够在较大范围内确保决策的合理性。因此，对很多迁移企业来说，是否选择跟风就需要企业综合权衡跟风所带来的决策成本降低和决策不完全契合性所带来的风险。当然，这种权衡的度，需要迁移企业结合自身的特点来确定。

五是，要充分意识到在迁入地的成长，需要迁入企业做到知识获取与合法性获取的齐头并进。虽然迁移之前，企业已经进行了充分的信息收集，也进行了一定的资源承诺和关系嵌入，但是迁移执行之后，企业依然面临外来者劣势，这就使得企业在迁入地的成长并非自然生成。这依然需要企业付出巨大的努力，才能有效获得迁入地资源，实现企业的再次成长。在这里，需要强调的是，迁入企业必须在知识获取和合法性获取同时着手，才能够提高企业在新区位的知识效率，才能够提高企业在迁入地的制度合法性，才能获得迁入地的各种利益相关者的支持，进而实现企业成长。事实上，知识获取与合法性获取是相互促进，相辅相成的。只有获得迁入地的制度合法性，才能从外地人变成本地人，才能获得各个利益相关者的认可，进而获得这些利益相关者的知识共享，提高知识效率。与之同时，企业只有获得来自迁入地的关键知识，实现企业有效的知识利用或者知识获取，才有能力满足所在地利益相关者的期望，才能提高其合法性。

获取迁入地的知识和合法性，有多种途径。首先，人力资源的本地化。这是企业获得迁入地知识的关键步骤。迁入地的人力资源不仅是当地知识的主要载体，同时也是当地各种网络的关键节点，更是企业有效获得制度合法性的主要策略。其次，与当地企业建立企业间合作。与当地各类组织建立合作关系也是实现知识获取和制度合法性的关键一步。因为当地企业不仅拥有企业所需的各种知识，可以有效提高企业在迁入地的知识获取和知识效率，同时迁入地企业在当地更具合法性，通过与之建立合作关系，可以实现合法性的溢出，从而提高企业在迁入地的制度合法性。最后，与当地政府和各类协会建立良性互动机制。随着市场化的发展，市场成为资源配置的核心力量；但是政府以及相关的各类协会依然具有强大的资源动员能力和资源控制能力。迁移企业需要与之建立良性互动关系，从而有助于在迁入地的知识获取和合法性获取。当然，良性互动的度，还需要迁移企业自己去把握。

9.3.2 对区位政府的政策建议

对于区位政府而言，其政策目标存在差异，其政策工具也就不同。本书重点就区位政府关注的三个核心问题展开讨论，一是建立与当地企业的共同成长机制，留住本地高效成长企业；二是引导企业迁移，推进当地产业集聚发展；三是正视区位差异，通过差异化定位合理引导企业外迁发展。

第一，建立与当地企业的共同成长机制，留住本地高效成长企业。

对于区位政府来说，本地高效成长的企业构成了本地产业的基础，留住这些具有重要标杆价值和带动价值的龙头企业成为区位产业政策的主要目的。根据本书之前的研究，可以发现企业之所以外迁，主要是本地已经难以为这些企业提供足够的知识支持和制度合法性支持。为此，要想留住这些高效发展企业，区位政府就必须努力营造适合其发展的区位环境，以促进这些企业在本地积极开展转型发展，而不是迁移到外部的知识高地寻求发展。为此，区位政府需要遵循以下三个基本原则。

一是，根据区位产业发展规划，界定支柱性龙头企业的标准。这是开展任何积极的产业引导政策，都必须做好的基础性工作。在这里，很多区位政府往往会从企业的利税贡献和规模两大标准来确定当地的支柱性龙头企业。这一界定具有简洁明了、易于操作的优势，但是这大多是过去导向，而不是未来导向，这往往会带来未来区位发展与企业成长之间的不匹配。例如，大规模的制造企业，诚然给当地带来了税收和工作岗位，但是很多大规模制造企业也往往是当地污染的重要来源。如果把这些企业作为当地的支柱性龙头企业，并给予足够的发展支持，这就会带来更多的污染，而这往往会带来企业发展与社区、与环保组织之间的冲突，从而加大企业—区位的冲突，反而不利于企业和区位的未来发展。所以，区位支柱性龙头企业的界定应当是未来导向，根据未来的产业规划，充分考虑当地各类组织和利益集团的期望和诉求，并结合当地的资源体系和制度合法性体系开展。

二是，实现区位与支柱性龙头企业的共同发展。在很多区位的支柱性龙头企业经常会开展知识获取性迁移，即把高端的知识密集部门外迁到其他知识高地。对此，很多区位政府往往都会问，为什么不能就地实现转型升级，为什么一定要外迁发展？其潜台词是，我们当年好不容易培养出一个优秀的企业，关系也比较融洽，那为什么等这些企业发展好了，反而要走了？按照本书的企业—区位共演框架来看，原因其实也简单，主要是在原有的政策环境和产业基础之上，企业实现了快速发展，这也带来了新的知识诉求和制度合法性诉求。如果区位政府仍然沿用之前的产业导向和政策工具，就只能让企业在现有模式下原地踏步，而不能以更高水平实现质的飞跃。所以，区位政府必须根据这些支柱性龙头企业的发展阶段和新的诉求，不断调整自己的产业导向和政策工具，以此营建出支持企业实现质的飞跃的区位环境。总之，区位政府的政策应当是未雨绸缪，而不仅仅是亦步亦趋。

三是，建立区位政府与支柱性龙头企业的良性互动机制。区位政府的前瞻性并不仅仅来自政府部门的超凡视野，而更多地来自与当地支柱性龙头企业的良性互动机制。通过有效的互动，区位政府可以有效了解当地支柱性龙头企业在产业环境和制度环境上的诉求，并进而做出有效的反馈。与之同时，区位政府也可以通过有效的产业导向和政策工具来规范和引导企业发展。通过这种良性互动，这些支柱性龙头企业和区位之间的匹配性可以实现动态优化，从而实现区位政府有效留住本地支柱性龙头企业的目的。

第二，利用当地产业基础，引导企业迁移，推进当地产业集聚发展。

本地支柱性企业是当地产业发展的基础。有了这一基础，区位政府就有了推进当地产业集聚发展的前提。根据本书第六章所提出的群体迁移至同一区位的三大动机逻辑，借鉴泉州市知名鞋帽企业总部迁移、温州市灯具企业群体迁移至古镇的案例经验，我们认为可以从以下三个方面着手推进当地的产业集聚发展。

一是，根据产业基础，定向吸引全球顶尖企业入驻，强化当地的产业集聚优势。虽然经过30多年的发展，中国的很多产业都已经有了巨大进步。而所谓的“进入产业发展的无人区”对多数产业来说，还都不适用。大部分的产业，还都需要来自全球顶尖企业的引领。所以，对区位政府来说，定向瞄准产业中的顶端产业进行针对性的招商，将会不断强化当地的产业集聚优势，从而对其他相关企业产生更大的吸引力。

二是，围绕产业定位，有针对性地吸引国内知名企业入驻，提高当地的集群品牌形象。虽然国际高端企业很重要，但是产业集聚的发展也同样需要更多的国内知名企业来支撑。国际高端企业的入驻，会强化当地的产业集聚优势，而随着更多国内知名企业的进入，将会进一步提升本地的产业集聚优势，也进而形成产业在当地发展的集体认知，即认知合法性。这种认知合法性将会极大提高当地产业的品牌形象。

三是，建立进入筛选机制，防止本地产业的低端化发展。随着当地品牌形象的提升，区位政府需要进一步明确外来企业的进入标准和机制。由于区位的发展空间和其他各类资源的有限性，更多企业的入驻必然会带来更高的拥挤成本。如果不加限制的引入，当地企业的发展水平必然会参差不齐，也会将产业的整体发展水平拉低。为此，区位政府需要有效控制当地产业的进入标准和进入节奏。通过建立进入标准，可以确保企业进入的整体档次；通过设立进入标准，控制进入节奏，可以为后来的更具潜力企业提供足够的发展空间。事实上，很多区位政府由于进入节奏控制不力，以致缺乏足够的空间来吸引其他更具潜力的企业。

第三，正视区位差异，通过差异化定位合理引导企业外迁发展。

事实上，所有的区位都希望能够成为高端价值链环节集聚的区位，例如总部集聚区、知识密集的研发集聚中心和展销集聚中心。但是，由于不同区位的资源禀赋、资源体系、制度环境都存在差异，这就使得不同区位明确自己的产业定位，而不是盲目追求高端。进而，一些区位为了发展当地的产业，建立各种障碍防止当地高端价值链环节外迁。这一做法，最终带来的可能不是共赢，而是双害。例如，阿里巴巴下属的蚂蚁金服为了更好地发展，而把支付宝业务迁往上海市，其目的是利用上海市的金融集聚优势。对于这一行为，杭州市政府当然也希望支付宝业务能够留在杭州市，但是如果以强制手段进行挽留，其最终的结果可能是阻碍了支付宝业务的发展，甚至是蚂蚁金服、阿里巴巴的发展。

因此，区位政府首先应当明确自己的定位，特别是在一个更大的区位之中定位。例如杭州市如何在长三角定位、广州市如何在珠三角定位、天津市如何在环渤海湾定位。通过差异化的定位，一个区位就可以与其他区位进行协同发展，而不是区位之间的恶性竞争。在此基础上，对于区位中企业的迁移意愿和行为，应该给以充分的尊重和适度的挽留。例如华为的发展，必然要求更大的地理空间，但是深圳市寸土寸金，难以给予华为更大的发展空间。这就要求深圳市政府充分认清当地区位的优势与不足，明确区位的定位，而不是一厢情愿地要求华为终端业务留守当地。

9.4 研究不足与展望

任何研究都是不完美的。特别是对于一个有野心的研究目标而言，这种不完美就更为明显。但是，研究是一个过程，是一个长期的过程，我们可以在后续的研究中，不断追求完美，让我们的研究更具理论的美感和实证的严谨。在本书的最后环节，我们将说明本书研究的不足，并指出未来可能的研究方向。

通过理论研究，我们提出了企业—区位共演框架，并以此为基础分析了企业迁移行为，提出了企业迁移的三阶段过程机理模型。这是本书最重要的理论贡献，但是我们也必须要指出，企业—区位共演框架以及企业迁移三阶段过程机理模型，虽然具有坚实的理论基础和详细的演绎论证，但是还没有针对不同的迁移类型提出针对性的概念模型。正如本书一直强调的：企业迁移是一个复杂的、高度不确定的战略过程，这也意味着企业迁移行为的多样性，企业与区位的互动是高度复杂的。在具体的企业—区位互动机制方面，我们仅仅指出了主要的逻辑关系，而没有就不同类型的迁移进行深入的分析。虽然我们在第八章的案例再研究中，对企业—区位共演框架下的企业迁移过程机理模型进行了深入研究，但是还仅仅是初步的尝试。因此，未来的理论分析可以就不同类型的企业迁移行为开展针对性的理论分析。

本书认为下面两个主要的方向还有待进行深入的理论分析。一是，基于企业—区位共演逻辑的知识获取型迁移和知识利用型企业迁移理论研究。传统的企业迁移研究多为知识利用型迁移，这是由于西方作为传统发达国家，通常会通过知识利用型迁移来利用发展中国家和地区的区位优势，以有效利用其先发所形成的核心知识，并且这种迁移多为跨国迁移。而中国作为最大的发展国家，具有广阔的地理空间，也具有差异化的地区发展水平，这就使得中国企业的区位迁移往往发生在一国之内，同时具有知识利用型和知识获取型的特征。所以，通过细致地分析知识获取型迁移和知识利用型迁移就具有重要的理论与实现意义。特别需要指出的是，知识利用型迁移的特点，及其与知识利用型迁移的差别，将是更具中国特色的问题，也更具理论价值。

二是，基于企业—区位共演逻辑的替代性迁移和扩张性迁移理论研究。经典的企业迁移是一种替代性迁移，例如跨国公司把生产基地搬迁到发展中国家，并关停在母国的生产基地。而在中国，出现了替代性迁移和扩张性迁移并存的现象。例如，很多制造型龙头企业，在其他区位新建制造基地，往往也会保留在迁出地的制造基地，虽然迁入地的区位优势更为明显。就总部来说，也出现了典型的双总部和多总部现象。这种双总部和多总部现象可能是一种过渡状态，即总部职能不断从旧总部迁往新总部；也可能长期保持一虚一实的状态；也可能是不同总部职能的分立，例如行政总部、营销总部、研发总部的分立。因此，以企业—区位共演逻辑为基础，理论分析替代性迁移和扩张性迁移就具有重要价值。

在理论研究的基础上，本书也进行了系统的实证分析。就迁移过程而言，主要关注了迁移目标区位选择和迁移后成长两个环节。同时也分析了群体迁移背景下的企业迁移同一区位的现象。这些实证研究总体来说，验证了本书所提出的企业—区位共演框架下的企业迁移过程机理模型。但是，受制于研究数据的可得性，本书主要采用上市公司总部迁移的大样本数据，以二手资料为主的企业迁移案例进行实证分析，但是也存在典型的外部效度问题。未来，可以进一步采取更加多样性的数据进行实证研究。

除了本书所采用的理论分析、大样本统计分析、案例研究等方法之外，未来可以进一步采取其他研究方法开展企业迁移研究。本书认为未来一个重要的方向就是计算机模拟分析。随着企业迁移理论研究的深入和实证数据的积累，通过进一步的计算机模拟分析，可以进一步深入企业迁移研究。计算机模拟可以通过研究背景的设定、各类主题之间互动机制的调整，来分析企业迁移的不同动机、不同的迁移方向，也可以分析最终的迁移效果。

总之，区位迁移是企业成长的重要战略，在企业—区位共演框架下，结合中国蓬勃发展的企业迁移现象，开展系统的理论与实证研究，将会极大地推动企业迁移理论、企业区位战略研究的深入，也将会给中国的迁移企业、区位政府提供更加切实可靠的理论支撑。

参考文献

[1] ARLAND K, DAVIS J, HENDERSON J V, et al. Spatial organization of firms: the decision to split production and administration [J]. Rand Journal of Economics, 2007, 38(2): 480-494.

[2] ALLI KL, RAMIREZ GG, YUNG K. Corporate headquarters relocation: evidence from the capital markets [J]. Journal of the American Real Estate and Urban Economics Association, 1991, 19(4):583-599.

[3] AUDRETSCH DB, DOHSE D. Location: A neglected determinant of firm growth[J]. Review of World Economics, 2007, 143(1): 79-107.

[4] BALDWIN R E, OKUBO T. Heterogeneous firms, agglomeration and economic geography: spatial selection and sorting[J]. Journal of Economic Geography, 2006, 6(3):323-346.

[5] BARNEY JB. Firm resource and sustained competitive advantage [J]. Journal of Management, 1991, 17(1):99-120.

[6] BITEKTINR A, HAACK P. The "macro" and "micro" of legitimacy: Toward a multilevel theory of the legitimacy process [J]. Academy of Management Review, 2015, 40(1):49-75.

[7] BOK M D, OORT F V. Agglomeration economies, accessibility and the spatial choice behavior of relocating firms[J]. The Journal of Transport and Land Use, 2011, 4(1):5-24.

[8] BROUWER A E, MARIOTTI I, VAN OMMEREN, JN. The firm relocation decision: an empirical investigation [J]. Annals of

Regional Science, 2004, 38(2):335-347.

[9] BUENSTORF G, GUENTHER C. No place like home? Relocation, capabilities, and firm survival in the German machine tool industry after World War II [J]. Industrial and Corporate Change, 2010, 20 (1):1-28.

[10] CHANG G, JIANG C, CHANG K, et al. Land prices and intracountry industrial relocation in China [J]. The Chinese economy, 2013, 46(2):54-73.

[11] CHAN S H, GAU, G W and WANG K. Stock market reaction to capital investment decisions: evidence from business relocations [J]. Journal of Financial and Quantitative Analysis, 1995, 30(1): 81-101.

[12] CHUNG W, ALCACER J. Knowledge seeking and location choice of foreign direct investment in the United States[J]. Management Science, 2002, 48(12):1534-1554.

[13] COHEN R. The new international division of labor, multination alcorporation and urban hierarchy [C]. Urbanization and Urban planning in capitalist society, 1981.

[14] CONTRACTOR FJ, KUMAR V, KUNDU SK, et al. Reconceptualizing the firm in a world of outsourcingand offshoring: The organizational and geographical relocation of high-value company functions [J]. Journal of Management Studies, 2010, 47(8):1417-1433.

[15] DAVIS JC, HENDERSON JV. The agglomeration of headquarters [J]. Regional Science & Urban Economics, 2004, 38(5):445-460.

[16] DAVIS PS, DESA AB, FRANCIS JD. Mode of international entry: an isomorphism perspective [J]. Journal of International Business Studies, 2000, 31(2):239-258.

[17] DIMAGGIO PJ, POWELL W W. The new institutionalism in organizational analysis[M]. The new institutionalism in organizational analysis. University of Chicago Press, 1991:387-393.

[18] DIMAGGIO PJ, POWELL W W. The iron cage revisited:

institutional isomorphism and collective rationality in organizational fields [J]. American Sociological Review, 1983, 48 (2):147-160.

[19] DUBINI P, ALDRICH H. Personal and extended networks are central to the entrepreneurial process [J]. Journal of Business Venturing, 1991, 6(5):305-313.

[20] DURANTON G, PUGA D. From sectoral to functional urban specialization [M]. Centre for Economic Performance, London School of Economics and Political Science, 2001.

[21] DURANTON G, PUGA D. Nursery cities: urban diversity, process innovation and the life cycle of products [J]. American Economic Review, 2001, 91(5):1454-1477.

[22] ERIK S. Why butterflies don't leave: locational behavior of entrepreneurial firms [J]. Economic Geography, 2007, 83(1):27-50.

[23] FRENKEN KF, VAN OORT, VERBURG T. Related variety, unrelated variety and regional economic growth [J]. Regional Studies, 2007, 41(5):685-697.

[24] FRIEDMAN J, WOLFF G. World city formation: an agenda for research and action [J]. International Journal of Urban and Regional Research, 1982, 6(3):309-344.

[25] GHOSH C, RODRIGUEZ M, SIRMANS C F. Gains from corporate headquarters relocations: evidence from the stock market[J]. Journal of Urban Economics, 1995, 38(3):291-311.

[26] GRAY B, PURDY J M, ANSARI S. From interactions to institutions: microprocesses of framing and mechanisms for the structuring of institutional fields [J]. Academy of Management Review, 2015, 40(1):115-143.

[27] GREEN HA, STRANGE A, TRACHE H. The homeworking revolution: considering the property dimension [J]. Regional Studies, 2000, 34(3):303-307.

[28] GREGORY R, LOMBARD J R, SELFERR B. Impact of headquarters relocation on the operating performance of the firm [J]. Economic Development Quarterly, 2005, 19(3):260-270.

[29] GULLEN MF. Structural inertia, imitation, and foreign expansion: South Korean firms and business groups in China, 1987—95[J]. Academy of Management journal, 2002, 45(3): 509-525.

[30] HAUNSCHILD PR, MINER AS. Modes of interorganizational imitation: the effects of outcome salience and uncertainty[J]. Administrative Science Quarterly, 1997, 42(3): 472-500.

[31] HAVEMAN HA. Follow the leader: mimetic isomorphism and entry into new markets[J]. Administrative Science Quarterly, 1993, 38(4): 593-627.

[32] HEENAN A. The regional headquarters decision: a comparativeanalysis [J]. Academy of Management Journal, 1979, 22(2):410-415.

[33] HENDERSON J V, ONO Y. Where do manufacturing firms locate their headquarters? [J]. Journal of Urban Economics, 2004, 63 (2):431-450.

[34] HENISZ W J, DELIOS A. Uncertainty, imitation, and plant location: Japanese multinational corporations, 1990—1996[J]. Administrative Science Quarterly, 2001, 46(3): 443-475.

[35] HENNART J F. Down with MNE-centric theories! Market entry and expansion as the bundling of MNE and local assets [J]. Journal of International Business Studies, 2009, 40 (9): 1432-1454.

[36] HEUGENS P, LANDER M W. Structure! Agency! (and other quarrels): a mete-analysis of institutional theory of organization [J]. Academy of Management Journal, 2009, 52(1): 61-85.

[37] HODGSON G M. The firm as an interactor: firms as vehicles for habits and routines[J]. Journal of Evolutionary Economics, 2004, 14(3):281-307.

[38] HOEFFLER S, ARIELY D, WEST P. Path dependent preferences:

The role of early experience and biased search in preference development[J] . Organizational Behavior and Human Decision Process, 2006, 101(2): 215- 229.

[39] HOLLOWAY SR, WHEELER JO. Corporate headquarters relocation and changes in metropolitan corporate dominance, 1980—1987 [J]. Economic Geography, 1991, 67(1):54-74.

[40] HONG SH. Agglomeration and relocation: manufacturing plant relocation in Korea[J]. Papers in Regional Science, 2014, 93(4): 803-819.

[41] HYMER SH. International operations of national firms: a study of direct foreign investment [M]. MIT Press, Cambridge, MA, 1976.

[42] JALETTE P. Relocation threats and actual relocations in Canadian manufacturing: The role of firm capacity and union concessions [J]. American Behavioral Scientist, 2011, 55(7): 843-867.

[43] KALNINS A, CHUNG W . Resource seeking agglomeration: a study of market entry into the lodging industry[J]. Strategic Management Journal . 2004, 25(7):689-699.

[44] KLIER TH. Where the headquarters are: location patterns of large public companies, 1990—2000 [J]. Economic Development Quarterly, 2006, 20(2):117-128.

[45] KNOBENA J, OERLEMANS LAG. The effects of firm relocation on firm performance: a literature review[C]. European Regional Science Association, 2005.

[46] KNOBENA J, OERLEMANS LAG. Ties that spatially bind: a relational account of the causes of spatial firm mobility [J]. Regional Studies, 2008, 42(3):385-400.

[47] KNOBENA J, OERLEMANS LAG, (Roel) RUTTEN R PJH. The effects of spatial mobility on the performance of firms [J]. Economic Geography, 2008, 84(2):157-183.

[48] KNOBENA J. The geographic distance of relocation search: an

extended resource-based perspective[J]. Economic Geography, 2011, 87(4):371-392.

[49] KOGUT B, CHANG S J. Technological capabilities and Japanese foreign direct investment in the United States [J]. Review of Economics & Statistics, 1991, 73(3):401-413.

[50] KOSTOVA T, ZAHEER S. Organizational legitimacy under conditions of complexity: the case of the multinational enterprise [J]. The Academy of Management Review, 1999, 24(1):64-81.

[51] KOSTOVA T, ROTH K, DACIN M T. Institutional theory in the study of multinational corporations: a critique and new directions [J]. Academy of Management Review, 2008, 33(4):994-1006.

[52] KRONENBERG K. Firm relocations in the Netherlands: why do firms move, and where do they go[J]. Papers in Regional Science, 2013, 92(4):691-714.

[53] KRUGMAN P. Geography and trade. Cambridge [M]. MA: MIT Press, 1991.

[54] LOUNBURY M, Institutional rationality and practice variation: New directions in the institutional analysis of practice [J]. Accounting, Organizations and Society, 2008, 33(4):349-361.

[55] LOVE L L, CROMPTON J . The role of quality of life in business (re)location decisions [J]. Journal of Business Research, 1999, 44(3):211-222.

[56] LOVELY ME, ROSENTHAL SS, SHARMA S. Information, agglomeration, and the headquarters of U. S. exporters [J]. Regional Science and Urban Economics, 2005, 35(2):167-191.

[57] LU JW. Intra-and inter-organizational imitative behavior: institutional influences on Japanese firms' entry mode choice[J]. Journal of International Business Studies, 2002, 33(1):19-37.

[58] LUO Y, TUNG R L. International expansion of emerging market enterprises: a springboard perspective [J]. Journal of International Business Studies, 2007, 38(4):481-498.

[59] MAKINO S, LAU C M, YEH R S. Asset-exploitation versus asset—seeking: implications for location choice of foreign investment from newly industrialized economics [J]. Journal of International Business Study, 2002, 33(3):403-421.

[60] MANNING C, RODRIGUEZ M, GHOSH C. Devising a corporate facility location strategy to maximize shareholder wealth [J]. Journal of Real Estate Research, 1999, 17(3):321-340.

[61] MARCH J G. Exploration and exploitation in organizational leaning[J]. Organization Science, 1991, 2(1):71-87.

[62] MARIOTTI L. Firm relocation and regional policy: a focus on Italy, the Netherlands and the United Kingdom[M]. The United States and disarmament, Whittlesey House, 1931, 92 (331): 959-960

[63] MASON C, CARTER S, TAGG S. Invisible businesses: the characteristics of home—based businesses in the United Kingdom [J]. Regional Studies, 2011, 45(5):625-639.

[64] MCCANN BT, Folta TB. Location matters: where we have been and where we might go in agglomeration research[J]. Journal of Management, 2008, 34(3):532-565.

[65] MEYER K E, WRIGHT M, PRUTHI S. Managing knowledge in foreign entry strategies: a resource-based analysis [J]. Strategic Management Journal, 2009, 30(5):557-574.

[66] MEYER J, STRANG D. Centralization, fragmentation, and school district complexity. [J]. Administrative Science Quarterly, 1987, 32(2):186-201.

[67] NGUYEN C Y, SANO K, Tran T V, et al. Firm relocation patterns incorporating spatial interactions [J]. The Annals of Regional Science, 2013, 50(3):685-703.

[68] NORGAARD R B. Coevolutionary development potential[J]. Land Economics, 1984, 60(2):160-173.

[69] OKUBO T, TOMIURA E. Industrial relocation policy,

productivity and heterogeneous plants: evidence from Japan [J]. Regional Science and Urban Economics, 2012, 42(1):230-239.

[70] OKUBO T. Understanding firms' relocation and expansion decisions[J]. Journal of Regional Science, 2012, 52(2):285-299.

[71] Oliver C. The collective strategy framework: an application to competing predictions of isomorphism [J]. Administrative Science Quarterly, 1988, 33(4):543-561.

[72] O' M ARA. Strategic drivers of location decisions for information-age companies[J]. Journal of Real Estate Research, 1999, 17(3): 365-386.

[73] OTTO K, DALBERT C. New challenges for human resource management: readiness to perform a mobile job and its antecedents [J]. International Journal of Human Resource Management, 2010,21(4):600-614.

[74] PENG M W, LUO Y. Managerial ties and firm performance in a transition economy: The nature of a micro-macro link [J]. Academy of Management Journal, 2000, 43(3):486-501.

[75] PREFFER J, SALANCIK G R. The external control of organizations: a source dependence perspective [M]. Harper & Row: New York, 1978.

[76] PITTI G, Cost reduction through relocation, or the construction of myths in discourse [J]. Competition & Change, 2009, 13(3): 305-326.

[77] ROSS C O. Organizational dimensions of metropolitan dominance: prominence in the network of corporate control, 1955—1975[J]. American Sociological Review, 1969, 52(2):258-267.

[78] SALOMON R, JIN B. Do leading or lagging firms learn more from exporting [J]. Strategic Management Journal, 2010, 31(10): 1088-1113.

[79] SCHDIMT C G. An analysis of firm relocation patterns in Metropolitan Denver, 1974—76[J]. Annals of Regional Science, 1979, 13(1):

78-91.

[80] SCHNEIBERG M. What's on the path? Path dependence, organizational diversity and the problem of institutional change in the US economy, 1900—1950 [J]. Socio-Economic Review, 2007, 5(1): 47-80.

[81] SCOTT W R. Institutions and organizations[M]. Thousand Oaks, CA: Sage Publication, 1995.

[82] SCOTT W R. Reflections on a half-century of organizational sociology [J]. Annual Review of Sociology, 2004, 30(30):1-21.

[83] SHAVER J M, FLYER F. Agglomeration economies, firm heterogeneity, and foreign direct investment in the United States [J]. Strategic Management Journal, 2000, 21(12):1175-1193.

[84] SHILTON L, STANLEY C. Spatial patterns of headquarters[J]. Journal of Real Estate Research, 1999, 17(3):341-364.

[85] SIMON B H A. 'Bounded rationality and organizational learning [J]. Organization Science, 1991, 2(1):125-134.

[86] SLEUTJES B, BECKERS P. Exploring the role of the neighborhood in firm relocation: differences between stayers and movers [J]. Journal of Housing and the Built Environment, 2013, 28(3):417-433.

[87] SCHUTJES B, SCHUTJENS V. Anchoring of firms in the neighborhood: does local social and physical order affect local firms' investment strategies? [J]. European Planning Studies, 2013, 21(8):1256-1275.

[88] SLEUTJES B, VOLKER B. The role of the neighborhood for firm relocation[J]. Tijdschriftvoor Economischeen Sociale Geografie (Journal of Economic & Social Geography), 2012, 103(2): 240-249.

[89] SPENDER J C. Making knowledge the basis of a dynamic theory of the firm [J]. Strategic Management Journal, 1996, 17(Winter Special Issue):45-62.

[90] STAM E. Why Butterflies don't leave: locational behavior of

entrepreneurial firms[J]. Economic Geography, 2007, 83(1): 27-50.

[91] STRAUSS－KAHN V, VIVES X. Why and where do headquarters move[J]. Regional Science and Urban Economics, 2005, 39(2): 168-186.

[92] SUCHMAN M C. Managing legitimacy: strategic and institutional approaches[J]. Academy of Management Review, 1995, 20(3): 571-610.

[93] TEMPEL A, WALGENBACH P. Global standardization of organizational forms and management practices? What new institutionalism and the business-systems approach can learn from each other[J]. Journal of Management Studies. 2007, 44(1): 1-24.

[94] TONTS M, TAYLOR M. Corporate location, concentration and performance: large company headquarters in the Australian urban system[J]. Urban Studies, 2010, 47(12):2641-2664.

[95] TVERSKY A, Kahneman D. Judgment under uncertainty: heuristics and biases[J]. 1974, 185(1):141-162.

[96] WASHINGTON M, VENTRESCA M J. How organizations change: the role of institutional support mechanisms in the incorporation of higher education visibility strategies, 1874－1995 [J]. Organization Science, 2004, 15(1):82-97.

[97] WETERING A, KNOBEN J. Footloose: an analysis of the drivers of firm relocations over different distances [J]. Papers in Regional Science, 2013, 92(4):791-809.

[98] WETERING A. What makes firms leave the neighborhood? [J]. Urban Studies, 2014, 51(8) 1613-1633.

[99] WINTER S G. The research program of the behavioural theory of the firm: Orthodox critique and evolutionary perspective [J]. Handbook of behavioural economics, 1986, 1:151-188.

[100] XIA J, TAN J, TAN D. Mimetic entry and bandwagon effect:

the rise and decline of international equity joint venture in China [J]. Strategic Management Journal, 2008, 29(2):195-217.

[101] ZAHEER S, MOSAKOWSKI E. The dynamics of liability of foreignness: a global study of survival in financial services [J]. Strategic Management Journal, 1997, 18(6):439-446.

[102] 陈建军. 要素流动. 产业转移和区位经济一体化[M]. 杭州:浙江大学出版社, 2009.

[103] 黄凯南. 企业和产业共同演化理论研究[D]. 济南:山东大学, 2007.

[104] 姜海宁, 谷人旭, 李广斌. 中国制造业企业500强总部空间格局及区位选择[J]. 经济地理, 2011,31(10):1666-1673.

[105] 吴波, 郝云宏, 魏立春. 中国上市公司总部迁移的动向与动因研究[J]. 经济地理, 2012,32(12):8-14.

[106] 吴波. 基于集聚优势耗散的集群企业外迁动因实证研究[J]. 科研管理, 2012,33(11):137-143.

[107] 吴波, 肖迪. 集群企业迁移理论述评:对区域政府"腾笼换鸡"政策的反思[J]. 科学学研究, 2011,29(1): 84-90.

[108] 吴波. 中国制造企业总部迁移的目标区位选择:基于泉州鞋帽服装知名民企的案例研究[J]. 经济地理, 2013,33(9):80-86.

[109] 魏后凯, 白玫. 中国上市公司总部迁移现状及特征分析, 中国工业经济,2008 (10):1-13.

[110] 武前波, 宁越敏. 中国制造业企业500强总部区位特征分析[J]. 地理学报, 2010,65(2):139-152.

[111] 汪潇, 姚辉. 城市总部经济发展能力与金融集聚实证研究[J]. 经济理论与经济管理, 2011(5):60-66.

[112] 余典范. 总部经济区位选择及影响因素:基于上海的实证研究[J]. 经济管理, 2011, 33(6):43-48.

[113] 余珮, 孙永平. 集聚效应对跨国公司在华区位选择的影响[J]. 经济研究, 2011,46(1):71-82.

[114] 杨菊萍. 集群企业的迁移:影响因素、方式选择与绩效表现[D]. 杭州:浙江大学,2010.

[115]赵弘.总部经济[M].2版.北京:中国经济出版社,2004.

[116]朱华晟等.基于多重动力机制的集群企业迁移及区域影响:以温州灯具企业迁移中山古镇为例[J]. 地理科学进展,2009,28(3):329-336.

[117]张学华,吴波.集群企业跨区位迁移的动因与区域选择:对中国家电产业集群的案例研究[J]. 科技管理研究,2012,32(22):202-206.